LEGAL THINKING

Based on
Reading Classics

法律思维与法学经典阅读

（第二版）

杨力 —— 著

图书在版编目(CIP)数据

法律思维与法学经典阅读/杨力著. —2 版. —北京:北京大学出版社,2022.11
ISBN 978-7-301-33608-3

Ⅰ. ①法… Ⅱ. ①杨… Ⅲ. ①法哲学—研究 ②法理学—研究 Ⅳ. ①D90

中国版本图书馆 CIP 数据核字(2022)第 217677 号

书　　名	法律思维与法学经典阅读（第二版）
	FALÜ SIWEI YU FAXUE JINGDIAN YUEDU(DI-ER BAN)
著作责任者	杨　力　著
责任编辑	朱梅全　李小舟
标准书号	ISBN 978-7-301-33608-3
出版发行	北京大学出版社
地　　址	北京市海淀区成府路 205 号　100871
网　　址	http://www.pup.cn　新浪微博:@北京大学出版社
电子信箱	zpup@pup.cn
电　　话	邮购部 010-62752015　发行部 010-62750672
	编辑部 021-62071998
印刷者	天津中印联印务有限公司
经销者	新华书店
	730 毫米×1020 毫米　16 开本　21.75 印张　334 千字
	2012 年 2 月第 1 版
	2022 年 11 月第 2 版　2025 年 7 月第 3 次印刷
定　　价	68.00 元

未经许可，不得以任何方式复制或抄袭本书之部分或全部内容。
版权所有，侵权必究
举报电话: 010-62752024　电子信箱: fd@pup.cn
图书如有印装质量问题，请与出版部联系，电话: 010-62756370

人的思维是否具有客观真理性，这不是一个理论问题，而是一个实践问题。人应该在实践中证明自己思维的真理性，即自己思维的现实性和力量，自己思维的此岸性。

——卡尔·马克思

　　已谈论如此之多的"伟大思想潜流"竞相流动在事实的结果里，单纯认为社会进步会自发肇始于某一历史时期的社会思想定是无稽之谈。人们要先允许自己受到思想震撼。

——亨利·伯格森

目　录

第一章　法学经典阅读的缘起

第一节　卷首的"朝话"反省　　　　　　　003
第二节　基础学习的四种模式　　　　　　010
第三节　何以重拾经典阅读　　　　　　　016
第四节　梳理法学经典的流派　　　　　　020
第五节　阅读法学经典的途径　　　　　　032

第二章　寻找法律思维的兴奋点

第一节　如何突破思维的定势　　　　　　045
第二节　哈特提出争议之中的法律思维　　050
第三节　作为法律思维的核心规则　　　　057

第三章　叙事框架：法定权利/法定义务

第一节　法律的"自我"　　　　　　　　075

第二节　指向多元规则的本我法律　　079
第三节　法律的"超我"　　095
第四节　本我与超我之间的自我　　104

第四章　目标设定：普遍正义/特殊正义

第一节　什么是法律上的正义　　113
第二节　普遍正义的优先实现　　119
第三节　特殊正义的例外许可　　134

第五章　事实认定：法律真实/客观真实

第一节　义务规则与滑坡效应的启示　　155
第二节　法律真实优先的事实推定　　164
第三节　法律真实与客观真实的权衡　　182

第六章　法律适用：内在事实/法律规则

第一节　从承认规则到内在事实　　195
第二节　如何获得内在事实——以疑难案件为例　　209
第三节　一般意义的内在事实　　214
第四节　更强理由的内在事实　　220
第五节　内在事实的共识达成　　224
第六节　内在事实的正当限制　　227

第七章　实施过程：正当程序/实体公正

第一节　正当程序何以重要　　　　　　　　　235
第二节　正当程序的内涵、结构和功能　　　　246
第三节　如何实现程序正义　　　　　　　　　253

第八章　决策思路：法律论证/获取结论

第一节　法律的病状与法的空缺结构　　　　　267
第二节　制定法的法律论证　　　　　　　　　278
第三节　判例法的法律论证　　　　　　　　　286

第九章　论证方法：形式理性/价值理性

第一节　法治化与形式理性　　　　　　　　　299
第二节　形式理性：法律之内的道德　　　　　314
第三节　价值理性：法律之外的道德　　　　　328

第一版后记　　　　　　　　　　　　　　　335

第二版后记　　　　　　　　　　　　　　　338

第一章

法学经典阅读的缘起

> 时间之河川流不息,每一代青年都有自己的际遇和机缘,都要在自己所处的时代条件下谋划人生、创造历史。青年是标志时代的最灵敏的晴雨表,时代的责任赋予青年,时代的光荣属于青年。
>
> ——习近平

阅读材料
Leading papers:

- 季羡林:《季羡林谈读书治学》,当代中国出版社 2006 年版。
- 甘阳:《大学人文教育的理念、目标与模式》,载甘阳、陈来、苏力主编:《中国大学的人文教育》,生活·读书·新知三联书店 2006 年版。
- 舒国滢:《法学的知识谱系》,商务印书馆 2020 年版。
- 尹伊君、杜钢建、段秋关、林来梵:《中国法学经典导读》,商务印书馆 2015 年版。
- 〔英〕妮古拉·莱西:《哈特的一生:噩梦与美梦》,谌洪果译,法律出版社 2006 年版。
- 〔英〕尼尔·麦考密克:《大师学述:哈特》,刘叶深译,法律出版社 2010 年版。

第一节 卷首的"朝话"反省

一、朝话与言志

2021年4月19日,习近平总书记在清华大学考察时强调:"广大青年要肩负历史使命,坚定前进信心,立大志、明大德、成大才、担大任,努力成为堪当民族复兴重任的时代新人,让青春在为祖国、为民族、为人民、为人类的不懈奋斗中绽放绚丽之花。"① 同年5月4日,《人民日报》发表署名文章《让青春在奉献中焕发绚丽光彩》,全面总结了习近平总书记关于青年工作的重要论述:"青年是整个社会力量中最积极、最有生气的力量,国家的希望在青年,民族的未来在青年";"青年理想远大、信念坚定,是一个国家、一个民族无坚不摧的前进动力";"广大青年要把正确的道德认知、自觉的道德养成、积极的道德实践紧密结合起来,自觉树立和践行社会主义核心价值观";"在学习中增长知识、锤炼品格,在工作中增长才干、练就本领,以真才实学服务人民,以创新创造贡献国家";"国家的前途,民族的命运,人民的幸福,是当代中国青年必须和必将承担的重任"。②

青年的创新、奋进和激情,无疑是国家民族的宝贵财富。考察中国近代史上"起承转合"决定国家民族命运的大时代,必然是青年才俊辈出、洋溢着青春气息的时候。从清末康有为、梁启超推动戊戌变法掀起维新运动,到民国时期顾维钧、梅贻琦、胡适等大批海归青年学子占去外交教育部门半壁江山;从新文化运动中涌现出鲁迅、茅盾、巴金、曹禺、陈寅恪等文史哲大师,宛若璀璨星河,到1949年前后钱三强、钱学森、钱伟长等留学归来继而报效祖国数十载的"科技之父",唱出"三钱"绝响,可谓青年造时势。

---

① 《让青春在奉献中焕发绚丽光彩》,载《人民日报》2021年5月4日第1版。
② 同上。

图 1-1　梁启超

图 1-2　顾维钧

图 1-3　梅贻琦

图 1-4　巴金

图 1-5　陈寅恪

图 1-6　钱学森

当下，作为最有活力群体，青年的价值取向、思维方法等值得认真对待。"为什么我们的学校总培养不出杰出人才"，这是钱学森先生在迟暮之年发出的"钱学森之问"，它更像是对一个时代的拷问。除了社会大环境变迁等外部因素，青年的内在精神也必然是这种深刻反思的重要环节。尤其是当下所处的新时代已经发生日益深刻的改革和变化，更多自省反思可以推动青年对许多核心问题的理解走向深入。从某种意义上说，这甚至关系到中国是继续做"世界加工厂"，还是升级为"世界发动机"。

■ "朝话"的来历及效用

梁漱溟先生是颇具盛名的文化学者，是中国现代思想家、教育家、新儒家的代表人物，被誉为"最后的儒家"。他胸怀民生社会，讲求知行合一。1931 年，梁先生辞离北大，与梁仲华等人在山东邹平创办山东乡村建设研究院，掀起了一场轰轰烈烈的乡村建设运动。

几乎每天黎明，梁先生都率师生召开朝会，"朝话"便是这个时期梁先生每日清晨与研究部同学们的谈话，涉及人生、事业、求学等许多方面。"天将明未明时，大家起来后在月台上团坐，疏星残月，悠悬空际，山河大地，皆在静默，惟间闻更鸡喔喔作啼，此情此景，最易令人兴起，特别的感觉心地清明、兴奋、静寂，觉得世人都在睡梦中，我独清醒，若益感到自身责任之重大。在我们团坐时，都静默着，一点声音皆无，静默真是如何有意思啊。"① 这是《朝话》一书封面上的一段文字。晨起之时，疏星残月，悠悬空际，山河大地皆在静默，惟间闻更鸡作啼，师生团坐而反省，意念沉着，能达入人心者深，引人反省之念者强。这样做学问的氛围，正是无数胸怀理想，进步不息的人所向往之。

"朝话"反省的要义在于"言志"。论语云"盍各言尔志"，就是让大家述说自己的志向。这对迈入新时代的中国青年尤为重要。

现代中国是从积弱社会走出的，和着激情和血泪，历经身体的饥饿与精神的苦难，终而迎来了智慧和力量的大爆发。这种爆发所酿就的强大冲击力，宣泄出一个国家积淀已久的郁闷，爽朗了一个民族的精神。中国人经历了这样的历程，血液里浸入过屈辱和挫折，使得每位怀有责任和抱负的青年为了生活得幸福、有尊严及有品质，更愿意为民族和社会竭其所能，更愿意让自己成为这个国家和社会值得永久信赖的人。言其志，概莫过于此。

二、从言志到软知识

为实现中华民族的伟大复兴而"言志"时，青年们需要拥有足够的自信。自信，不仅是物质垒出的意志和精神，而且还代表了对文明的认同与自觉。相对于漫长的人类发展长河，共和国从诞生到现在虽只是弹指一瞬，但不断兴盛的中国正不断磨炼筋骨、历练心智，抬起了头让世界惊艳，甚至成为世界现代史上的重要事件。但是，为什么崛起的中国今天还是存在下意识断裂于自己传统的复杂心态？也许造成这种缺乏文明底气的关键在于，现代中国还没有形成自己的共同文明基础，换句话说，仍然需要进一步打造出中国的文化共同体或中国文明的熔炉。因此，精心培育具有充分文明自觉，有高度自信且有教养的中国人，必然

---

① 梁漱溟：《朝话：人生的省悟》，百花文艺出版社 2005 年版，第 2 页。

成为时代所赋予的历史使命。

■ "什么更重要"和"怎样才算花得适当"

直到公元 1500 年,全球人类还不相信自己能在医疗、军事和经济方面再有什么突破。政府和赞助者虽然也会投资教育,但一般只是为了维持现有的能力,而不是取得新的能力。正因如此,政府和赞助者会捐赠给牧师、哲学家和诗人,目的是请他们让统治合法化,而不是要他们发明新的药物、武器或者刺激经济增长。

但在过去的 500 年中,人类越来越相信可以靠投资科学研究提升人类的能力,于是有了月球漫步、操纵微生物和分裂原子等。但毕竟人类的资源有限,我们就必须回答"什么更重要"和"怎样才算花得适当"这样的问题。科学能解释世界上有什么、事物如何运作以及未来可能会有什么,科学不会假装自己知道未来"一定"会有什么。此时的典型文化、文明所代表的政治、经济和社会等就会实际产生巨大的影响力。

就像两位生物学家拥有同样的专业技能,其中一位想研究一种会感染奶牛乳房、造成产奶量降低一成的疾病,另一位想研究奶牛被迫与后代分开时是否会造成忧郁。当研究经费有限时,对于哪一位应当得到这笔经费这个问题没有科学答案,只能是出于政治、经济和社会的考量。比如,前一位教授得到经费,并不是因为研究乳房疾病比牛心理在科学上更有趣,而是因为能够从此研究得益的乳品业,背后的政治和经济影响力远远大于关心牛心理的动物保护团体。

从这个角度看,科学并无力决定自己的优先级,科学研究一定得与政治、经济和社会联手,才有可持续发展的可能。这能让研究所耗的成本合理化,并决定如何使用研究成果。因此,我们必须关注文化、文明的力量,看看这些力量如何形塑了物理学、生物学和社会学,将它们推往某些特定的方向。①

---

① 参见〔以〕尤瓦尔·赫拉利:《人类简史》,林俊宏译,中信出版社 2015 年版,第 251、264 页。

"言志"的蕴含之义,是需要以肩负责任为己任。当今天对当代中国所创造的东方奇迹娓娓道来,背后隐藏的是当下青年身处于转型与变革中所必须承受的压力。虽然老一代人可能会诟病部分青年的幼稚、娇惯和叛逆,虽然青年一代可能还在追随着时尚与新潮,但青年在现实中会面临毕业求职的艰难、大都市生存的不确定性以及竞争生态的残酷等。身处市场经济的环境,一些青年开始害怕自由,认为自由只会"内卷化"甚至就是枷锁,于是出现了"躺平"这个新的流行词汇。归根结底,他们不愿过多担当责任,才是问题症结所在。

有人把这种现象称为符合时代潮流的平民主义。不过,只有平民主义是不够的,所有社会都要有一批富有社会责任感的精英,他们能够在道德、人格、观念及能力上都担负得起责任。说得通俗一点,就是要有一点中国的士大夫精神,不论现实竞争如何残酷,仍然要有人敬业勤事,而不是空发牢骚。只有这种责任取向的精英样板,才会对整个社会产生示范效应,才会影响中国乃至整个世界。事实上,我们现在面对的是全球化趋势,世界改变中国的同时,中国也在改变世界,中国作为一个负责任的大国,需要不断地发出声音及承担义务。而这种担负责任的大国形象,正是由芸芸肩负责任的中国人组成的。

此外,"言志"还要顺应社会发展大势,正谊明道。《汉书·董仲舒传》中的"正其谊不谋其利,明其道不计其功",就是强调人的道德的自我提升和完善,抑制私欲,使个体私利服从于社会道德和社会整体利益。当下中国已完成走向全方位开放的重大转型,围绕高水平开放的格局形成,中国的政治、社会制度的完善正在紧锣密鼓地展开。如果说过去中国强调的只是祛除桎梏和解放思想,那么今后中国更加关注健康理性、协调和可持续发展。当下中国推动实现整个社会的公平正义,就是这样一种超越物质垒出的精神的积极努力。而这种努力的背后隐喻是,爆发性的增长纵然可以推动一个时代发生重大转折,但一个社会的恒久发展要有更多内在的良性动力,这是今后中国社会发展的基本方向。这就像"华盛顿共识"曾经被不少国家奉为经济发展的圣典,但在经历了泛在化的金融危机、民粹横行和新冠肺炎疫情后,如果仍奉行这种"原教旨自由主义"或"新自由主义",而不是更新和迭代思维,同时关注和吸纳集合市场开放与政治权威的"北京共识"的长板，寻找优化或替代解决危机的方案，那么多次席卷全球的各种泛在化危机仍将继续出现。

■ 坚定不移高水平开放的中国共识

2013 年起，中国自贸区作为改革试验田分批设立，接受不同程度的外资压力测试，推出了具有地方综合立法性质的自贸区条例。接下来，作为外资准入改革"棋眼"的负面清单出台，同步还完善了外商投资的国家安全审查制度；与之配套，国务院行政法规、部门规章在外资管理、金融、服务业开放、事中事后监管等领域，跨越式不断推动着制度创新；此后议题又不断扩大，《中华人民共和国公司法》《中华人民共和国反不正当竞争法》《中华人民共和国反垄断法》《中华人民共和国专利法》等迎来了前所未有的高密度修订。2019 年 3 月，第十三届全国人民代表大会第二次会议通过《中华人民共和国外商投资法》，这是促进、保护、管理外商投资的新的法律基石。事实上，中国的这一高水平开放进程受到全球秩序格局变化的深刻影响。美国提出以发达国家的高标准为主导，但落实的是"美国优先"，以单边方式、强硬手段不断对谈判对象施压。与之相反，2020 年 11 月 15 日，经过长达 8 年的漫长谈判，中国与其他 14 个亚太国家签署了世界上最大的贸易协定——《区域全面经济伙伴关系协定》（RCEP），覆盖 22 亿人口的市场，影响着全球 30% 的人口，覆盖世界经济的 30%。历史经验反复证明，只有成员方之间的经济水平相当，或地缘性、互补性更强，尤其坚持"共同但有区别"的原则，区域合作的内容才能更加具体和深入，这为中国进一步推动高水平开放奠定了国际范围内的坚实基础。

可见，无论是拥有自信、肩负责任还是正谊明道，"言志"都需要拥有足够的智慧。虽然智慧在很大程度上依赖于天资的聪颖、知识的汲取，但智慧的挖掘，离不开思维的训练、方法的研习、视野的开拓等

"软知识"的积累。可以说，树立言志的大方向后，必须要有一流的智慧才能实现。只有一流的智慧，才能产生一流的价值。

■ 旧鞋卖出天价

美国某报登广告：高价求购奥运会百米短跑破纪录者埃迪·托兰扔向看台的另一只阿迪达斯跑鞋，求购人愿出价5000美元。随后100多只跑鞋被送到广告刊登者加利那里，可与他所藏的并非一双。为此加利再次发布广告，加价到8000美元，另一只鞋子依然未露面。于是加利以4000美元售出自己手里的那只鞋子。不久，一位神秘卖家提供了一只跑鞋，跟加利刚卖出的鞋是完美一双，并以6000美元售出。跑鞋的拥有者爱德华把他的藏品陈列在当地博物馆，却被移居欧洲的埃迪·托兰识破并非他所穿过的那双鞋。原来这是加利设计的骗局：他编了一个名人故事，用高价购鞋广告间接证明自己手里的鞋是真品，给它定了一个较高价位，营造声势后以稍低价出售第一只，此后那个以较高价出售第二只鞋的神秘卖家自然也是他。之后，情知上当的爱德华试图起诉，但加利以双倍价钱把那双鞋收购了回来。原来，阿迪达斯公司已出价3万美元，买下这个创下了30万美元广告收益的鞋子送入陈列室。毕竟奥运会百米冠军每4年出现一个，可这么精彩的策划方案却是百年不遇的。就这样，加利以两只他自己的鞋子赚得了1万美元。但其实，这么一双经历离奇的鞋子所蕴含的营销、策划智慧，其意义远远超出1万美元本身。加利承认，整个过程从头至尾都在他的预料和策划之中，他只是想借此向人们证明智慧的价值：一流的智慧，附着在一只旧鞋子上也能产生一流的价值。①

---

① 参见冬亥：《把一双旧鞋卖出天价》，载《中国民航报》2010年6月4日第7版。

第二节　基础学习的四种模式

通常认为，世界范围内的大学基础学习主要包括三种模式：教养模式、自然科学模式以及作为主流的混合模式。另外，中国模式正在悄然崛起。

一、教养模式

这一模式最早被当成一种传承神学教义的传统模式，起源于英国的剑桥大学、牛津大学以及法国的巴黎高师等。作为中世纪欧洲宗教经院哲学的传承，神学一度作为科学的替代品占据了无上地位；相较于君主只是拥有空间地理范围的世俗权力，教会所掌控的精神权力驾驭的则是整个世界。处于这一历史背景下的神学教育，所强调的是一种不分学科的"教养式"基础研习，目的在于培养神职人员和世俗领袖。这一传统深刻影响了近现代以来不少国家的高等教育历程。

■ **近代英国大学通识教育**

从教会学校发展而来的近代英国大学保留了教会学校的人文教育和研习特色，以培养"通才式"的精英人才为己任，甚至连英国政府的公务员录用考试，也是针对应试者在学校所学习的素质课程，而不是考核与职务有关的专业知识。最为典型的就是高级公务员的门槛考题，直接参照剑桥、牛津的高才生水平而拟定，全部考试内容偏重于文史地理和法律政治等通识课程，从而充分衔接学校的教养教育与治国英才的遴选录用。

随着人们认知的不断发展，教养模式逐步摆脱神学色彩，开始定位于文化传承，重心在于推行古典语言训练、经典文本阅读和古典文化熏陶，目标在于培养具有高度古典文化修养的精英人才。

■ 从肖像绘画看文艺复兴的英国政治

作为欧洲近代三大思想解放运动之一，宗教改革让英王亨利八世、伊丽莎白一世实际成为英国教会至高无上的领袖。两人执政期间，艺术领域中以往古老的宗教主题被否定，开始更多取材于现实主义，尤其是代表王权的肖像画占据主流。

比如，珍藏于英国伦敦的汉普顿宫中的亨利八世摹本，描绘了亨利八世分开双腿，自负地支撑着健壮的身躯，脸上的表情坚定顽强；伊莉莎白一世的肖像画描绘了女王的庄穆肃立，身后的右侧显示着狂风暴雨，左侧则是云开日朗，从中可以极为明显看出艺术被用于政治的目的。

正是通过这些肖像画，王权的威势被加于臣民。这种风格与当时兴盛的宗教改革的政治现实，以及与现代民族国家的出现紧密关联，即统治者不仅是国家元首，而且还是教会领袖。为了证明其地位合法，尤其是反对教皇的正当性，他们便制造出一个帝国的新神话，这在很大程度上可以溯源到罗马时期的君士坦丁甚至更远的帝国理论。

可以说，当时的英国统治者借助于包括艺术在内的诸多手段强化其统治，这种传统偏好也对英国近现代大学在基础研习阶段偏重于人文教育的模式产生了潜移默化的很大影响。

图 1-7　亨利八世

图 1-8　伊丽莎白一世

二、自然科学模式

随着近代工业革命的到来，纯粹的教养模式已不能适应经济和社会的快速发展。于是发轫于德国，一场完全背反于教养模式的大学基础研习的重大转向开始出现，最终形成自然科学模式。该模式不再沿袭传统古典文化的人文教育，而是强调以自然科学方法为取向的研究型专业基础研习，尤其重点发展自然科学和技术科学的研究生院，建立专业性的学科、研究所和研究中心，当时新兴的社会科学也是主要以自然科学为模板。然而，这一模式在其发展历程中备受非议，许多国家对此展开了影响极其深远的大讨论。

■ 北纬50度的"19世纪莱茵河奇迹"

17世纪初，信奉天主教的哈布斯堡皇室继承人、神圣罗马帝国皇帝以及波西米亚国王斐迪南二世打击新教徒，强制推行残酷的反宗教改革。但是，莱茵河北纬50度一带虽然历经多次战乱，却孕育了现代科学的跨越式发展。尤其在19世纪，该地区的基础教育变为义务教育并且免费，其中不少国家文盲在人类历史上首次消失。但这仅是开始，即使在欧洲，仍有40%—70%的文盲。于是，随着中等教育开始进一步普及，把教学与研究相结合的现代大学理念在德国诞生，新的学科逐步确立和完善起来。深受这种来自教育领域的影响，19世纪在莱茵河地区出现了具有历史转折点意义的革命性变化，一些对人类生活影响长达数个世纪之久的事情在此时发生改变。人口、工业、农业、运输业、银行业等的面貌发生了迅速变化，并且由莱茵河北纬50度扩展到整个欧洲。这种变化产生的一个重要原因，就是当时德国实行融合了教学与研究的德国基础研习模式。

三、混合模式

作为中国近现代大学雏形的南洋公学、北洋公学等，在办学上深受上述两种模式的混合影响。美国大学的基础研习也是混合模式的典型，尤其发生过一场轰动性的大讨论，引起了全世界高等教育界的广泛关注。

可以说，美国的老牌大学大都起源于殖民地大学，创办大学的人许多是来自剑桥、牛津的毕业生或清教徒。比如，作为美国最早大学的哈佛，其前身在初创之时是要建立神学院，培养牧师、律师和领导者，甚至连捐赠人哈佛先生毕业后的理想也是成为一名牧师。显然，美国初期的大学受到了英国和宗教的双重影响。所以，诸如传统的耶鲁、哈佛和哥伦比亚大学及相当数量的文理学院，承袭了传统的英国模式的古典人文教育，强调希腊语和拉丁文的训练，注重文史哲，尤其是以经典和诗歌为根基的人文教育，采取的是教养模式。

然而，肇始于19世纪下半叶美国社会的现代转型，特别是被作为新型大学"样板"的霍普金斯大学，以及后来掀起那场著名的"芝加哥大辩论"的芝加哥大学，使得许多美国大学仿效自然科学模式，开始转向成为研究型大学。值得关注的是，美国现代高等教育发展的独到之处在于，它并没有完全沿着自然科学模式一条路走到底，而是极力宣扬所谓的"大学之道"，保留及倡导大学应成为人类文明历代积累的文化精华的储存所，提出关注专业研究的同时，仍应推动发展教养教育。唯有如此，所培育的精英才能引领社会的头脑，而不是被动跟着社会走。[1]

■ 通识教育的殊途同归

20世纪30年代，美国史上最年轻的芝加哥大学校长哈钦斯言道，美国教育不应失去自主方向，如果中学完全只为大学考试服务，完全不顾当时大多数中学生并无机会继续上大学；如果大学本科完全只为考研究生服务，完全不顾大多数学生并不继续入读研究生；以及那种为适应市场需要的新兴科系在大学内不断增生，导致大学日益成为就业培训所，那么美国教育迟早会走入迷途。[2] 正是基于这一深刻认识，拟定过美国核计划的核心成员、哈佛大学校长科南特于1945年发布了《自由

---

[1] 参见甘阳：《大学人文教育的理念、目标与模式》，载甘阳、陈来、苏力主编：《中国大学的人文教育》，生活·读书·新知三联书店2006年版。

[2] See Robert M. Hutchins, *The Higher Learning in America*, Yale University Press, 1936.

社会的通识教育》，它被视为现代大学通识教育理念的集中体现。该报告洞若观火地指出，无论信息时代可以获取多少信息，无论在技术时代发展多少专业技术，无论数学物理生物科学如何发达，无论可以掌握多少外国语言，所有这些都加起来仍然不足以提供一个真正充分的教育基础。因为所有这些都加在一起仍然没有触及最基本的问题，即什么是"我们的文化模式"，或者什么是"传统形成的智慧"。出于这一认识，该报告提出了著名的"共同教育基础理念"，即所谓"共同的过去""共同的现在""共同的未来"的概念，强调一个共同体首先需要体认"历史的共同过去"。这样，无论这个共同体的成员今天有多少分歧，他们仍会认为拥有一个"共同的现在"，而只有"共同的现在"，才能让人有理由期盼一个"共同的未来"。科南特报告中把"共同教育"列为通识教育核心的主张，体现出对西方文明传统和美国历史的共同体认。正是这种共同教育，使学子们毕业后无论涉足哪个行业、哪个领域，都因拥有共同教育的背景而可以充分沟通。①

四、中国模式

中国的现代大学在强调创新的同时，更加关注如何避免教育沦为充满功利主义、实用主义和过度专业主义的庸俗境地，所选择的是集教养模式与自然科学模式之长的混合模式，也就是在基础研习阶段强调通识和文化的传承，在研究生教育阶段则更多偏重于研究和创新。事实上，这一模式已经泛全球化且成为现代大学的主流教育方式。

在此基础上，中国在大学教育上坚持立德树人，让学生能想国家之所想、急国家之所急、应国家之所需，着力培养担当民族复兴大任的时代新人。在基础研习上，更多注重让学生树立和践行社会主义核心价值

---

① See James B. Conant, *General Education in a Free Society: Report of the Harvard Committee*, Harvard University Press, 1946.

观，用中华优秀传统文化、革命文化、社会主义先进文化培根铸魂、明辨是非，矢志追求更有高度、境界和品位的人生。针对教育，习近平总书记指出"要让教师做大先生"：教师做的是传播知识、传播思想、传播真理，是塑造灵魂、塑造生命、塑造人。教师不能只做传授书本知识的教书匠，而要成为塑造学生品格、品行、品位的"大先生"，教给学生为人处世的道理——让学生享用一生的财富。

在自然科学研究上，更多强调要研究真问题，着眼世界学术前沿和国家重大需求，致力于解决实际问题，善于学习新知识、新技术、新理论。尤其是突破核心技术，抢占科技制高点。在世界不断追求科技创新突破的进程中，一些重要的科学问题和关键核心技术发生革命性突破的先兆已日益显现，同建设世界科技强国的目标相比，中国发展还面临重大科技瓶颈，关键领域核心技术受制于人的格局没有从根本上改变，科技基础仍然薄弱，科技创新能力特别是原创能力还有待提高。习近平总书记强调："只有把核心技术掌握在自己手中，才能真正掌握竞争和发展的主动权，才能从根本上保障国家经济安全、国防安全和其他安全。不能总是用别人的昨天来装扮自己的明天。不能总是指望依赖他人的科技成果来提高自己的科技水平，更不能做其他国家的技术附庸，永远跟在别人的后面亦步亦趋。"[1] 同时指出："什么是核心技术？我看，可以从3个方面把握。一是基础技术、通用技术。二是非对称技术、'杀手锏'技术。三是前沿技术、颠覆性技术。"[2]

■ 习近平总书记在清华大学的讲话

2021年4月19日，习近平总书记到清华大学考察，强调要坚持中国特色社会主义教育发展道路，充分发挥科研优势，增强学科设置的针

---

[1] 《在中国科学院第十七次院士大会、中国工程院第十二次院士大会上的讲话（2014年6月9日）》，载《人民日报》2014年6月10日第2版。

[2] 《在网络安全和信息化工作座谈会上的讲话（2016年4月19日）》，载《人民日报》2016年4月26日第2版。

对性，加强基础研究，加大自主创新力度，并从我国改革发展实践中提出新观点、构建新理论，努力构建中国特色、中国风格、中国气派的学科体系、学术体系、话语体系。

习近平总书记指出，高等教育体系是一个有机整体，其内部各部分具有内在的相互依存关系。(1)要用好学科交叉融合的"催化剂"。加强基础学科培养能力，打破学科专业壁垒，对现有学科专业体系进行调整升级，瞄准科技前沿和关键领域，推进新工科、新医科、新农科、新文科建设，加快培养紧缺人才。(2)要提升原始创新能力。一流大学是基础研究的主力军和重大科技突破的策源地，要完善以健康学术生态为基础、以有效学术治理为保障、以产生一流学术成果和培养一流人才为目标的大学创新体系，勇于攻克"卡脖子"的关键核心技术，加强产学研深度融合，促进科技成果转化。(3)要坚持开放合作。加强国际交流合作，主动搭建中外教育文化友好交往的合作平台，共同应对全球性挑战，促进人类共同福祉。

第三节　何以重拾经典阅读

一、文化精神、通识教育与经典阅读

叩问大学生命力的根之所在可以发现，核心是根植于灵魂深处的大学文化传承。当然，这种文化传承的目标不是所谓"什么都知道一点"，而是作为一项基础学术训练，直接让学生深度地研读经典，毕竟作为大学之道所寻求与建立的文化精神所在，最大概率地传承于伟大著作的字里行间。

■ **对阅读经典会影响专业教育观点的纠偏**

作为哈佛大学必修的两门通识教育课程，"文学的伟大文本"和

"伟大思想与制度"全部都是围绕最基本的经典著作展开的。前者的建议阅读材料包括:《荷马史诗》、希腊悲剧、柏拉图对话、托尔斯泰、莎士比亚、《圣经》、维吉尔、但丁、密尔顿;后者包括:亚里士多德、柏拉图、博丹、阿奎那、路德、孟德斯鸠、洛克、马基雅维里、亚当·斯密、卢梭、密尔以及边沁。同时,作为现代大学样板的芝加哥大学经验,也已经示范性地告诉我们,即使百余年来芝加哥大学强调本科通识教育,尤其是以经典阅读为轴线,也丝毫没有削弱其研究型大学的顶尖地位。芝加哥大学向来是获取诺贝尔奖人数较多的大学,且尤以产生各大学术流派而闻名,诸如芝加哥社会学派、芝加哥经济学派、芝加哥古典政治哲学学派等,这在美国大学中是非常罕见的。

根据这一基础研习模式,造就一批富于正义感、责任感和高尚情操以及具有深厚的教养和智识、善于进行创造性思考的治国安邦精英,已经在大学教育中达成共识。接下来的问题是,当下中国应如何推动实现这一宏愿?不少中国大学对以文化传承为核心的基础研习存在一种普遍误解,将之视为只是主课以外"扩大"学生的兴趣和知识面,因此片面追求扩大这类课程的范围和数量,并且认为可供选择的这类课程门类越全、课程数量越多越好。这种只注重外在形式而不关注内在实质的方式,又会让人文与创新并举的基础研习模式折回到过去不同学科各自为政、通史概论"满堂灌"的老路上去,或者重新陷入为了吸引学生眼球而追逐时髦文化思潮的泥淖。

归根结底,以文化传承为引领的基础研习模式目标在于沟通现代与传统,使文明不致断裂,其核心内容是人类之所以能够成为人类需要不断探讨和关注的永恒主题,其精华又集中体现在人类文明自古以来的历代经典著作之中。经典之所以为经典,就是因为它经过了时间考验,历久弥新。虽然经典在任何一个时代都未必有很多知音,但却能够经久不衰,根本原因在于经典以无与伦比的方式,触及、思考和表达了人类生存的基本问题,其深度和广度难以为后世超越,散发着永恒的魅力。所以,重拾和阅读经典原著十分必要。

■ 犹太人智慧之谜的一把钥匙

《塔木德》（Talmud）是犹太人继《圣经》之后最重要的一部典籍，又称"犹太智慧羊皮卷"或"犹太 5000 年文明的智慧基因库"。

公元 70 年，犹太民族的圣殿被毁以后，一代又一代的犹太先贤为了延续民族精神，持续不断地向其族人宣讲和阐释《旧约》的前五章，称作《摩西五经》《律法书》或《托拉》，亦称之为《犹太教法典》，试图让族人不忘"上帝的律法"。这些通过口头讲述的内容汇编成集后，也称《塔木德》。《塔木德》全套 20 卷，总计 12000 页、250 万字，内容庞杂，卷帙浩繁。它不是百科全书，却包罗万象。正是它孕育了犹太文明和智慧的源泉，被当成传世经典，供犹太人从生到死一直研读。它不仅教会了犹太人思考什么，而且教会了他们如何思考。《塔木德》宛如一位和蔼可亲的朋友或思想深刻的长者，与每一位犹太人进行交谈和讨论，并穿透琐细的生活，让人感觉到鲜活的智慧和触及万物的力量。

这里列举《塔木德》中的一些箴言：（1）不要为明天的问题担忧，因为你不知道明天会给你带来什么；明天将会来临，而你却不能永存，所以你在为一个不属于你的世界担忧。（2）聪明的人不在比他更聪明的人面前乱讲话；他不会打断他伙伴的讲话；他不匆匆忙忙地回答问题；他问有关的问题，回答切中要点。（3）一个人不能做他所爱或所恨之人的法官，因为没有人能看到他所爱之人的罪行或所恨之人的长处。

二、以经典阅读为中心的原动力

当然，经典不等于真理。经典所代表的是人类精神文明的结晶，它所具有的超越时空的强大吸引力，并不在于保证了真理或只有工具理性的功效，而是象征着人类文明的沿袭与传承。摒弃经典，或是只将经典作为文物收藏，都是在断送文化。以此推之，拒绝阅读经典的人根本谈不上有什么文化底蕴，因为他们无法从传统经典中吸取资源、养料，从而演化成为自己的创新。

■ 罗伯特议事规则

可与萨缪尔森的《经济学》比肩的《罗伯特议事规则》，堪称人类群体决策的议事规则经典。[①] 这部著作经久而不衰，已成当今世界各类组织，上自联合国大会、政府议会，下至学校、班会，决策程序、会务处理和组织章程等莫不遵循的规则体系。自1876年问世以来，它不断与时俱进，影响遍及全球。罗氏规则是为保护竞争环境中的各方利益而精心设计的程序规则，蕴涵着丰富的理念，包括法治、民主、权利保护、权力制衡、自由与制约、效率与公平等。可以说，它把上述理念融汇在规则之中，又直接针对具体实践。正如罗伯特本人所言，很少有知识能像议事规则这样，只需稍加学习即可如此显著地提高效率。

《罗伯特议事规则》的英文版本有1000多页，总结了现代组织和社会的实践经验。主要包括以下12条基本规则：（1）动议前置。动议是指召开会议之前提交的一系列具体、明确和可操作的行动建议，它构成会议讨论的基础，无动议不讨论。（2）主持中立。会议主持人的职责在于遵照规则来执行程序，尽可能不发表意见或对别人的发言表现出倾向性；主持人若要发言，必须先授权他人临时代行主持人职责，直到当前动议表决结束。（3）机会均等。任何人发言前必须示意主持人，得到允许后方可发言。先举手者优先，尚未对当前动议发过言者，优先于已发过言者。同时，主持人应尽量让意见相反的双方轮流得到发言机会，以保持平衡。（4）立场明确。发言人应首先表明对当前待决动议的立场是赞成还是反对，然后说明理由。（5）发言完整。不能打断别人的发言。（6）面对主持人。发言要面对主持人，参会者之间不得直接辩论。（7）限时限次。每人每次发言的时间有限制，每次对同一动议的发言次数也有限制。（8）一时一件。发言不得偏离当前待决的问题，只有在一个动议处理完毕后，才能引入或讨论另一个动议。（9）遵守裁判。主持人应制止违反议事规则的行为，这类行为者应立即接受主持人的裁判。（10）文明表达。不得进行人身攻击，不得质疑他人动机、习惯或偏好，

---

① 参见〔美〕亨利·罗伯特：《罗伯特议事规则》（第10版），袁天鹏、孙涤译，格致出版社2008年版。

辩论应就事论事,以当前待决问题为限。(11) 充分辩论。表决须在讨论充分展开之后方可进行。(12) 多数裁决。通常动议的通过要求"赞成方"的票数严格多于"反对方"的票数,弃权者不计入有效票。整体而言,罗伯特议事规则有着非常精巧且实用的安排,已成为促进文明议事和高效决策的经典。

中国推行以经典阅读为中心的基础研习,其驱动力量还来自让人学会以认真平实的态度,对待繁复的现代知识资源。回归和倡导经典,不仅可以通过"史"的学习,了解悠久文明的盛衰变化,而且可以通过"经"的研读,掌握文明的智慧结晶,即所谓"传统形成的智慧"。比如,通过阅读中国的传统经典,真正让学生实现从"思想的中国"向"思想中国的根据"的精神转换,深切学会对这个世界结构里的中国加以分析和解释,学会对中国的身份和未来命运给予智识的关注和思考。而有所选择地阅读西方的经典,则是让学生学会如何以辩证立场,"语境化"分析西方论者就某个问题所提出的观点,而不是通过学科概论、学术通史或名著提要之类的饕餮"快餐",满足记熟作者姓名、论著名称、某些关键词和一些大而化之的说法。换句话说,就是不能把知识当成消费品,不能对不同作者思想做"非语境化"的领悟,也不能对理论做"脸谱化"的处理,而是应当还原经典文本的阅读,深入关注它作为知识生产所处的特定时空及思想之间的传承关系,尤其是掌握它作为知识增量的逻辑和脉络。

第四节 梳理法学经典的流派

一、现代法学的三大流派

相对于文学、艺术、历史甚至宗教等其他人文社会科学,法律研习者更易遭遇各式各样的阻力和疑惑。然而,几乎没有一个其他人文社会科学比法律更近地关乎人类的存在。比如，没有诗歌、绘画或音乐，人类依然可能存在，然而，现代社会不存在不受法律调控的社会成员。应该承认，法律已经成为现代社会的本质要素。

毋庸置疑，作为集法学文化大成与法制兴衰得失的法学经典名著，始终居于横跨数千年历史的法律思想史核心。现代法学主要分为三大流派：自然法学派、分析法学派和社会法学派。它们之间的分野体现在指向对象与法学方法的不同。

自然法学派的法学经典，指向的是回答"法律应当是什么"的应然法，所关注的是法律的理想和价值，以价值判断分析方法为主。如果置于司法裁判过程，它的核心就是主张诉讼主体为证明自身行为的恰当性而寻找和出示的情境化理由。

■ 旷世的纽伦堡审判

该场审判的争议焦点在于，所适用的法律规则究竟是什么？接受聆讯的战犯，多数是依据纳粹时代颁行的《纽伦堡法案》等驱逐犹太人的法令行事，认为自己的所有行为都有法可据。对此，美方主诉人杰克逊专门起草了《国际军事法庭宪章》，并接受助手伯奈斯的建议，将反和平罪、战争罪和反人类罪列入宪章。《国际军事法庭宪章》不仅为纽伦堡审判实现法律正义扫清了道路，而且成为东京审判的重要规则，更成为后来全世界公认的国际法准则。正是确立了这三项罪名，侵略性战争才在人类基本生存规则意义上成为罪行，从而第一次使得某些国内法成为恶法，也就是非法律意义的法。借此，复兴的自然法获得了胜利。

与自然法学派相对立的分析法学派，针对的是"法律实际是什么"的实然法，关注的是律令和技术，以逻辑和语义分析方法为主。具体表现在司法裁判过程中，就是直接将规则套用于认定的事实，哪怕在疑难案件中，也将复杂的情境作简单处理，形成一个特定理由，以寻找法律规则加以适用。当然，如果能够找到确定适用的法律规则，借助于逻辑

三段论就可以得出结论。不过,困扰法院的许多案件,尤其是在法律规则的边缘地带,适用法律规则的结果也许不止一个,而是存在选择问题。这反过来告诉我们,如果法律规则的边缘不确定,法官就必须在这种两可的边缘之间做出超越实然法的选择,这是分析法学的漏洞所在。

■ 哈特述评遗嘱的"签署"

英国牛津大学首席法理学教授哈特曾以1837年英国《遗嘱法》中的"形式无误条款"为例,说明了法律规则的边缘不确定性可能带来的不同后果。该条款规定,订立遗嘱须经立嘱人签署。面对这样一条简短而明确的条款,很难想象会引发一场规则含义之争。不过,哈特对这一条款的边缘地带可能产生的模糊不定之处进行了充分的阐述。比如,对于遗嘱的签署问题,如果立嘱人使用了化名怎么办?或者他被别人把着手,或者他只签了姓名开头字母(缩写),或者他虽然独立而正确地签了全名,却没有签在最后一页的末尾,而是签在了第一页的开头,后果又会如何呢?这些情况仍是法律规则所说的"签署"吗?[①]

可以说,上述两大流派主要是立足于法律解释的规范主义立场,应然法所要解决的是法律的道义基础和正当性,实然法则是使得法律的意思变得清晰和确定。如果法律在道义上是正当的,且在意思上是明确的,这种法律就必定能够发生作用吗?为了回答这一问题,需要从现实主义的角度,反过来检验法律实施的有效性。这就是社会法学派的基本理路,所运用的是社会学理论和实证分析方法。

■ 新农民群体与乡土司法理念

由于传统乡土社会所具有的内向、封闭特性,中国的乡土司法理念形成了以"地方性知识""纠纷解决""巡回审判""剪裁事实"等关键

---

① 参见〔英〕哈特:《法律的概念》,张文显等译,中国大百科全书出版社1996年版,第13页。

词为核心的发展趋向。然而，随着工业化和城市化进程的推进，当代中国农民发生了急剧的分化与重组，形成了新的农民群体结构。比如，体制转型后，传统意义上的农民组成结构发生重大变化，形成了包括传统农业劳动者、农民工、私有企业和小型外资企业雇工、农村知识分子、个体劳动者和个体工商户、私有企业主、农业经营大户、乡镇企业管理者、乡村干部等在内的不同群体。基于此，原有的内向、封闭体制和社会边界逐步弹性化，新的组合机制推动乡土社会呈现出越来越明显的外向、开放特征。这种变化导致现有的乡土司法理念出现了一些悖论性事实。这种变迁和悖论，能够通过地位获得理论与乡土司法运作存在的关联加以解释。据此，现有的乡土司法理念应当进行修正，走上追求现代法治化轨道。这是一种典型的从现实社会变化反思制度变革的法社会学思路。

以上现代法学三大流派的研究目的、分析对象等如表1-1所示。

表1-1 现代法学三大流派

主要流派	研究目的	分析对象	视角进路	分析方法
自然法学派	法律应当是什么	应然法	理想与价值	价值判断分析
分析法学派	法律实际是什么	实然法	律令与技术	逻辑语义分析
社会法学派	法律能否发生作用	社会事实	作用与功能	社会理论和实证分析

第二次世界大战以后，鉴于现代法学三大流派的偏执与排他性所带来的问题，出现了三大流派互相接近的新趋势，逐渐形成综合法学流派。这一流派从未产生过格式化的理论形式，无外乎斡旋于三大流派之间，通过发现相互融汇之处，让三大流派的观点和方法别具其用。当然，综合法学派只能算作不同流派长期以来连绵论战的冰山一角。事实上，主要的三大流派也在不断地反思、修正、颠覆乃至回归，寻找自身适时顺势的定位，继而派生出了新自由主义法学、新分析主义法学等新兴的流派。

除了上述三足鼎立的主流学派、综合法学派以及派生学派，近现代法理学同时产生了许多对主流学派的深化、批驳和不同视角的回应，进而产生了一些重要的学派。比如，历史法学、经济分析法学、现代哲理法学以及后现代法学等学派，可谓竞相促成了学派林立、学说纷繁的百家争鸣的格局。具体有：（1）肇始于近代的历史法学，主张用历史的方法研究法律，对传统的自然法持批判态度，认为法律是民族精神的体现，是随着民族的发展自发形成的，强调习惯法才是法律自生发展的基本脉络；（2）新出现的经济分析法学以"效益原则"为最基本和最主要的原则，以基本的个人为分析单元，把个人视为最大限度地追逐功利的利己主义者，借此展开行为和后果的关联性分析；（3）源远流长的哲理法学，主要从哲学认识论的角度，关注于认识、创立和评价法律中的理想因素，将自由作为法学的中心问题，近代至现代被不断突破，俨然成为法苑的奇葩；（4）颇受争议的后现代法学集中表现为对理性主义和科学主义的否定，反对用单一的、固定不变的逻辑和公式来阐释和衡量世界，挑战法律传统的固定说法，提出了法律并非至上而是作为政府推行政策的工具、法律并非自治而是深受新兴社会理论影响，以及法律并非一致而肯定受到不断变迁的社会实践影响等新的论点，从方法论上主张多元和差异性。

二、法学经典的核心命题

中国法学经典恒久散发着东方法律文化的独特魅力。比如，东方法律文化的固有逻辑、村社高于个人的法律价值取向、亚细亚生产方式下的法律理念、等级人身依附为帜的规则体系等。对此进行探索和研究，不仅能把握东方法律的基本脉络，通晓中国法律与社会互动发展的途径，而且可以此与西方法学的多元思潮进行比较，权衡和归结不同文化语境中的法律发展利弊得失，探讨吸纳和融合本土资源与外来资源等。中国法学经典主要包括：韩非的《韩非子》（集先秦法家思想之大成）、李悝的《法经》、唐高宗时期制定的《唐律疏议》（中国古代法律代表作）、宋慈的《洗冤集录》（世界上第一部法医学专著）、孙中山的《五权宪法》(中国资本主义宪法的探索),以及吕不韦的《吕氏春秋》、董仲舒的《春秋繁露》、王充的《论衡》、张斐的《注律表》、王安石的《临川先生文集》、朱熹的《朱子语类》、黄宗羲的《明夷待访录》、顾炎武的《日知录》、魏源的《默觚》、洪秀全的《天朝田亩制度》、薛允升的《读例存疑》、洪仁玕的《资政新篇》、张之洞的《江楚会奏变法三折》、沈家本的《寄簃文存》、梁启超的《饮冰室合集》等。

西方法学经典中存在着许多疑异和冲突之处,屡遭驳诘、问难乃至颠覆;人们对法律控制所要达到的目的,以及行使这种控制所应采取的方法,还未达成实质性的一致意见;形成或修正的学说只能代表局部的、有限的真理;精心勾画的法律理想只是解决了作者所处时代的那些迫切需要解决的重大问题。当然,西方法学经典也是实践和学理的累积,思考和表达了许多法学的基石性问题,依然值得仔细推敲和辩证分析。西方法学经典具体情况如表 1-2 所示。

表 1-2　西方法学经典一览

	法学经典及思想巨擘	主要观点
古代自然法	• 《法律篇》(*The Laws*) • 柏拉图 • 苏格拉底与亚里士多德的承前启后者	• 寻求和平而非战争、美德而非功利,才是法律目的之所在 • 推行民主倾向的寡头政体,是民主与集中的最佳组合 • 统治者应为法律的"仆人",精英政治的"哲学王"孰不可靠,法治权威至高无上
	• 《政治学》(*Politics*) • 亚里士多德 • 百科全书式的学者	• 君主、贵族和共和政体作为"正宗",其法为善;僭主、寡头和平民政体作为"变态",其法必恶 • 正义绝非所谓人人平等(分配正义);即使惩罚亦应现之于平等(矫正正义) • 良法之治,优于一人之治
	• 《论法律》(*On Law*) • 西塞罗 • 自然法集大成者	• 作为自然法的宣言,人民的福祉是最高的法律 • 执政官乃是会说话的法律,法律乃是不会说话的执政官 • 法权适当分配,应是政治权力制衡的政体形成的关键

(续表)

	法学经典及思想巨擘	主要观点
中世纪自然法	• 《上帝之城》(*City of God*) • 奥古斯丁 • 基督教父	• 国家一旦没了正义，就沦落为巨大的匪帮 • "世俗之城"作为原罪的人法效力，来自"上帝之城"作为救赎的永恒神法
	• 《阿奎那政治著作选》(*Aquinas Selected Political Writings*) • 阿奎那 • 经院哲学大师	• 衡量合法与否的标准在于是否有利于公共幸福，如何守法有损公共福利，亦可弃法
近代古典自然法	• 《利维坦》(*Leviathan*) • 霍布斯	• 人们订立契约让渡权利而产生利维坦（国家）后，便丧失所有权利 • 自然法不过是主权者的道德指南，而真正意义上的法律是主权者命令组成的 • 不偏不倚的法官判词本身就是对自然法的解释
	• 《政府论（下篇）》(*The Second Treatise of Civil Government*) • 洛克 • 天赋人权的系统阐述	• 每个人订立契约只是向国家让渡部分权利，而仍拥有最基本的权利 • 立法权至高无上，行政权亦从属之。法律结束之处，就是暴政开始之处
	• 《社会契约论》(*The Social Contract*) • 卢梭 • 资产阶级革命理论基石	• 订立契约让渡权利给国家以获取等价物，所有权利仍在每个人手中 • 人生而自由，但无往不在枷锁之中，不存在没有法律的自由 • 法律面前人人平等，财富不能让人富得购买另一人或穷得出卖自身
现代复兴自然法	• 《法律的道德性》(*The Morality of Law*) • 富勒	• 超越传统意义的"实体自然法"，是指向法律制度形式和程序的"程序自然法" • 程序自然法的八项法制原则作为"法律内在道德"，区别于"法律外在道德" • 法律是使人的行为服从规则治理的持续的、有目的的事业，而不是其他
	• 《正义论》(*A Theory of Justice*) • 罗尔斯 • 二战后的最经典著作及标准精神食粮	• 作为公平的正义，隐藏在原初状态下的"无知之幕"后面 • 作为正义的两大原则，平等、自由优先于社会经济利益，且以"词典式序列"存在 • 现实的正义原则，历经原初状态、立宪、立法以及法律适用的反思平衡而实现
	• 《认真对待权利》(*Taking Rights Seriously*) • 德沃金	• 公民受到国家及社会的平等关怀与尊重，为了道德而强硬反对政府不应受罚 • 法院凭以保护个人权利的原则，而非以社会利益为目的的政策，处理疑难案件

(续表)

	法学经典及思想巨擘	主要观点
分析法学	• 《法理学的范围》（*The Province of Jurisprudence Determined*） • 奥斯丁 • 分析法学之父	• 法律与道德截然二分，"法律"一词或所谓严格意义上的法律，是命令 • 民众应当习惯于服从享有立法权的主权者，而主权者本身却不受法律限制 • 一般法理学区别于带有道德评判的立法学，其研究对象限于实在法
分析法学	• 《法与国家的一般理论》（*General Theory of Law and State*） • 凯尔森	• "纯粹法学"只研究法律如何决定人们的行为，而不是法律应该如何 • 法律规范是现实叙述意义上的规则，而不是正义的价值评判标准 • 一个规范的效力来源于更高规范而不是事实，更高规范的终点乃为基础规范
新分析法学	• 《法律的概念》（*The Concept of Law*） • 哈特	• 法律规则是设定义务的第一性规则与导致义务变更的第二性规则的结合 • 法律社会既有自愿接受规则指导的人，也需由武力强行设定规则的人 • 法律和道德是有联系的，但并无必然的联系 • 唯存公理及横跨于法律与道德的行为规则，构成"最低限度内容的自然法"
社会学法学	• 《论法的精神》（*The Spirit of Law*） • 孟德斯鸠 • 资本主义法学百科全书	• 法的精神，就是从法与其他事物（政体、习惯、环境、宗教等）的关系理解法律 • 围绕立法、行政与司法的三权分立
社会学法学	• 《论经济与社会中的法律》（*On Law in Economy and Society*） • 韦伯	• 现实经济制度不能没有法律，且经济与法律不是决定与被决定的关系 • 严格恪守形式程序而忽略道德等价值标准的形式理性法律，何以盛行西方 • 相较于传统权威统治和卡里斯玛魅力统治，理法统治应为法治之蓝本
社会学法学	• 《法社会学原理》（*Grundlegung der Soziologie des Rechts*） • 埃利希	• 法律不是法条，而是社会秩序，来源于社会并反过来影响社会。所以，法院判决不能单纯依据法条，而是应寻求法条必然从中而来且必须受其评判的"活法" • 习惯法概念若是限定于一个有限领域，那么可以在没有固定规则的地方，经过较长时间的检验后，成为法官认为自己不再有权背离的规则

（续表）

	法学经典及思想巨擘	主要观点
社会学法学	• 《在事实与规范之间——关于法律和民主法治国之间的商谈理论》（Faktizität und Geltung） • 哈贝马斯	• 现代法律应该在事实性和规范性之间保持张力，并以规范性导控事实性 • 法律是把从生活世界产生的正当性主张输送到政治系统和经济系统的中介 • 人民通过公共领域普遍参与政治辩论，以商谈理性控制立法和行政过程 • 正当的法律秩序只能通过程序正义加以实现 • 法律应是通过公民积极行使政治商谈自由而保障其实现消极自由的社会建制
	• 《普通法》（The Common Law） • 霍姆斯	• 法律的生命不在于逻辑而在于经验 • 自然法假想的事先存在的权利没有理性，其实际存在于人们对其的社会需要 • 法律就是法官对自己即将作出什么判决的预测
	• 《通过法律的社会控制——法律的任务》（Social Control through Law: The Task of Law） • 庞德	• 法律的本质，就是替代宗教和道德而作为主要的社会控制手段，限制人的自我扩张本性而弘扬社会本性 • 法律的概念，就是司法行政过程中使用权威性法令实施的高度专门化社会控制，或称为社会工程 • 法律的任务，体现为通过立法和司法来承认、确认和保障社会利益的实现，所以司法的权衡关键在于寻找符合无损整体利益前提下的最佳利益整合方案 • 法律的适用，除了有法司法，面对无法司法时，需要运用经验、理性和权威理念进行各种利益的取舍
	• 《法律制度》（The Legal System） • 弗里德曼	• 法律行为是社会势力的产物，其中多元法律文化的影响尤为明显 • 隐藏于法律背后的意识形态、利益结构和职业主体，都是影响法律效力的因素 • 滥用"经济因素决定法律"的标签，往往仍无法解释法律制度的运作机制

（续表）

	法学经典及思想巨擘	主要观点
综合法学	• 《法律与革命——西方法律传统的形成》（Law and Revolution: The Formation of the Western Legal Tradition） • 伯尔曼 • 综合法学的倡导者	• "综合"对于法律具有重要意义，不仅涉及理性和意志，而且涉及情感、直觉和信仰，涉及整个社会的信奉，其方法论进路为辩论的分析和综合的模式 • 梳理西方法律史，综合三大主要流派，提出了"法的社会理论"：强调精神与物质的互动而非简单认定存在与意识的因果关系。借此，法律既指规则体系，也与政治、经济、宗教、道德互为作用；采用独立的法律史编纂法，而非像黑格尔那样从属于哲学史，像马克思那样从属经济史或像韦伯那样从属于政治史的编纂法；抓住变革时期的法律，研究其给西方法律传统造成的重大影响；研究世界法律体系，而非西方法律体系，将"西方"一词扩展为具有时间性的文化词汇
综合法学	• 《法理学——法哲学及其方法》（Jurisprudence: The Philosophy and Method of the Law） • 博登海默 • 西方法理学的经典教材	• 法律（或法治）旨在创设一种正义的社会秩序，权力、行政、道德和习惯起补充作用，其稳定性与灵活性、效力强弱及强制性程度，取决于实现正义的程度 • 法律正式渊源的正统性及非正式渊源适用的例外；法律形式推理的优先性及价值判断适用的有限性 • 司法程序的技术：宪法解释应保护宪法精髓；法规解释应尊重立法原意；不可无视或不顾先例；法官有发现与创造法律的职能
历史法学	• 《论立法与法学的当代使命》（The Vocation of Our Age for Legislation and Jurisprudence） • 萨维尼 • 历史法学巨子	• 法律是发展变化的，不应像自然法那样只相信普遍理性，而忽视法律史研究 • 法律是民族自身文化的体现，由内部力量所推动，而不是由立法者意志所推动 • 法的最好来源不是立法而是习惯，习惯法从民族精神生长而出，是最有生命力的
历史法学	• 《古代法》（Ancient Law） • 梅因 • 近代法史学先锋	• 只有采用"历史方法"考察本国与外国的法律史，方能改变华而不实的学风 • 法律的发展模式，乃是从身份到契约
经济分析法学	• 《法律的经济分析》（Economic Analysis of Law） • 波斯纳 • 最经典的法经济学教材 • 最高产的法学家	• 以经济学的财富最大化原则（效率）替代正义，是否就是一种粗鄙的功利主义 • 某一社会的（准）法律与相应经济发展水平相关，是对特定社会条件的调适 • 法律不是一个自给自足的学科，须以实用主义态度汲取各学科知识超越法律

(续表)

	法学经典及思想巨擘	主要观点
哲理法学	• 《法的形而上学原理——权利的科学》（Metaphysische Anfangsgrunde der Rechtslehre） • 康德	• 人类受自由律支配，认识并改造世界，即所谓"先验理性" • 作为"道德绝对律令"，每个人的行为准则同时应该成为他人普遍行为的准则，其外化表现就是法律 • 法律承认人有先天自由，同时自由又要受到法律限制 • 法的基本内容就是权利与义务，权利是先验的，可自然法并非虚构，而是体现为从先验权利向法定权利的演化
	• 《法哲学原理》（Grundlinien der Philosophie des Rechts） • 黑格尔	• 法哲学不研究具体问题，而是研究以法律、国家等作为外在形式的"绝对精神"，旨在建立一个涵盖法律与社会的无所不包的体系 • 法律源于理性，这种理性有别于自然法之理性，是脱离和先于现象世界的精神的、自在自为的东西。基于此，法律的本质体现为自由，亦即被认识了的必然 • 既反对自然法学空悬的"应然"，也反对实证法学纯粹的"实然"，认为"理性"应从现实的历史发展中寻找，亦即凡合乎理性的东西都是现实的，凡现实的东西都是合乎理性的 • 理性决定一切，实在法由理性所决定，但它只实现理性的某一原则或某一阶段要求，所以法律的发展是必然的、无限的
	• 《法学导论》（Einführung in die Rechtswissenschaft） • 拉德布鲁赫 • 二战后德国法学之父	• 法律的概念应为一种超个人主义，即把国家作为整体，从世界舞台来看，以外部政策的需要为标准来规定内部政策 • 法学的任务在于把法与价值相连的同时，不对法的价值作出绝对的评价和选择。因为价值评价取决于个人良心，价值选择取决于当权者意志 • 从价值相对主义立场来看，那种将法的理念片面强调为正义（法律符合道德）、功效（法的社会功能）或确定性（恪守形式规则）任何一种，都有绝对主义的轻率局限
后现代法学	• 《规训与惩罚——监狱的诞生》（Discipline and Punish: The Birth of the Prison） • 福柯	• 刑罚风格的转变并不一定意味着文明的进步，而是统治的方式和权力技术运用的改变 • 监狱在创造罪犯；训诫是这个时代的精神

三、以《法律的概念》为样本

为了叙述便利,这里以英国牛津大学哈特教授的《法律的概念》作为阅读法学经典的批判性阅读切入口,以辩证视角加以分析,并结合中国法学经典及法治建设的问题逐步展开。哈特的这一著作被誉为20世纪的法学经典之作,原著1961初版、1994年再版,我国相应有两个译本。① 哈特对于20世纪西方法学的推动作用远大于其他任何人,被认为是既往法律实证主义的集大成者、新分析实证主义法学的创始人,是法理学的重量级学者。作为英语世界中流砥柱的法学家,他的研究掀开了一个研究主题,数不胜数的论文、专著、辞书、网站等将这个主题发展为一个学科方向。② 下面将从对哈特这部著作的批判性阅读入手,全面深入解析如何阅读法学经典,以及运用法律思维解决法治中国建设中的"真问题"。

图 1-9 哈 特
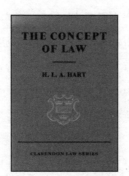
图 1-10 英文第一版
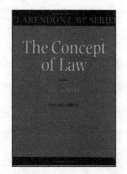
图 1-11 英文第二版

---

① 原著的两个版次分别为:H. L. A. Hart, *The Concept of Law*, Oxford University Press, 1961; H. L. A. Hart, *The Concept of Law* (2nd edition), Oxford University Press, 1994. 我国的两个译本分别为:[英] 哈特:《法律的概念》,张文显等译,中国大百科全书出版社1996年版(根据1961年版译出);[英] H. L. A. 哈特:《法律的概念》(第二版),许家馨、李冠宜译,法律出版社2006年版(根据1994年版译出)。

② 2007年哈特教授百年诞辰之际,英美法学家和政治学界难得一见的许多顶级学者不远万里来到剑桥大学,讨论哈特的学术遗产。事实上,现代社会能以一人之力,通过著书立说而影响半个世纪之久,除哈特之外屈指可数。目前,有关哈特研究文献的梳理,可参见支振锋:《百年哈特——哈特法律思想及研究的主要文献》,载渠涛主编:《中外法律文献研究》(第二卷),北京大学出版社2008年版。

图 1-12　第一版中译本　　　　图 1-13　第二版中译本

第五节　阅读法学经典的途径

当前的法学经典阅读存在一些问题，比较普遍的是"机会主义"阅读的蔓延，而不是追求严肃品味经典历久弥新的核心理念和价值。不少学生和读者只是为修完所在学校的法学文献研讨课程，或是应付形形色色的读书讨论，寻找推荐指定的经典书目；或者是为完成某一个"显学问题"的证成，从经典中寻找若干权威的话语表达，完成"艰深"的理论包装。甚至还有人直接找来泛滥于市场的经典导读浏览，满足于快餐式掌握这些"沉淀资本"的基本要素和经典表达。基于这些目的阅读经典的侧重点，有的关注于通过阅读经典援引某种"高级理论"，借此产出"大词法学"；有的干脆埋首于法治、宪政、正义和权利等类似传统概念的澄清和辩诘，踌躇满志地构建类似"绝对律令""纯粹法学"的东西；还有的完全指向功利主义，为了迎合流行的意识形态，设计可以溯源于法学经典的"罐装"叙事体系。

法学经典阅读的另一重大问题是，即使秉承潜心钻研的宗旨也只是坐而论道，缺少足够的问题意识。许多人认为基本已与真理共在，因此也就很少乃至根本不读经典。同时，出于某种原因不得不阅读经典时，不少人只是在创造知识的神秘，拒绝其他人的进入，高筑专业话语的垄断门槛。基于这些目的阅读经典，必定不会关注"真问题"，往往只是针对某一问题笼统发表感慨、提点看法或写些短评,借助经典表达个人意气。抱持这样的心态阅读经典,就可能不去把握经典之所以为经典的核心命题,进而站在前人的积累上解决真的问题,而只是为了借助经典的"著名商标",抢占强势的话语高地。显然,这种缺少问题意识的坐而论道,同样使得法学经典阅读成为故弄玄虚的决疑术,法学经典也就成了所谓的高深学问乃至论说显摆的代名词。

可以说,正是上述两个问题的出现,使得法学经典阅读的价值不自觉地在一定程度上被消解了。法学经典阅读不仅是在挖掘其中的审美价值,更是读者个人对法学经典作品的"多维"独特体验。所以,完美意义上的法学经典阅读,不能流于经典理论的纸面化,更不能流于阅读态度的肤浅。

那么,多重维度的法学经典阅读如何展开?这里需要先作一限定,通常而言,阅读可分为精深阅读、泛化阅读、节选阅读、纲览阅读四大门类。那种堪称经典的阅读,绝对不是一般泛读,而是对值得反复研磨和把玩的书籍研读几遍,对其中的精彩章节和字句甚至要读上十几遍,而且做必要的摘抄以备用。与此同时,还应展开横向比较阅读、流派论点梳理、配套案例研讨等。

完整意义上的法学经典阅读包括七道工序,且逻辑上递进展开,具体如下:

一、初步了解背景

为了突出心血凝铸的翻译作品的重要意义,多数法学作品的译者都会在经典的首部或尾部添加"译者序"或"译后记"等。一般而言,译者会扼要介绍所译作品的作者生平、时代背景,以及哪些因素促成了作者撰写作品。

比如,在《法律的概念》的译后记中,译者用简洁的篇幅勾勒了哈特的学术道路,并借助作为同僚的拉兹以及作为论战对手的德沃金的点评,突出了哈特这一作品的重要意义。虽然译者的叙述比较简单,但为掌握作品的知识背景提供了有益线索。

哈特所处的时代,正是现代西方分析实证主义法学在二战后发生分化的重要时期，其中影响最大的派别就是以哈特为首的新分析法学。1961 年哈特发表《法律的概念》这部作品是当时新分析法学形成的标志。译者序借助拉兹、德沃金两位著名学者的述评，提出了战后纽伦堡审判中那个棘手的著名论题：徘徊于法律与道德之间经久不绝的两难。也就是面对一群辩称所谓执行"领袖原则"的纳粹刽子手，法官是躲避在"法律就是法律"的格言后面放纵战犯，还是通过援引"高级法"悬搁起法律的字面含义严惩战犯？

沿着这一问题搜寻资料就会了解到，1958 年，在《哈佛法律评论》的同一期上，发表过哈特的《实证主义和法律与道德的分离》与复兴自然法学代表富勒的《实证主义和忠于法律——答哈特教授》两篇影响极其广泛和久远的论战性论文。① 随后，哈特于 1961 年正式出版《法律的概念》，系统阐述了自己的观点，并兼答了富勒的批评；富勒则于 1964 年出版《法律的道德性》，通过批判哈特的法律与道德分离论来阐述自己的观点。在双方的拉锯式论战中，许多法学家和法官纷纷加入，或支持哈特或支持富勒的观点。哈特以各种方式给予回应，使得法律与道德的关系问题更加清晰凸显出来，同时也导致一系列更加具体的法律冲突不断卷入这一"问题工厂"。② 其实，这些都是阅读这部法学作品不可或缺的知识背景资料。

---

① 朗·富勒，美国著名法学家，曾长期担任哈佛大学法理学教授。正是作为战后新自然主义代表之一的富勒与作为新实证主义代表之一的哈特之间的这场论战，使得本已凋零的法理学重放异彩，通过泛化到全世界的思想交锋，他们不仅共同促进了法理学的发展，而且激发了成千上万人的研究兴趣。富勒的代表作是《法律的道德性》，他的基本思想是：在人类有目的的活动中，道德和法是不可分的。为了正确认识法和道德的关系，应先分清愿望的道德和义务的道德，前者指充分实现幸福生活和人的力量的道德，后者指社会生活的基本要求。法和义务的道德十分相似，而和愿望的道德并无直接联系；法无法迫使一个人达到他力所不及的优良程度。以上内容可参见〔美〕富勒：《法律的道德性》，郑戈译，商务印书馆 2005 年版。

② See Hart, Positivism and the Separation of Law and Morals, *Harv. L. Rev.* 1958 (71): 593 (Hart vs Fuller); Hart, Kelsen Visited, *UCLA L. Rev*, 1963 (10): 709 (Hart vs Kelsen); Hart, *Law, Liberty and Morality*, Stanford University Press, 1963 (Hart vs Devlin); Hart, Book Review, *Yale L. J.*, 1965 (74): 1325 (Hart vs Wootton); Hart, Analytical Jurisprudence in Mid-Twentieth Century: A Reply to Professor Bodenheimer, *U. Pa. L. Rev.*, 1957 (1-5): 953 (Hart vs Bodenheimer); Hart, American Jurisprudence Though English Eyes: The Nightmare and the Noble Dream, *Ga. L. Rev.*, 1977 (11): 969 (Hart vs Dworkin).

二、寻找核心问题

通过法学著作的导言、原序、跋文以及附录等，了解所涉及的核心问题，掌握贯穿作品的一根红线是什么。诚然，不少类似教材式的作品采取了分散罗列的谋篇布局，比如博登海默的《法理学——法哲学及其方法》、拉德布鲁赫的《法学导论》，有些研究法学思想史的著作则采取了时间序列的叙事方式，比如伯尔曼的《法律与革命——西方法律传统的形成》、萨维尼的《论立法与法学的当代使命》，可是，目前的绝大多数著作还是能够从前言、序说、跋文和附录中发现其希望表达的核心问题。

比如，在《法律的概念》的序言中，哈特开宗明义地指出该书的核心问题，即如果不去鉴别"法律是什么"和"法律应当是什么"两个陈述的根本差别，就不能理解法律，也不能理解其他形式的社会结构性制度。接下来的序言则交代了理论出发点，检讨"就词论词的做法"不足为训，被检讨对象正是源于分析实证法学派的"鼻祖"奥斯丁。[①] 所以，哈特的论说肯定会选择批判奥斯丁的法律命令作为对象。实际上，哈特在《法律的概念》中对上述两个法律核心问题的初步回答，确实就是从批判法律命令开始的。他以假设的强盗命令为依托，通过不断添加要素构建独特的法律规则模式，批驳及超越了奥斯丁的法律命令理论。可以说，从"命令论"到"规则论"的推演，正是理解哈特"为何只有规则才能产生义务论说"的前提。因此，找出核心问题及对于问题分析的切入点，就把握住了阅读哈特这一作品的钥匙。

---

① 约翰·奥斯丁，英国法学家，生于商人之家，从部队退役后研读法律，担任过律师，此后又进入伦敦大学任教。《法理学的范围》集中收录了他对法学理论的全面阐述，包括六讲，是了解其理论最详尽也是最重要的文献。贯穿该书的一根主线是恪守"应然法"与"实然法"的分离，试图把法律当成一种真正的科学。该书第一次明确把法理学作为一门学问，对它的研究范围进行了严格的归纳的界定，从讲述法的本质开始，提出了影响极为深远的主权、命令、制裁的法律概念定义模式。之后，还介绍了其他法律概念及其内容、各种法律概念之间的相互联系、功利原则及其与法律之间的联系、非法律对象范围及其与法律对象范围之间的联系和区别等。该书核心观点包括：（1）法律应与道德截然二分，"法律"一词或所谓严格意义上的法律，是命令；（2）民众应当习惯于服从享有立法权的主权者，而主权者本身却不受法律限制；（3）一般法理学区别于带有道德评判的立法学，其研究对象限于实在法。

三、通读文本

初步了解了知识背景，寻找到核心问题后，就可以开始对整个文本的通读。文本通读是法学经典阅读的死功夫，它的要义不只是"诠释学"意义上的概念术语或语句内涵的甄别和解释，还在于借助通读经典，完整了解作者的叙事框架。换言之，文本的解读就是个人重组文本信息，达到新的认识的过程。一般而言，作业的路线图是把握作者围绕核心问题提炼的若干问题，探究作者是怎样回答这些问题的，特别是他们论述主张的进路是怎样的。在此基础上，深入分析文本的基本结构，包括以章节为标志的形式结构，以及每个部分之间的逻辑关系。

《法律的概念》将"法律是什么"这个核心问题分解成五个子问题展开：一是借助于三个复现的争论，导出"法律是什么"这个经久不绝的问题；二是批判奥斯丁理论的困境，论证单纯地以命令和威胁为后盾的法律命令理论，很难产生足够的解释力；三是区别于奥斯丁理论表现出来的"被迫去做"，提出了"法律规则说"，即着眼于"有义务去做"，尤其是强调第一性规则和第二性规则的结合，以此解释法律的特征；四是从对法律特征的上述描述，阐述了法律和道德的一般关系，既坚持了分析实证法学的一贯立场，又不绝对反对法律与道德的关系，提出了"自然法的最低限度的内容"理论；五是凭借上述构建的立论，以国际法为例，批判了"国际法是主权国家的一种自律"理论，重新诠释了国际法。

围绕上述五个子问题，该书从逻辑结构上划分成以下五部分：

第一部分（第一章）：从经久不绝的"法律是什么"这个问题归结出三个复现的争论点：法律与强制命令的关系；法律义务与道德义务的关系；规则是什么，在何种程度上可以称为法律。

第二部分（第二、三、四章）：通过批评奥斯丁的法律命令说，重建起法律的概念。先在第二章里指明所谓法律命令理论，就是认为法律是掌握主权者发布的以威胁（制裁）为后盾的命令。而在这个包括主权、制裁和命令三个要素构成的定义里，命令是核心。继而在第三章重点分析把法律作为命令的缺陷：法律命令可以解释刑法，但是，刑法的命令者自身也应受到法律约束；其他类型的法律不是强加一种责任，而是提供法律的强制框架，使人们有权设立权利义务；某些法律不是起源于命令，而是起源于习惯。在此基础上，第四章接着批评了奥斯丁主权论的问题所在，包括习惯性服从和连续性法律之间存在空缺、法律的连续性、立法权受到法律限制以及立法机关背后是否存在一个主权者等。

第三部分（第五、六、七章）：基于奥斯丁的法律命令理论是失败的，第五章提出了法律应当作为规则的新思路，其核心就是设定义务的第一性规则与授予权力或权利的第二性规则的结合。为了澄清这两类规则的结合关系，进一步说明法律的特征，作者设想了完全是第一性规则支配的原始社会。但是，这种简单的社会控制存在规则的不确定性、静态性和无效性等缺陷，所以，作为第二性规则的承认规则、改变规则和审判规则就成为必要。其中，承认规则又具有评价其他法律制度效力标准的基础意义，对此，第六章集中予以阐释，同时也意识到新论说必然面临的新问题，甚至提出法律制度本身所存在的渊源于人类语言空缺的法律空缺病状。面对这种空缺可能产生的法律解释多元化，第七章分析了两种极端的形式主义错误和规则怀疑主义错误，强调真理应当存在于两者之间，并回归到法律规则理论，补强论证了法律的真理只能通过承认规则予以解释，即承认规则具有一般权威性的同时，还需要承认适用规则的法官创造性。

第四部分（第八、九章）：作为论战的立场表态，解释法律与道德的关系至关重要。第八章阐述了正义标准的相对性，即随特定时空不断变化。同样，道德也是多义的，法律不可能与正义或道德完全一致。接下来的第九章认为，法律与道德虽无必然联系，可是毕竟存在关联，作为"自然法的最低限度的内容"，就是法律与道德的共同因素。基于此，法律就应是涵盖良法与恶法的广义概念，它能帮助看到法律问题的复杂性和多样化。反过来，那种狭义的良法才是法律的概念可能使我们对这些问题视而不见。

第五部分（第十章）：运用第一性规则和第二性规则的结合这一学说，针对国际法的性质加以解释。国际法并没有国际的立法、司法组织，没有组织的制裁，而是类似于简单的原始社会那样只有第一性规则，没有第二性规则，从而引发了不少人对国际法是否为法律的质疑。

但是，不能因为没有制裁就不把国际法视为法律，也不能因为国家享有主权就不受法律限制。因此，国际法不是道德，而是一批被各国所接受的、具有约束力的规则。

四、体认语境

借助初步的知识背景，以及沿着核心问题的主线读完文本后，需要进一步转入对问题的反思。比如，特定的历史时代和社会背景对经典的推出会产生什么影响？整体的文本结构为什么如此谋篇布局，或者说经典作品的写作遵循了什么研究进路？相对于刚开始阅读时只是了解知识背景，通读文本后的语境追问有赖于对所读经典作品在法学知识、理论和思想脉络中特定的时空场景进行深度挖掘，包括通过搜集相关的学术评论、经典导读、作者传记、通史述要，尤其是与来自同一流派或不同流派的立场褒扬或观点交锋，进行关联性的阅读。

作为现代西方法学的代表人物，写作《法律的概念》的哈特绝不是一个孤立的名字，而是成了"新分析实证主义法学创始人""语义分析法学建立者""战后法律实证主义第一人"等光环下的学派标识。通过阅读汗牛充栋的相关资料，就会知道这本书沉甸甸的背景。随着科技文明进步，世界逐渐祛魅，那种纯粹先验的说法基本上被否弃，没有人再执着于形而上、单一地描述法律背后的理性。可是，纽伦堡审判又使过去的法律实证主义强调"恶法亦法"受到了强烈谴责，昭示着自然法复兴。换言之，虽然众所周知希特勒是个疯子，可他的国家轻易地赋予这个疯子至高无上的地位与权力，并发动了一场浩劫。当刽子手们在法庭上狡辩，他们是依据纳粹法和元首意志实施侵略和种族屠杀时，人们不禁追问：难道他们真的是在"依法"侵略和屠杀？于是，"为何恪守法律"这个老问题所承载的新的时代意义再次被提了出来。可以说，特定的背景曾经给过那个时代学者深深的思考，哈特当然也不例外，《法律的概念》正是以上问题在法律领域辩论的折射。

显然，在刚刚经历极权主义带来的灾难之后，任何延续"命令"之类的字眼的企图都会丧失它的合理性。所以，《法律的概念》在篇章结构上自然而然就是从检讨奥斯丁的法律命令理论入手，对法律的概念及相关的其他概念进行了全新或具有初始意义的解析。可以说,哈特文本的内容基本上是立足于对奥斯丁理论的批判和改造。例如,从批判主权者说、命令说而延伸出的第二、三、四章,借此哈特又引出关于自己法律规则说的第五、六、七章。然而,尽管奥斯丁的原有体系在很大程度上被摧毁了,可是依然能看到哈特挽狂澜于既倒、竭力拯救分析法学付出的艰辛。由于二战后法律与道德的分离被看作是"削弱对专制和独裁的抵抗"的原因,哈特不得不花费大量精力进行解释,这在接下来的第八、九章修正有关法律与道德的关系论述中得到了印证。

五、把握基本脉络

许多学者认为,作为贯穿始终的一根红线的研究进路,通常于阅读完文本后就能够清楚把握,不必滞后于语境追问。然而,不少经典作品的作业路线不同于以往,其本身甚至就构成了经典流传的重要组件,所以,这些作品的脉络把握往往须来源于特定的历史情形或学术争辩,才能真正达到融贯性水平。

哈特在《法律的概念》中开风气之先,凭借语义分析哲学方法著述而被尊为新分析实证主义法学的一派宗师,就是一个样板。哈特认为,在考察法律上某个概念时,需要把该概念置于复杂的社会环境中去。比如,哈特举了"什么是时间"的例子:若无人问我,我便知道;若要我向询问者解释,我便不知道。在这一方面,甚至娴熟的法律专家也会有同感。他们虽然了解法律,但对法律本身以及法律与其他事物关系的许多问题并不能充分解释。于是,对一个词的描述性定义能够提供这样一张地图,它既可以让用词的指导原则得以明确,又可以让使用该词表达的现象与其他现象之间的关系得以显现。正是这一方法使得分析法学发生了转向,让哈特理论成为一种描述社会学,即通过对语词的分析来认识社会现象。

那么,哈特为何会选择以语义分析哲学作为写作的进路?通过上述的语境分析,可以从奥斯丁的"恶法亦法"被纳粹当成为暴政辩护的遮羞布这一结果中找到原因。这里,哈特的方案不再是展现功利主义观,而是采取更彻底抛去意识形态的进路,取而代之以中性的语义分析。当然，即使不可避免地涉及法律与道德是否应当分离的功利命题，哈特的论证重心仍在于强调他的法律实证主义观。同时，回顾当时哲学思潮的背景，当时德国的存在主义是从诠释角度来考察世界，法国出现了后现代的解构主义来瓦解任何宏大叙事，不过来自英伦半岛的哈特对类似的抽象思辨不感兴趣，因而他选择语言哲学便不足为奇。毕竟它从形式上保证了逻辑链条的完整，且能够借助于层层推理，抽丝剥茧般地把细微的差别展现出来。

此外，哈特的学术经历也帮助提供了线索。他曾在布拉德福德文法学校和牛津新学院就学，并对古典哲学产生兴趣，乃至二战时在英国军情五处工作期间，他仍不忘闲暇时与搞哲学研究的同事讨论，这种对哲学的热爱对他日后的理论研究产生了影响。同时，二战前的哈特又在大法官法庭担任开业律师，这期间的实务工作使得哈特的知识结构在理论和实践的两极之间获得了良好平衡。后来他成为牛津新学院的哲学讲师，并与牛津日常语言学派的学者结成好友，这些都为他的作品的出炉奠定了基础。如此看来，哈特选择以语义分析哲学作为主要分析进路就不难理解了。

六、澄清命题意义

借助于关联性阅读的语境分析与经典文本的结合，还为继续考察作者的固有命意，以及探索读者还能触发、引申获得的微言大义提供了前提。固有命意与微言大义，是法学经典本身在解决核心问题过程中的根本所在。

通过文本通读后的语境解析，可以进一步阐释"法律是什么"这个核心是怎样被"问题化"的。这个法学的立足点经常在法律与道德之间被争论，自然法学派与分析法学派各执一词，并以此强化形成了各自的逻辑。其中，哈特与富勒在二战后的那场大论战，正是法律与道德之间的第一次正面交锋。比如，《法律的概念》先拉出一个长镜头：奥斯丁的法律命令理论产生以来，法律实证主义主张法律与道德的分离逐步为人们所认可，进入 20 世纪后，尤其是德国纳粹的原因使得这一立场遭到了诘难。随即镜头掠过奥斯丁倍受批判的主权理论和强制理论，既对之加以修正,又坚决捍卫法律与道德的分离。显然,基于分析法学的立场主张法律与道德分离,这是哈特的关键论调所在。

问题在于,难道哈特真的认为法律与道德相分离?传统的概念法学认为,法律的概念必须清楚,概念的关系必须自洽,且规则的体系也必须完备。于是,法律就如同一种客观的存在,法学家的任务就是分析它的文字语义和逻辑结构,至于它们是否合乎道德,这并不是法学家所要承担的工作。然而,哈特的新分析法学所强调的法律与道德的区分,与概念法学有着根本不同,其要义是基于逻辑概念的定义,区别两种不同的社会规范,形成了独立的法律概念或者范畴,并在这些概念的基础上建构起被以往自然法学、社会法学所忽略的法律科学。显然,这是与原本从经验现象和历史现实来考察法律与道德关系的不同视角。简单地说,哈特是在"逻辑的、假设的"意义上坚持法律与道德的分离,而在"社会的、阐释的"意义上承认法律与道德的相关性,所谓承认最低限度的自然法是为例证之一。应当讲,这是哈特文本的超越之处,只是他并未透彻说明最低限度的自然法究竟是什么,而这一点可以在马克思主义关于法学起源的唯物史论中找到最恰当的解释。

七、谱系的定位

经典文本的读者经历了以上工序后,应该会形成一个总体印象。此后经过反复的思考,就可以凝练成几句话甚至一句话。这正是放入时间的纵深之中,隐去或抖落细节之后,能够让人历久难忘的评语和论断。基于此,可以对所阅读的经典在知识史、思想史和学术史上的谱系进行定位。上文所列西方法学经典的核心命题和所属流派的划分,即为这一工作成果。

根据英国学者莫里森对于分析法学研究路径的概括,主要包括四个方面:法律本身的概念分析;基本术语的定义;基本法律术语之间的相互关系;其他非法律的概念以及这些概念与法律概念的区别分析。[①] 这

---

① 参见〔英〕韦恩·莫里森:《法理学:从古希腊到后现代》,李桂林等译,武汉大学出版社 2003 年版,第 234 页。

代表法学旨在摆脱作为哲学的附属物,以及对于"科学"的渴望,并由此网罗进来很多著名的分析法学分支学派,诸如注释法学、概念法学、现实主义法学等。应该肯定,哈特从流派上归属于分析法学派,不过,他所秉承的是休谟、边沁以来的学术气质,尤其是事实与价值对立和经验分析,他所传承的是颠扑不破的苏格兰哲学以来的古典自由主义传统。显然,这一进路与二战前德国的法学家在法学上坚持法律实证主义,但怀着工具主义乃至犬儒主义的心态接受既有政权与容忍纳粹暴政存在很大差别。

置于分析法学派的大框架,还可以探究哈特所创设的理论,实际上是一种新分析法学。其实,谓之"新",是相对于奥斯丁开创的分析法学而言的,尤其是哈特的那深受维特根斯坦影响的语义分析方法和语言哲学理念,一直是他试图应用于法学理论的基本方法;同时,他在坚持法律与道德分离立场的情况下,却又承认"最低限度的自然法"的论点也有不同之处。

另外,一个有点意思的结局是,晚年的哈特竟然对边沁的理论表示了强烈的兴趣,这也表明他对自己先前所做出的贡献已经满意。然而,德沃金这位哈特所任牛津大学法理学讲座教席的继承人后来所提出的批判,使得哈特的内心变得紧张不安。德沃金关于"规则说"中原则缺位的质疑,更是在某种程度上触及了哈特的"死穴"。哈特认为,必须对此予以正视,并在最后的时光里积极回应德沃金,这些回应在他死后由弟子拉兹编入了《法律的概念》第二版的附录。这一最后的回应对哈特得以盖棺定论的知识贡献产生了较大影响,此后,许多学者又从马克思主义立场对此进行了辩证分析,从社会物质生活条件的经济根本决定论以及法律范畴的相对独立性等角度,进一步给出了深刻解释这一问题的方案。

第二章

寻找法律思维的兴奋点

> 法律者如何抵挡来自对法律的乏味、反感和怀疑呢？首先仅仅只是因为：他用自己显得如此陌生和神秘的思维方式，很少信任门外汉。我们只能由此拯救法律者思维的声音，认真分析法律者思维，包括它的歧途和失足，以及打算避免这种歧途和失足的努力。
>
> ——〔德〕卡尔·恩吉施

阅读材料

Classic：《法律的概念》第一章

Leading cases：

- "人吃人"的真实与虚拟案
- 亨宁森诉布洛姆菲尔德汽车制造厂案
- 日本大审院的"狸貉异同"案

Leading papers：

- 郑成良：《法律之内的正义：一个关于司法公正的法律实证主义解读》，法律出版社 2002 年版。
- 王泽鉴：《法律思维与民法实例：请求权基础理论体系》，中国政法大学出版社 2001 年版。
- 梁治平：《论法治与德治：对中国法律现代化运动的内在观察》，九州出版社 2020 年版。
- B. E. King, The Basic Concept of Professor Hart's Jurisprudence: The Normout of the Bottle, *Cambridge Law Journal*, Vol. 21, No. 2, 1963.
- Robert S. Summers, H. L. A. Hart's The Concept of Law: Estimations, Reflections and a Personal Memorial, *The Journal of Legal Education*, Vol. 45, No. 4, 1995.
- Stanley Bates, Review of H. L. A. Hart, *Ethics*, Vol. 93, No. 4, 1983.

第一节　如何突破思维的定势

一、左脑与右脑的博弈

科学研究发现，人类思维必定存在不同程度的定势。思维定势让人们习惯基于既有的信息或认识的现象，从固定的角度来观察和思维事物，以固定的方式接受事物。但思维定势的存在会束缚住思维，它只是简单运用常规方式解决问题，不寻求在特定情境中的其他途径突破，因此会给最恰当解决问题带来一定的负面效应。

不过，思维定势可以让人在从事某些活动时，快速、准确地把握所从事行为的标准和内核，同时也能够促使行为更加熟练，甚至达到自动化，节省很多时间和精力。这就使了解和掌握一定程度的思维定势成为必要。根据不同标准，思维定势可分为许多种类，比如，左脑思维与右脑思维，政治思维、经济思维与法律思维，等等。

作为智囊的大脑思维，通常可分左脑思维和右脑思维。前者代表理性、逻辑、规则、体制化和标准化；后者最重要的贡献是创造性思维，它统观全局而不拘于局部分析，甚至猜测、跃进以及参照经验、直觉作出判断。比如，产品的使用价值是左脑的，而附加值和设计感是右脑的；大型购物超市和工业制成品是左脑的，个人商铺和手工制品则是右脑的；把博客写成论文是左脑的，在博客梦呓就是右脑的；借助数字智能辅助量刑是左脑的，法官在疑难案件中的利益衡量就是右脑的。

■ 历史上三次著名的"左右脑对搏"

① 人文主义（右脑）与经院哲学（左脑）。文艺复兴中的人文主义者们利用诗歌、绘画向严密、枯燥而又乏味的逻辑学、形而上学挑战。② 浪漫主义（右脑）与古典主义（左脑）。热情而冒险的浪漫主义向以理性和自然法标榜的古典启蒙运动挑战。③ 解构主义（右脑）与结构主义（左脑）。多元、有序的后现代解构主义正挑战冷静、超然和非人格化的现代结构主义。

不可否认，左脑思维在工业革命早期带来规模、生产效率，直到今天已不再风景独好，它让人放弃了跳跃思维和奇幻想象，让生活变成模块、产生不愉快。受过良好训练的左脑很可能被善于同时使用左脑和右脑的人所奴役。毋庸置疑，人类思维的右脑时代已经来临，世界从过去的工业、信息时代转向概念、数字时代。正如美国工业设计协会统计表明，美国平均工业设计每投入1美元，其销售收入就会增加2500万美元；多维异构的大数据和人工智能产生的叠加效应，正在大幅突破以往的定性或小数据统计可能达到的边界。所以，过去类似高级程序员那种独领风骚的情景不复出现，今后的领头雁肯定是有交叉多元思维的人，而中国也绝对不能再像过去那样，"八亿件衬衫才能换回一架空客，一万次成功拷贝才能抵得上一次真正的重大科学创新"。尤其在当今世界，新科技革命和全球产业变革正在孕育兴起，移动互联网、智能终端、大数据、云计算、高端芯片等新一代信息技术发展将带动众多产业变革和创新，世界主要国家纷纷加快发展新兴产业，推进"再工业化"，把数字制造和个人制造相融合，形成人机共融的制造模式，这使得密切跟踪和改变传统的思维方式变得极为关键。

显而易见，深度调整和建立起更立体、多元的思维，就是偏向更多使用右脑，以丰富甚至颠覆单纯运用左脑所带来的局限性。事实上，置身于学府与商界、庙堂与民间，现实社会的各种类型思维无处不在，领域性思维的特点也存在很大差别。

二、法律思维与其他思维

以政治思维、经济思维和学术思维为例。简单地说，政治思维是政治主体对经济、社会和文化等问题的能动反映，是对来自现实的思维素材进行加工、整理从而形成理性认识，在此基础上提出解决政治问题方法的意识活动。政治思维的本质特征是利弊权衡，正如19世纪英国首相帕麦斯顿所说："政治上没有永远的朋友，也没有永远的敌人，有的只是永恒的利益。"

■ 利弊权衡的政治思维

1945年第二次世界大战结束德国投降时，整个西方与苏联之间充斥着亲善气氛。但好景不长，丘吉尔致电杜鲁门，表达了他对苏联在其他许多国家通过军事力量扩大影响力的忧虑，提出东西方之间的"铁幕"正在拉开。此后不久，丘吉尔在美国发表了著名的"富尔顿演说"。其中有一段话被广为引用："从波罗的海的什切青到亚得里亚海边的里雅斯特，一幅横贯欧洲大陆的铁幕已经降落下来。在这条线的后面，坐落着中欧和东欧古国的都城。华沙、柏林、布拉格、维也纳、布达佩斯、贝尔格莱德、布加勒斯特和索菲亚——所有这些名城及其居民无一不处在苏联的势力范围之内。"

富尔顿演说公开而明确地发出了冷战的信号，表明西方国家已经开始把苏联看成最大的威胁。斯大林随后在一次谈话中进行回击，他说丘吉尔"是要在盟国中散播纠纷的种子""是号召同苏联进行战争"。显然，这种截然相反的立场从本质上就是根据利弊权衡的政治思维展开的国家角力。

对经济思维的权威定义，集中是从优化、均衡分析的角度切入，尤其认为它是围绕机会成本进行的理性选择。其实，无论是传统经济学提出的"经济人"理性假设，还是后来居上的有限理性、行为心理学理论，都承认经济思维的核心始终围绕"成本与投入的效益"这一主线展开。换言之，就是用最小的投入获得最大的产出，抑或是用相同的投入获得比别人更多的产出。

■ 理性假设的经济思维

西方古典经济学家亚当·斯密提出了长期以来作为经济学主流的"经济人"三个假设：每个人都在追求自我利益的最大化，人们之间的自利行为可以保持一致，以及每个人会追求最大化幸福或等价追求最小化痛苦。

当然，经济人假设受到过挑战，特别是2002年诺贝尔经济学奖得主卡尼曼教授探讨不确定条件下人的决策行为，发现在不确定条件下人并不依据概率规则,而是利用一些其他的捷径来作出决策。在真实的决策环境里,有限的计算能力和对环境的认知能力必然意味着人类理性是有限的,而有限理性的心理机制正是人类有限的信息加工和处理能力。比如,人们对结果的重视程度,与对结果可能性的重视程度是不同的。结果的可能性越大,就越会受到关注,这就是"可能性效应"。它的原理是:不可能出现的事往往受到重视。比如,卡尼曼前景理论的偏好"四重模式",揭示了在风险与期望值相一致的必然获得(或损失)之间,人们是如何选择的。降低对此的敏感度,会让你在所得面前选择规避,在损失面前选择冒险。①

在此基础上,理论界提出了更为贴合现实的"垃圾箱决策理论"②。然而,无论是经济人假设、有限理性论还是垃圾箱决策理论,发生变化的只是变量,其思维实质仍是行为主体能否根据自身所意识到的约束条件和所拥有的信息结构,寻求约束条件下的利益或效用的最大化。也就是其所指仍归依于效益衡量,即一种经济思维。③

	所得	损失
较大可能性 确定性效应	95%的概率赢得 10000 美元 害怕失败 风险规避 接受自己不喜欢的解决方式	95%的概率损失 10000 美元 希望能避免损失 冒险 拒绝自己喜欢的解决方式
较小可能性 可能性效应	5%的概率赢得 10000 美元 希望能有更多的所得 冒险 拒绝自己喜欢的解决方式	5%的概率损失 10000 美元 害怕有更大的损失 风险规避 接受自己不喜欢的解决方式

图 2-1 前景理论的偏好"四重模式"

---

① 参见〔美〕丹尼尔·卡尼曼:《思考,快与慢》,胡晓姣、李爱民、何梦莹译,中信出版社 2012 年版,第 289 页。
② "垃圾箱决策理论"是指决策并不是全部理性思考的结果,而是决策者在垃圾箱中不经意得到的某一选项。
③ 有关经济学思维的经典书目,参见〔美〕保罗·海恩等:《经济学的思维方式》(第 11 版),马昕、陈宇译,世界图书出版公司 2008 年版。

但学术思维有所不同，即使是专门研究政治问题或经济理论的学术思维，也不能单纯从利弊权衡或效益考量出发，而是更加应当以坚守超越性价值作为归宿，不断反省和追问理论的正当性，特别是察纳良知、言说真理甚至挑战权威的错误。如果不是这样考虑问题，而是投靠权力或财富，那么就只能成为御用文人或商业掮客。

■ 理念超越的学术思维

学者的思维方式以是非对错为中心。学者必须这样考虑问题，如果他把别的东西当作中心，他将不再是学者。比如，如果一个人把领导的满意不满意、高兴不高兴当作中心，那么这个人充其量只能算是一个御用文人，或者一个流氓文人。当然，学者也应当考虑其他的因素，但那是次要的，理论上的是非是第一位的，所有的因素都应当围绕理论上的是非来考量，这才叫学者。

这与政治家考虑问题的方式不一样，政治家在考虑问题的时候如果把是非当作中心，那么他只能说是一个不成熟的或者书生意气十足的政治家。因为学者不承担实际的决策责任，而政治家则相反。在政治家的决策当中，即使学者的某一理论观点是正确的，也不见得会马上采纳；即使某一理论观点可能不正确，也不意味着必须马上与之决裂。这其中有一个时机、条件是否允许的问题。正确的观点如果在时机不成熟、条件不具备情况下就付诸实施，它的效果可能是很坏的。比如，错误的观点如果流行了几十年，已经根深蒂固，那么要在时机和条件都不成熟的时候贸然与之决裂，也可能会导致很坏的社会实际效果。

因此，学术思维重在强调判断上的独立、超然，以及结论上的泾渭分明，甚至可以是片面的深刻，而绝不能是纵横博弈、左右逢源。[①]

接下来，法律思维又是否拥有"独立王国意义"的本质特征？批判

[①] 参见郑成良：《法律思维的基本规则》，载王亚新等：《迈入法学之门》，中国人民大学出版社 2008 年版。

法学一向认为，人的思维只有"清楚"和"混乱"两类，不存在某种特殊的思维方式，因此，所谓的法律思维是一个伪命题。然而，上述无论是左脑与右脑思维之分，还是政治思维、经济思维与学术思维之分，都已证明这一立场的偏颇。一位作家曾经描述了世界一流大学法学院学生如何在极其严酷的环境中生存下来，其结论是"你进来时脑中全是糨糊，而你出去时将像法律人一样思考"，说明法律思维确有自己的独特之处。当然，法律思维不只是法律职业共同体的独有专利，还应向全民渗透，这对于法治中国的建设尤为重要。

对法律思维特征的讨论主要包括两种立场：一种是合法性思维，就是认为法律思维的关键在于考察合法与否，某一行为或决策即使符合政治利益，能产生经济效益，学术上也很正当，但如果不符合法律规定，就难以得到法律保护。另一种是竞争性思维，即认为法律思维的内容包括"依据规则的思维"和"渗入价值的思维"两个方面，认为立法和司法除了制定或适用规则之外，不可避免地加入了人们的价值因素。那么，法律思维到底是规则思维还是哲学思维？换句话说，究竟是一个规则的被动适用问题，还是需要同时实现隐于规则背后的原则？围绕这一问题的分歧正是哈特《法律的概念》所提出的"法律是什么""法律应当是什么"两个元命题之间的争议焦点。

第二节　哈特提出争议之中的法律思维

一、真实与虚拟："人吃人"的经典名案

Famous Leading case

真实案例：女王诉杜德利与斯蒂芬案　1883年，澳大利亚游船"木樨草"号从英国埃塞克斯前往悉尼，途中沉没，四个幸存者被困在一艘十三英尺长的救生艇上，包括船长杜德利、助手斯蒂芬、船员布鲁克斯和见习船员帕克，全部食物只有两个罐头。为求生存，在船

沉没后的第19天，杜德利建议以抽签的方式选出一个人被杀，让其他三人吃掉，以求生存。对此，布鲁克斯表示反对，斯蒂芬表示犹豫。而杜德利表示：无须犹豫了，帕克身体最弱又没有家人，他肯定先死。杜德利随后杀了帕克，三人以帕克的尸体为食。4天之后，他们被路过的法国帆船"蒙堤祖麻"号救起。"蒙堤祖麻"号进入英国法尔茅斯港短暂停留时，杜德利、斯蒂芬和布鲁克斯以涉嫌故意杀人罪被逮捕收监。陪审团同情被告，但为了避免无罪宣告的结果，法官要求陪审团进行特殊裁决，只认定事实。根据陪审团认定的事实，法官宣告被告犯有故意杀人罪，驳回他们的紧急避难抗辩。三名被告被判处绞刑，随后又被维多利亚女王赦免。

该案涉及的问题众多，其中每一个问题都争议甚大：杜德利和斯蒂芬有罪还是无罪，该被起诉吗？他们的行为构成紧急避险或正当防卫吗？如果有罪，他们的行为到底构成什么罪名，是故意杀人罪还是侮辱尸体罪，抑或两者兼有？对他们行政赦免合适吗？这种赦免会构成对法治的伤害吗？当法律规则与道德原则冲突时该如何化解？事实上，正是因为这个案件千头万绪，让人左右为难，所以它才不断地被人以各种方式解读。

虚拟案例：富勒的"洞穴奇案" 1949年，哈佛大学法学院教授富勒在《哈佛法学评论》上提出了一个虚拟的人吃人案件，这个名为"洞穴奇案"的案例后来被称为"史上最伟大的虚拟案例"。案情虚拟如下：4299年5月上旬，在纽卡斯国，五名洞穴探险者不幸遇到塌方，受困山洞，需等待外部的救援。10多天后，他们通过携带的无线电与外界取得联络，得知尚需数日才能获救。但此时，他们已经接近水尽粮绝，为了生存，大家约定通过投骰子，牺牲一人以救活其余四人。威特摩尔是这一方案的提议者，只是投骰子之前他又收回了该提议，但其他四人执意坚持，结果恰好是威特摩尔被选中，于是，在受困的第23天，威特摩尔被同伴杀掉吃了。在受困的第32天，剩下四人被救，随后他们以故意杀人罪被起诉。纽卡斯国《刑法典》规定："任何故意剥夺他人生命的人都必须被判处死刑。"

女王诉杜德利与斯蒂芬案所引发的诸多争议，在"洞穴奇案"中一一再现，后者所蕴含的争议更为庞杂。在纽卡斯国的初审法院，被告被判处死刑。被告上诉到最高法院，富勒虚拟了五位大法官就此案出具五份不同的判决意见书：一是首席大法官特鲁派尼从法律实证主义的观点出发，认为法律是法律，道德是道德，同情心不会让法律人违反自己的职业判断，去创造例外，所以他支持有罪判决；二是福斯特大法官主张应该根据立法目的，对法律规则进行解释，联邦的法律不适用此案，被告无罪；三是唐丁大法官认为这是一个两难的案件，选择回避退出此案；四是基恩大法官主张法官应当忠于自己的职责，不能滥用目的解释，特别是不能规避法律规则的适用，坚持被告有罪；五是汉迪大法官主张抛开法律，用常识判案，通过常识来平衡道德与法律的冲突，坚持被告无罪。判决意见出现了一种奇怪的平衡，最后纽卡斯最高法院决定维持原判。这五位大法官在阐述判决意见的过程中，似乎每个人的论述都有道理，但又都不能具有充分的说服力，似乎这个案件无论如何判决都不能让人信服。无论支持或者反对，都可以列举出更多的理由。1998 年，美国叶尔汉姆学院哲学系教授彼得·萨伯假设了此案在 50 年后翻案，甚至再次虚拟了九位大法官的判决意见。①

对一真实一虚拟的两起案例无论是做出有罪、无罪或罪轻的判决，都可以从不同角度找到各自的多元理由。具体见表 2-1 所示。

---

① See Lon L. Fuller, The Case of the Speluncean Explorers, *Harvard Law Review*, Vol. 62, No. 4, 1949. 另可参见〔美〕彼得·萨伯：《洞穴奇案》，陈福勇、张世泰译，生活·读书·新知三联书店 2009 年版。

表 2-1 判决理由

判决有罪理由	判决无罪或罪轻理由
（1）符合形式理性的杀人罪犯罪构成	（1）符合形式理性适用例外的免责条件
（2）以道德寻求法外正义不能自我指涉	（2）法律的适用仍应以合乎道德为支撑
（3）难以评估"杀人为食求生"的拯救极限	（3）杀人为食是当事人生存的唯一选择
（4）杀人为食协议达成的不合法性	（4）达成杀人为食协议乃"两难"绝境的突围之道
（5）虚拟案例的被害人撤回了协议约定	（5）协议已达成，被害人不得随意撤销
（6）面对共同危险的法外道德判断不能产生正效应	（6）共同危险的不可预知
（7）不构成紧急避险	（7）接近紧急避险的责任减免
（8）基于被害人撤回约定而未达成杀人为食的协议	（8）基于被害人首倡而形成酌定的减轻情节
（9）多数人暴政不能替代法律规则	（9）绝境中的多数人道德优先至少不是最差选择
（10）包括生命权在内的人权高于一切	（10）多数人的生命权大于一人的生命权
（11）剥夺他人生命的程序不合乎正义	（11）剥夺生命的程序合乎正义
（12）类似情况不能类似处理	（12）类似情况亦可类似处理

显然，两起类似案件特别是虚拟的案件，无论是富勒的五种判决意见，还是萨伯构思的更多判决意见，彼此的观点交锋非常激烈，但都缺少那种一锤定音的力量。这不由让人思考这样的问题：作为传统思维的那种"非黑即白"的司法裁判是否过于绝对？面对类似案件，裁判理由的悬置争议所引起的审判公信力危机应如何化解？

一般认为，维护和平、安宁及正义的唯一手段就是守护法律，永远不能出于某一派别的道德或观点而置法律于不顾，毕竟人民是作为整体制定法律来表达意志，所以在法律之外寻找正义就是不正义的。然而，上述观点需要一个前提，即想尽办法让所有观点都能在立法程序中得到倾听，而建立在这个前提之上的理想社会根本不存在。于是，立法时并非所有公民的意见都会被聆听，诸如金钱和特权等都会干扰选举和立法，多元化声音很难在立法中通过充分博弈达成一致，所以人们才需要在法律之外寻求实现正义。其实，上述两个案件的实质，无非就是悬于法学流派之间的论点差别。若仅根据现实的法律，则至少应在上述两起案件中追究杀人者有罪甚至罪重的法律责任；但是，若根据"法律应当是什么"的立场，杀人者即可能被宣告无罪。

二、法律之中的三大论题

上面的案件争议以极端方式展示了一个问题：究竟怎样在"法律是什么"和"法律应当是什么"两个核心命题之间进行法律思维？对于这个问题的系统解答，正是哈特《法律的概念》这部法学著作的核心内容。事实上，这部著作在导论中即开宗明义地提出了三个具体论题：法律与以威胁为后盾的命令有何区别与联系；法律义务与道德义务有何区别与联系；什么是规则以及规则达到何种程度才成为法律。简而言之，就是如何正确对待法律、命令与道德这些既有区别又有联系的社会现象。其实，这三大论题对应着三种代表性学说，即以奥斯丁为代表的强制命令说、以富勒为代表的自然法理论和以霍姆斯为代表的法律预测说。

根据第一个论题，即过去那种以威胁为后盾的法律命令理论并不能涵盖所有法律现象，哈特提出，法律的存在意味着人们的行为不再随心所欲，而应体现一种义务性。换言之，当某人被迫依照他人的吩咐行事之时，并不是因为他受到了什么武力之类的物理意义上的强压，而是因为如果他拒绝，就会基于一定的义务产生对他不利的负担。哈特举了强盗用枪逼着银行职员，以开枪作为威胁抢钱的例子，如果银行职员照做了，就是被强制做的。即使法律体系中的刑事法规在有些方面与这种强盗情景颇为类似，也只是一种把复杂的法律现象简化成单一要素的做法，极端地把法律视同为强制命令。

■ 法律与命令的咫尺之遥

法国大革命是人类历史上被书写最多的事件之一，它摧毁了法国君主专制，以威胁为后盾的命令与以制宪为代表的法律反复出现，拉开了人类历史上第一次现代性危机的序幕。

1789年，由于不断加深的金融危机、不断发动战争产生的巨大耗费以及政府的管理不善，法国国王路易十六召开了已经中断175年的三级会议。但是，平民与贵族就如何召开三级会议存在很大争议，以平民为主的第三等级自行组成国民议会，在国会大厅附近的网球场举行会议，立下 1789 年《网球场誓约》，史无前例地提出即使国王不同意，也要继续集会直到起草宪法。随后，平民们攻占巴士底狱，让贵族们受到了巨大的威胁，终于贵族们放弃传统特权，废除君主专制，以召开制宪议会方式通过了具有重大历史意义的《人权与公民权宣言》；1791 年又批准了《宪法》，设立了国民公会。1792 年，巴黎平民又发动"二次革命"，建立了地方自治政府的巴黎公社，解散了国民公会，废除了 1791 年《宪法》，选举全部由雅各宾派组成的共和制宪会议。共和制宪会议把路易十六送上断头台，又颁布了 1793 年《宪法》。但是，紧接着而来的罗伯斯庇尔恐怖专政，又说服共和制宪会议无限期停止 1793 年起草的《宪法》，以方便镇压反革命暴乱和创建共和国，直到拿破仑宣布成立法国第三共和政府。

从以上历程可以看出，1789 年《人权与公民权宣言》的颁布、1791 年《宪法》的颁布及废止、1793 年《宪法》的颁布及暂停实施，其背后无不刻画着那个特殊时期以威胁为后盾的强制命令乃至暴力之间的力量对比痕迹。因此，法律作为一种义务性规则，本质上是对平世之典的描述，而在政权更迭时期，它与命令之间实际上只有咫尺之遥。

既然法律不能等同于强制命令，那就产生了第二个论题，即法律与道德的关系。法律必然或多或少地反映该社会的主流道德观，对这一点并不会有太大争议。问题在于，法律违背道德，是否就会丧失掉作为法律的效力，即"恶法"是否还是法律？围绕这一命题众说纷纭，尤其在二战后的两个国际军事法庭上，纽伦堡审判和东京审判的战犯们都这样为自己辩护：他们的所作所为是依据当时所在国的有效法律。对此，以哈特为代表的新分析法学派与以富勒为代表的复兴自然法学派，掀开了一场意义深远且至今尚无定论的论战。面对战犯的狡辩，那种认为法律违背道德也不会丧失有效性的传统法律实证主义论点饱受质疑，给战后复兴的自然法学派强调法律应符合道德公理提供了机会。作为新分析法学派代表的哈特，明智地修正了传统法律实证主义，并结合复兴自然法学观点开出一张独特处方，即著名的"自然法的最低限度内容"理论。

前两个论题关注的是法律与命令、道德等其他社会现象的关系，而第三个论题转向关注解析法律的结构和要素。事实上，无论是将法律作为以威胁为后盾的命令，还是把法律作为道德的分支，通常人们都认为法律包含规则。这样，问题便转向了"规则是什么"：当人们被要求去做或不做某种行为，不管他们是否愿意，就构成了第一性规则；如果规定人们可以通过做某种事情或表达某种意思，引入新的第一性规则，废除或修改旧规则，或以各种方式决定它们的作用范围或控制它们的运作，则该种规定就是哈特所谓的第二性规则。两种规则的结合，就是哈特对于规则的完整解释。此外，哈特认为，即使法律规则具有一旦被违背就会让违反者受到惩罚的预测性，也不应把它视为法律规则的主要特征。因为官方在惩罚离轨行为时，并不是实现规则"预测"的惩罚，而是认为规则本身就是对违反者施加惩罚的理由。

事实上，涉及上述三个论题的讨论在法学史上经久不绝，澄清和解释对它们的责难和疑问，不仅成为哈特一生的追求，也成为法律学说史上长盛不衰的话题。所谓法律的基本功用，就是使为数众多、种类纷繁、各不相同的行为和关系从某种合理程度上得以理顺，并通过颁布行为规则和标准，限制某些行为。然而，不少人因为经典中的法律术语、句式表达以及诸种理论的繁复，生出乏味和反感，而这只是法律的独特思维方法被包装得走向了神秘所造成的。初涉读者可以想见，众多极为优秀的法学杰出人士付出巨大精力的法学经典，绝不是思维丧失理智的结果。其实，人类的天性是既缺乏理性又偏爱推理思维，明明总是让情感牵着鼻子走，却一定要用理性的逻辑思维来为自己提供聊以自慰的理由。

正是在这个意义上，以法律思维的研习为切入点，展开对哈特《法律的概念》的批判性阅读，以马克思主义法学的辩证方法论，解读隐于法律背后的内在"品性"，乃是尝试学会运用法律思维解析现实问题的金钥匙。

第三节　作为法律思维的核心规则

从法律的两个核心命题进行法律思维，产生了被哈特开宗明义写于导论、贯穿于全书始终的三个论题。其实，这些论题恰恰是哈特针对"合法性思维"与"竞争性思维"两种法律思维立场的深刻解读。所以，读者下"死功夫"展开文本通读前，可以先行尝试结合哈特的这三个论题，浏览有关"法律思维"的文献，初步窥得法律思维核心规则的若干要义。① 图 2-2 显示的是法律思维的基本规则与作为阅读切入点的哈特《法律的概念》一书核心内容的关系对照。

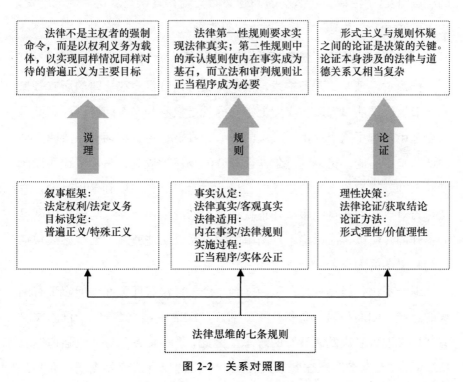

图 2-2　关系对照图

---

① 比如，〔英〕H. L. A. 哈特、托尼·奥诺尔：《法律中的因果关系》（第二版），张绍谦、孙战国译，中国政法大学出版社 2005 年版；〔德〕卡尔·恩吉施：《法律思维导论》，郑永流译，法律出版社 2004 年版；郑成良等：《司法推理与法官思维》，法律出版社 2010 年版；王泽鉴：《法律思维与民法实例：请求权基础理论体系》，中国政法大学出版社 2001 年版；陈瑞华：《法律人的思维方式》，法律出版社 2007 年版。

一、法律是说理还是强制

法律到底是说理还是强制？只有当法律是说理的时候，法律思维才是值得讨论的问题，这也是哈特为何从第一章起就批评奥斯丁"法律命令理论"的根本原因。如果坚持法律就是以威胁为后盾的强制性命令，那么复杂的法律问题就会变得相当简单：一个人被迫按他人的吩咐行事，只是因为他如果加以拒绝，他人就会以他所讨厌的后果相威胁。可是，哈特把这种说法称为"歪曲和混乱之源"，认为它即使对于最接近强制命令的刑事法律，也依然存有疑问。于是，反过来从法律并不是强制命令的观点出发，"法律是什么"的问题必然会变得复杂。从这一观点出发，法律思维出于"说理"之需，通常起码符合以下两条基本规则：

（一）叙事框架：法定权利/法定义务

作为"说理"的两条主线，权利和义务始终贯穿在法律的所有领域和环节。所谓法律问题，实际上指向的就是权利与义务问题。权利就是正当理由，有了这个理由，相应的行为、利益、主张和期待在法律上会被认为是正当的。可以说，怎样合理分配及保护权利，正是现代法律制度的主题，没有什么比这更重要。与此同时，义务与权利是相对的，它意味着对权利的尊重和服从，也就是多数情况下违反义务与侵犯权利是分不开的。所以，法律绝不是简单的强制命令所能概括，至少必须包括权利和义务的内容。

退一步讲，虽然"义务"与强制命令一样没有任意性，但它带有道德的意味，因而与强制命令有所区别。在汉语中，"义务"一词的文义有"按义理务必应做之事"的意思。因此，"有义务"与"被强迫"有所不同。"有义务"意味着被具有正当理由的权利约束和支配，而不是被其他力量约束和支配。就像哈特所举的例子，当一个强盗以开枪相威胁而让受害人交出钱包时，说受害人"被强迫"是可以的，但说受害人"有义务"则是不合适的。当把此情境中的强盗放大为一个残暴的政权、一批用武力来统治的侵略者时，同样的问题也会存在，这种情况下，没有认同统治者的人们只会承认"被强迫",而不是"有义务"服从法律。

显然,权利和义务的引入,使得法律不再是作为一种类似于强制命令的狭窄理解。下面从本质上,以权利和义务为线索,转化前面两个法律核心命题的分歧:(1)那种有关权利与义务关系的判断,是从"法律是什么"的角度来分析权利与义务的关系,属于一种合法性思维。它是对权利与义务两者之间相互关系的客观描述,无论人们持有何种价值观念以及对法律有何态度和期待,都不会直接影响这种描述,因为这里的权利义务之间的关联是客观的,且不是以观察者的好恶为转移。(2)那种有关权利与义务的价值判断,则是从"法律应当是什么"的角度来分析权利与义务的关系,应当被定位为一种竞争性思维。它是按照一定的价值标准来处理权利和义务的相互关系,反映着人们对法律的态度和预期。因此,持有不同价值观念的人们对问题的回答会完全不同。

■ 政府治理的权利本位与义务本位

以权利为本位,就是强调法律以保障平等权利为宗旨去设定和分配义务,那些不是以维护平等权利为依据而设定的义务,都不具有正当性。而以义务为本位,则持相反的态度,侧重于为人们设定义务来强化政府权力对社会的控制,至于权利的享有程度只是次要问题。

当我们以权利和义务为主线考察有关财税的法律制度时,那种财税不透明,乃至任意扩大财税支出范围的规则,就是以义务本位为导向,与民主法治进程不合拍;而借口合理避税进行偷税漏税,导致国家整体税基受损,无疑又是走向了极端的权利本位。

所谓的社会本位,对于个人来说,就是主张权利的行使不得对社会利益构成不公平的损害;对政府而言,就是强调政府只能是适当干预市场的资源配置,增进社会福利,帮助弱者提高竞争力。显然,现代法治应当坚持以权利本位为基础,同时采用社会本位限制其向极端发展。这与我们说现代私法并没有取消只是限制了契约自由的原则,是同样的道理。

可以肯定，遵循以权利和义务为主线而展开的合法性思维或竞争性思维，必然成为立法、司法面临的最经常的任务。换言之，基于权利和义务的分析是法律思维的最重要规则，甚至可以说，法律思维的核心规则就是权利与义务思维。

（二）目标设定：普遍正义/特殊正义

作为"说理"而不是强制命令的法律目标，就在于获得普遍的习惯性服从。换言之，法律旨在告知人们何种事实是可以依赖的，并据此扩展他们能够预见其他行动后果的范围。同时，法律也告诉人们哪些后果是采取行动时需要加以考虑的，或者什么是他们为此要承担的责任。可是，处于现代意义上复杂而巨大的社会，单纯下命令转达上述信息的方式已经只能居于附庸地位，取而代之的必然就是能够普遍化的行为规则。正是在这个意义上，哈特重新改造了强盗情境，赋予它新的要素，尤其强调法律主要是借助于具有普遍性的指示而不是个别命令来执行。换言之，就是主张法律除了强制命令以外，还具有持久或者持续的特征，因为强盗不可能向受害人发布该社会群体会一直遵守的持久指令。这些一般化的指示所适用的对象，能够让人相信不服从的行为将会带来法律制裁，并且不只是在法律刚刚发布之时，而是一直持续到该法律被撤销为止。由此，强盗情境下的强制命令与从法律出发的说理产生了区别。

如果继续讨论下去，其实这种法律上的说理，无非就是通过抽去作为命令的个性，抽象出持久概念和规则的过程。这一特性决定了法律是以普遍方式调整社会，法律所要实现的正义必定是普遍正义，因为只有这样才能做到"同等情况同样对待、不同情况不同对待"，保证人们对于法律的合理预期。与普遍正义相对的是特殊正义，它是把待规范事件的个性或待处理案件的特殊性置于首位。

毋庸置疑，法律普遍性与个案特殊性的矛盾永恒存在。由于法律是普遍性的规范，可法律所要解决的事件或案件又是具体而特殊的，因此法律永远无法涵盖所有领域或解决所有问题。比如，当法律在面临空白而应对普遍性与特殊性冲突时，处理案件的法官可能从定分止争出发，调动各种可以利用的资源或方法去处理每个案件。该种观点的确有其合理之处，但如果总是考虑特殊情况，借口"下不为例"而频繁地特事特办，那么所作出的判决很可能背离"同案同办"的原则。这样，司法公信力会降低，最终人们也不再相信法律是社会的最后一道屏障。在这个意义上，伯尔曼提出："法律必须被信仰，否则它将形同虚设。"① 所以，作为与法治相适应的法律思维，需要坚持普遍正义优于特殊正义。

■ 普遍正义与特殊正义的权衡

中国的个人所得税法是以普遍正义和特殊正义为共同目标，它以封顶的累进所得税为征税方式，要求相同纳税能力的人负担相同税收，以实现个人纳税的基本公平；具有不同纳税能力的人负担不同税收，以实现缩小贫富差距的目标。但是，中国个税法遭到许多指责，因为现实个人的主要税源反而来自中产群体和穷人群体，富人群体以各种方式避税而只提供了较少税源。这不仅难以实现普遍正义所要求的相同纳税能力的人平等纳税，而且更加无法实现累进税制旨在对富人多课税的特殊正义。于是，不少人主张中国的税法制度设计上除了堵住避税漏洞，还应施行"累进不封顶"的个人所得税，即针对少数富人实施不设上限的高额累进税。这是一种极端的特殊正义倾向，假设这样不加约束地对富人群体适用不封顶的累进所得税制，就与通过立法宣布全国前100位富人的财产充公没有本质区别。税收法治化的经验告诉我们，任何人即便是多数，也不得以权利平等为由对少数人施加歧视性负担，比如，不应由于少数富人与其他群体收入不合拍就不给予其一般的激励机制。否则，这将造成能力较强者、贡献较大者在分配方面被能力较弱者、贡献较小者剥夺，降低他们的财富创造欲望，从而减少整个社会的财富积累。

---

① 〔美〕伯尔曼：《法律与宗教》，梁治平译，中国政法大学出版社2003年版，第3页。

二、什么是法律规则

既然法律的存在不是针对个案的强制命令，而是强调实现普遍正义的说理性，那么规则意义上的对"法律是什么"的问题解答，也就有了一个框架。换言之，基于法律规则一般以实现普遍正义为目标，就必须设立义务和责任的规则，它要求人们"作为"或"不作为"一定的行为，而不论人们愿意与否，这就是哈特所谓的第一性规则。不过，为了消除法律适用的道德参与可能产生的不确定因素，填补现有规则的滞后所导致的法律漏洞，同时防止缺乏专门机关裁决是否违反规则，需要进一步寻求法律的效力来源、法律的制订程序以及纠纷解决的审判程序，于是哈特提出的第二性规则成为必要。而相应于哈特作为新的开端的第一性规则和第二性规则，法律思维的另外三条基本规则也随之浮现出来：

（一）事实认定：法律真实/客观真实

法律思维区分于政治思维、经济思维的核心特征，即在于合法与否的考量，这也是哈特的第一性规则存在的意义所在。而合法与否的内核就是对"法律真实"的恪守。通常意义上的客观真实源于大陆法系的实质真实，是指司法人员运用证据认定的案件事实符合案件发生的客观情况，也就是查明案件的事实真相，是主观符合客观的真实。作为法律思维内核之一的法律真实，是指司法人员运用证据认定的案件事实达到了法律规定的视为真实的标准，有时也被称为主观真实或推定真实。

法律真实优于客观真实的维度，体现在各个部门法之中。比如，作为理论法学中归责原则的因果关系论证，假设某一案件中无法鉴定刚刚开通的高速公路的汽车噪音会导致紧邻的农场母鸡产蛋量明显下降，就不能问责高速公路管理部门。又如，民事法律上的无过错举证责任倒置，作为无过错责任分水岭的案件为：20世纪30年代，一名美国妇女怀疑，她的孩子患致命疾病，系多年前她怀孕时居所周边的化工厂污染造成，当所有化工厂都无法举证反驳时，即判决它们全体承担赔偿责任。很多国家的侵权法或判例规定，楼上高空坠物致人死亡，如果无法排除实际侵权人，或无法证明客观上不存在侵权可能，那么所有业主无论客观上是否侵权，都应共同承担赔偿责任。再如，所有诉讼法中上的诉讼时效规定，超过诉讼时效者，即便债权人的债权依然真实存在，也已丧失法律上的胜诉。此外，商业银行法也规定，商业银行的存单大小写不一致时，以相对数额大者为准，而不是追究客观上何者为真。

长期以来，司法上无条件追求客观事实已成为定型的格式。然而，并不存在"放之四海而皆准"的真理，任何原则都只能在一定条件下或一定范围内才能合理被适用，那种不需要任何条件、在一切场合都可以普遍适用的绝对原则是不存在的。但是，即使司法机关把科学技术转化为诉讼证明的手段，比如逐渐兴起的 DNA 鉴定和测谎仪应用，它所能达到的仍然只是证据的高度盖然性。所以，证据标准设定为"排除合理怀疑"，就成为法律思维的重要维度。此外需要提醒的是，刑事案件与民事案件由于诉讼的客体不同，因此在证明标准、证明责任等诉讼规则上也有不同特点，民事诉讼所要解决的是涉及当事人财产权、名誉权等权利义务纠纷的问题，如果一味追求客观真实而不考虑诉讼效率及其他的价值取向，就显得不符合诉讼的实际要求。因此，民事案件采取"高度盖然性"的证明标准，同时民事诉讼中运用"推定"方法的频率，要比在刑事诉讼、行政诉讼中高得多，这有相当的合理性。可见，法律思维的实质就是一种合法性思维，合法性优于客观性是法律思维的一条核心规则。

■ 实现法律真实的证明标准不断变化

现代世界各国的刑事诉讼法和证据法为了查明案件事实真相，都制定了一系列的证据规则，比如最佳证据规则、直接言词规则、类似事实不能作为证据、孤证不能定罪等。《中华人民共和国刑事诉讼法》（以下简称《刑事诉讼法》）不仅作出了"重证据，重调查研究，不轻信口供"以及"必须忠实于事实真相"等原则性的规定，还规定了如何收集书证、物证和言词证据等具体标准，以保证最大限度地查明案情。与此同时，有的证据规则具有双重目的，即把查明案件事实和保障人权结合在一起，比如严禁刑讯逼供，既是为了防止铸成错案，也体现了尊重犯罪嫌疑人的人格，保障其人身权利不受侵犯。此外，还有的证据规则诸如沉默权，主要是体现人权保障和程序正义的，未必对查明案情有利，当然这是对追究犯罪与保障人权两种诉讼价值进行利弊权衡后的取舍。不过，即便如此，有的国家在实行沉默权的同时，也要兼顾查明事实真相。事实上，沉默权的发源地——英国于1994年制定法律限制沉默权的适用，正说明了这一点。

（二）法律适用：内在事实/法律规则

作为哈特创新性提出第二性规则的内核，承认规则被视为是判断一条规则能否成为某个法律体系成员的识别标准，且长期以来始终处于各派争论及辩驳的"风暴眼"。可以说，正是指向社会事实的承认规则的存在，才从效力上保证了整个法律体系的存在，乃至成为哈特构筑新的理论的基石。

但是，正如德沃金针对疑难案件所提出的，其实不少案件使用的不是作为既定的规则，而是原则、政策和其他各种准则。规则与原则所适用的是两种标准，规则以完全有效或者完全无效的方式作出判断，而原则并非如此；同时，原则具有规则所没有的分量和重要性，涵盖个案中的一个原则可以为另一个原则所胜过而不会失去其效力。[①] 显然，规则可以通过立法部门创设或法院经由先例形成，可是原则必须源于长期形成的共识。正是以原则为表现载体的这种共识，让此类案件在司法过程中覆盖了批判性的规则证成，从而也产生了真正的义务。无疑，这一论点有力挑战了承认规则的存在。以下是德沃金在《认真对待权利》一书中使用原则作出裁决的一起案例：

---

① 参见〔美〕罗纳德·德沃金：《认真对待权利》，信春鹰、吴玉章译，上海三联书店2008年版，第44页。

■ 亨宁森诉布洛姆菲尔德汽车制造厂案

亨宁森先生签约购买汽车一辆，购车合同约定制造厂对汽车存在的瑕疵所承担的责任限于将故障部分修理好，该约定取代其他一切保证、义务或责任。但作为受害人的亨宁森先生起诉认为，至少在本案的情况下，汽车制造厂不应受到这项限制的保护，而且该厂需对汽车事故中的受害人的医疗费和其他费用负责任。事实上，发生于1960年美国新泽西州的这个案子让法院面临一个重大问题，即在汽车有毛病的情况下，汽车制造厂是否可以限定自己的责任。

此案中，虽然找不到任何法律或任何确立的成文法规则来阻止制造厂只按购车约定行事，但法院还是判决亨宁森先生胜诉，其主要理由基于以下原则：① 如果不存在诈骗，那么签订合同前不愿意先就合同的内容作正确理解的一方，日后不能因此而减轻自己在合同上的责任。② 契约自由在这个问题上并非一成不变，汽车在当代生活中是普通的必需品，其使用对于驾驶人、乘客和公众都构成危险，因而汽车制造厂在与它有关的汽车构造、商品宣传和销售方面都负有特殊责任。所以，法院必须深入检查购车合同，以保护消费者和公共利益得到公平对待。③ 法院不能让自己被用作不公平和不公正的工具。具体而言，法院一般拒绝帮助那种一方不公正地占经济上有需要的另一方便宜的交易。

类似的场景在现代还有很多，比如移动业务合同、信用卡合同、保险合同、理财产品合同、证券委托交易合同等。自2021年1月1日起实施的《中华人民共和国民法典》（以下简称《民法典》）对此明确予以规定，具体包括：对于合同格式条款的解释，应当作出不利于格式条款提供一方的解释；格式与非格式条款不同时，采用非格式条款；除一般无效情形，提供格式条款一方不合理减免其责任、加重对方责任、限制或排除对方主要权利的，应当认定无效；格式条款提供一方对自己的减免责任条款须合理提示，否则该条款不成立。

随后，已敏锐地意识到承认规则困境所在的哈特，及时修正了原来

的承认规则立场，在对法律的定义中添加了一个新要素，开始强调遵循一个作为社会规则的理由，实际上存在于其他人也遵循它的内在事实之中。换句话说，法律的存在既不是立足于道德优点，也不是基于规则的合理性，甚至不是法律或者任何人接受的任何理由，而仅仅是在于人们接受了这样一个内在事实。当然，它不应被理解为道德的参与丝毫不起作用。

可以说，把法律的核心定位于其他人也遵守这一内在事实的承认规则，构成了法律特有的实践理性的框架，形成了那些规则和原则之所以产生效力的来源，因而具有最终的优位性。

（三）实施过程：正当程序/实体公正

所谓法律程序，就是人们实施法律行为时所依据的时间和空间上的法定步骤和方式。哈特在论述法律要素时，除了推出以上作为效力渊源的承认规则，以补救第一性规则的静态性，还引入了改变规则，指向的是立法程序；为了应对第一性规则的社会压力分散，又引入了审判规则，指向的是法院的司法程序。事实上，立法程序和司法程序，构成了法律程序中极为重要的两翼。

当然，有法律程序不等于有正当程序，并非一切法律程序都是正当的，其中包含着价值问题。因此，现代社会主张重视法律程序的语义，其实不是笼统地指一般的法律程序，而是指正当的法律程序。比如，著名的毒树之果理论、米兰达规则、无罪推定理念、司法角色分化以及起诉状一本主义等，都是源于正当程序理念产出的文明果实。

■ 正当法律程序起源及在当代中国

1215年英国《大宪章》一般被作为正当程序之源。它之所以伟大，就在于它浓墨重彩于程序所带来的各种利益，比如普通法院诉讼程序、大陪审团提出诉讼、依照国王法律审判、人身保护、免受垄断的侵害、非经议会同意不得征税等。此后，正式出现现代意义上的"正当程序"条款，即不依正当法律程序，不得对任何人加以驱逐出国境或住宅，不得逮捕、监禁、流放或者处以死刑。而在美国，"正当法律程序"始见于美国宪法之父麦迪逊起草的《权利法案》初稿，1791年引入美国

《宪法》第五修正案:"非经法律程序,不得剥夺任何人的生命、自由或财产。"此后的美国《宪法》第十四修正案又沿袭了这一术语,用以直接针对州政府、州政府官员和地方政府不得任意侵犯公民个人权利。

相对而言,中国古代独尊儒术,强调人的主观方面,而不是行为方式;强调的是道德自律,而不是规则约束;强调的是人际和谐,而不是形式公正;强调的是权力自上而下的集约化管理,而不是权利本身自下而上的规则之治。凡此种种,均与正当程序的制度设计完全不同。所以,涉及程序的话语被引入中国,乃至成为当代中国法治发展的关键,曾经国内掀起过关于法律程序的一场影响极为深远的学术大讨论。不容申辩的是,这场学术讨论有力推动了中国的法治发展进程,在立法、司法和行政等各个层面引发了持续性的发酵效果,甚至可谓之革命性影响,不仅成为国家机关号召的一部分,而且关于程序的重要性也已达成跨学科的共识。

需要强调的是,当代的正当程序不再作为实体法律规范的附庸或辅助手段,而是被当成一个具有独立价值的范畴。一方面,对法律程序的评价可以独立于对实体或结果的评价。例如,程序的正当过程本身就是一把尺度,它的最低标准是:如果公民的权利义务可能由于决定而受到影响,那么在该决定作出之前,公民须有行使陈述权和知情权的机会。另一方面,程序的正当过程又与强求统一的特定价值判断和维护某种个人主观偏好有所不同,它存在着独立的程序性价值,例如,通过平等对话的正当过程达成合意和共识,确保判断和决定不偏不倚,容许价值多元主义,等等。但是,现代程序理念不仅反对把与程序有关的价值还原为社会固有的道德规范、国家的实质性平衡和游移不定的群众舆论对结果的主观评价,更是拒绝把实质正义置于形式正义或程序正义之上。

三、法律是否包括道德

法律是应被机械恪守,还是涉及道德?既然法律不是简单的强制命令而是说理,无疑就会遭遇法律与道德的博弈,它是哈特与富勒论战的焦点。哈特认为，法律与道德虽有共通之处，但共通之处一旦上升为法律，就有别于道德。富勒对此持不同观点，他认为一个原则被上升成法律，不是因为它经过立法程序，而是源于它自身所具有的道德；同样，法院处理疑难案件中适用的原则，虽然可能从来没有哪个机构发布过，甚至没有哪个法院适用过，但可能是一个具有道德意义的价值公理。事实上，哈特的法律实证主义只是客观描述了法律性质，尤其是描述了法律的有效性，并不涉及法律的目的。因此，他与富勒的观点不是针锋而对的，而是各自关注的问题有所不同。从这一立场出发，对于法律与道德之间的法律思维，可以归纳出下面两条基本规则：

（一）决策思路：法律论证/获取结论

法律条文是抽象和普遍的，但每个案件都具有自身的独特性和丰富性，所以抽象条文往往不能包含个案中应该考量的所有因素，由此引起了疑义和争论。同时，现代国家中成熟的法律已经变成一个专门而艰深的知识领域，不仅含义深奥，而且条文之间的关系错综复杂，普通人很难无师自通地完全领悟其中的准确含义。此外，有些法律规定本身还可能模糊不清，不同的法律在规定同类事物时也互有抵触，甚至法律出现两种以上可供选择的条款，再加上部分法律对新出现的事物未作规定，以及出现通常所说的"合理与合法"之间的矛盾等，都在很大程度上增加了法律适用的风险。

对法律适用结果的可接受性，往往取决于论证的质量。比如，司法过程的裁判活动恰当运用说理的技术，寻求正确的法律含义，使得案件的裁决结果对各类"听众"都有说服力，远比裁判结果本身更加重要。一个常常出现的现象是，疑难案件中的理由混杂在一起，难以辨明是非，此时不管是进行必要的利益衡量，还是借助于类似的指导性案例进行参考，都显得尤为重要。事实上，哈特的经典无论是修正法律实证主义提出"自然法的最低限度内容"，还是论述法律效力与道德价值的关系，关注的都是法律论证的内容及可接受性问题，强调法律对听众的说服力和有效性，强调基于法律的商谈合理性等，来强化借助于法律论证获得理由的重要性。

可见，法律思维的任务不仅是获得处理法律问题的结论，更重要的是提供一个能够支持所获结论的理由。理由优于结论是法律思维的重要规则。

■ 日本大审院的"狸貉异同"案

根据日本《狩猎法》的施行规则，狸的猎期从每年12月1日开始，到第二年的2月底结束。某一猎户于某年2月26日在山林中狩猎时发现一只貉，便准备将之射杀。这种貉在惊慌之余躲进了山洞，于是猎户就用石头堵住了洞口，然后回家。几天后的3月3日，该猎户又来到山洞前，用枪向洞内射击，当貉跑出洞口时，猎户让猎狗追杀逃出的貉。警察知悉此事后，将该猎户移送法办，并由检察机关提起公诉。猎户抗辩，认为其捕狸之日系2月26日，而不是3月3日；同时提出，其所捕系"貉"而非"狸"。但经过动物学家鉴定，认狸与貉为同一物。

案件焦点有二：一是猎户将貉圈在石洞内，是否属于已经"捕获"；二是猎户所捕的是狸还是貉。这个案情所涉及的，主要是对"捕获"和"狸"的文字含义进行解释的问题，适用法律时也应当优先运用文义解释方法。但是，一方面，由于法律规则具有抽象性和一般性，法官在适用法律时，就需要结合案件实际情况具体分析，比如对于"捕获"的理解；另一方面，立法者也只有有限理性，并不能制定出覆盖所有社会生活的法律规则，比如此案中对于"狸"的理解。所以，法官在适用法律时，如果严格限于文义，往往会造成不公平的裁决，为此，还必须借助目的解释、体系解释等其他方法获得文字的正确法律含义。

在本案中，一审对猎户论罪科刑，主要是认为被告利用自然岩穴，对貉加以围封，事实上对貉有了支配能力，已实现了所谓"先占"无主物的行为，与狩猎法所谓"捕获"的含义相当。一审拘泥文义，认为必须达到实际控制才是捕获，这就过于苛刻。实际上，该捕获行为已于2月26日完成，与狩猎法不相违背；至于3月3日驱犬捕狸，应当理解为处分已获得的貉。

本案经上诉大审院审理后撤销原判，改判无罪。改判理由在于，本案中被告所捕之兽，本地称之为"十字文貉"。虽然学理上狸与貉同属一物，但是属于比较专门的动物学知识，常人并不知晓。如果狩猎法是完备的，那么在狸字之下，应该将"貉"并列提及，但立法者仅书"狸"字，如果以此认为"貉"亦属于不准捕获之列，那么就会对那些相信"狸"与"貉"不是同种动物的普通人不利，这是有欠公允的。本案中，被告因确信非狸而捕获之，很难说有不法行为可言，结合立法目的，应该免于刑事追诉。[①]

（二）论证方法：形式理性/价值理性

作为法律论证方法的法律推理，是指法律领域内从某一或数个已知的前提得出另一未知的结论的过程。虽然法律论证的过程和方法极为繁复、考究，但最基本也是最有争议的，是在形式推理和实质推理之间的临界论证。形式推理的重心在于实现可准确预测和计算的合理性，而实质推理倾向于实现依赖基本常理、道德伦理和司法政策等加以衡量的另一种意义上的合理性。形式推理与实质推理分别对应于形式理性和价值理性的实现，它们是德国法社会学大师马克斯·韦伯提出的概念。[②] 相较而言，形式理性主张以普遍和抽象的法律规则、严整的形式逻辑推理以及能够计算的程序为依归，隐喻法律思维就像"自动售货机"那样的存在，所要实现的是理性化程度很高的合理性；价值理性正好相反，其主张个别、具体的临时安排及得出结论的妥当性，甚至不惜以否定法律为代价，所以往往难以摆脱专断、反复无常等非理性力量的控制。

正像哈特所说，法律本身的空缺结构产生了不确定性，而这种不确定性使得法学家产生了对法律的不同解释。对此，哈特在《法律的概念》第七章举了"坚信规则的机械法学"和"拒绝规则的现实主义法学"（尤其是其中的规则怀疑主义）两个例子加以说明。从本质上讲，

---

① 参见杨仁寿：《法学方法论》，三民书局1987年版，第125—126页。
② 参见〔德〕马克斯·韦伯：《论经济与社会中的法律》，张乃根译，中国大百科全书出版社1998年版，第225页。

机械的形式主义和规则怀疑主义是相应于形式理性和价值理性的两种极端形式。法律思维如果选择的是价值理性优于形式理性，那就意味着要把法外的标准或者个案的正义（决策者所信奉的价值理念、公认的通理常识、流行的道德观念、上级的压力干预）作为展开法律判断的准则，不过这与法治是相悖的。因此，法律思维需要坚持的是形式理性优于价值理性。这样，从法律的制订过程入手，最大程度地把实质理性转化为形式理性，也就是充分运用人类理性能力，运用形式合理化的方法将个别存在物转化为普遍存在物，把分散无序的状态转化为可以把握和预计的固定形式；而法律的实施意味着确保这种包容价值理性的形式理性制度被加以普遍执行，借助而不是绕开作为法律文本、逻辑推理和正当程序的形式理性去实现价值理性。

同时值得关注的是，把价值问题转化为技术问题，既是法治社会的妙笔也是败笔，就像硬币的正反面一样。霍姆斯说过："法律最大的正当性，就在于它与人类的根本天性是相互贴合的。"[1] 所以，强调形式理性作为法律思维的主流并不是绝对的，因为运用形式理性也会出现一些弊端。于是，适用形式理性的例外成为必然。其实，哈特不是一味强调形式理性的不可撼动，而是巧妙地修正了法律实证主义的立场，提出了"自然法的最低限度内容"的理念。然而，澄清法律形式之中的价值理性确实是一个难题。不容否认，借助价值理性的主要理由要么是法律出现空白或漏洞，要么是适用形式理性将导致结果明显悖于常理，但问题在于，由此产生的令人兴奋而富有挑战性的许多精致技术，极易让人不由自主地夸大这类因素的作用，甚至被当作迈向法律思维终点的基石。这种不由自主是危险的，即使存在这种形式理性适用的例外，也不应将之视为主要方面，因为它会引诱人滑入错误的陷阱。事实上，法治国家的内在冲动，就是将宽泛的行动原则具体化为相对稳定的、能够客观认识的规则形式，并提供可信赖和可接受的推理和程序，以使这些规则得以实施。

可见，形式理性优于价值理性是必然的、无条件的，而价值理性优于形式理性是偶然的、有条件的，这是法律思维的重要规则之一。

---

[1] Holmes, The Path of the Law, *Harvard Law Review*, Vol. 10, No. 8, 1897.

第三章

叙事框架：法定权利/法定义务

> 法的一般理论的主题就是法律规范及其要素和相互关系、作为一个整体的法律秩序及其结构、不同法律秩序之间的关系，以及最后法在多数实在法律秩序中的统一。既然这个法的一般理论的目的是使和某一特殊法律秩序有关的法学家、律师、法官、立法者及法律教师，能尽可能正确地了解并陈述其本国的实在法，这一理论就必须完全从实在法律规范的内容中去推究它的概念。
>
> ——〔奥〕凯尔森

阅读材料

Classic：《法律的概念》第二、三、四章

Leading cases：

- 乔太守乱点鸳鸯谱案
- 洛克勒立宪及立法审查案
- 欧洲法院 Dassonville 案、Cassis de Dijon 案

Leading papers：

- 沈宗灵：《权利、义务、权力》，载《法学研究》1998年第3期。
- 张文显：《法哲学范畴研究》（修订本），中国政法大学出版社2001年版。
- 张恒山：《论法以义务为重心——兼评"权利本位说"》，载《中国法学》1990年第5期。
- 公丕祥：《大变革时代的中国法治现代化》，人民出版社2017年版。
- Neil Duxbury, English Jurisprudence Between Austin and Hart, *Virginia Law Review*, Vol. 91, No. 1, 2005.
- Randall P. Peerenboom, Rights, Interests, and the Interest in Rights in China, *Stanford Journal of International Law*, Vol. 31, No. 2, 1995.
- Frederick Schauer, Taking Hart, *Harvard Law Review*, Vol. 119, No. 3, 2006.

第一节 法律的"自我"

一、冰山理论与法律的自我

奥地利心理学家弗洛伊德提出过著名的"冰山理论"。他认为,人的人格有意识的层面只是冰山的尖角,而人的心理行为当中的绝大部分是冰山下面那个巨大的三角形底部,是看不见的。然而,恰恰是这看不见的部分决定了人类行为。借助于这一理论,"法律是什么"和"法律应当是什么"的问题可以得到较为形象的解释。

 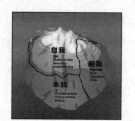

图 3-1　真实冰山图　　　　图 3-2　弗洛伊德"冰山图"

■ **弗洛伊德的人格理论**

弗洛伊德认为,人格分为三部分:"本我""自我"和"超我"。

① 本我。就是原始生命本能,是指人们无条件地根据"快乐原则"作出行为,没有道德是非和时空限制,无所顾忌地寻求本能需要、心理刺激等的最大限度满足。

② 自我。就是让人的本能现实化和理性化,它已从非理性的本我中分化出来,代表了人格中的理智和意识部分。行为准则是"现实原则",是根据现实条件和客观环境来调整本我与外部世界之间的关系,在不造成更大痛苦的前提下满足本我需要。

③ 超我。就是指道德化的自我,用自我理想来确立行为目标,用良心来监督行为过程,使自我摆脱本我的纠缠,按照社会规范和要求活动。

这三部分在人格构成中各自代表了不同的心理需要,遵循不同的运作原则，因此往往会产生矛盾和冲突。其中，自我作为中介，实际上不得不处在本我的驱使、超我的谴责、现实的限制的夹缝之中，陷入"一仆三主"的人格困境。①

《法律的概念》第二章从详尽阐述祈使命令的特质入手，指出法律绝不是类似强盗劫持银行那样，只是简单以威胁为后盾的强制"命令"（command），而是具有"指令"（order）的特征。② 于是，具有特定内涵的"义务"概念被引出来。正如前一章所述，义务虽然也有与强制命令那样的非任意性，可是它所带有的反映人性本能和道德的意味，决定了它与强制命令存在很大区别。而体现为义务的法律具有以下特征：（1）法律是作为被习惯性服从的普遍指令，也就是具有持续性的特征；（2）法律应当能够让人建立一种普遍的确信，即如果拒不服从，这些威胁可能被付诸施行；（3）法律的实施必定存在对内至上、对外独立的主权者以及服从主权者的僚属。

然而，形式上体现为义务且只是具备上述指令特征的法律，仍然是法律"自我"层面的冰山一角，因为它最多只是回答了"法律是什么"这一合法性思维的问题，还不能涵盖法律所应具有的"本我"和"超我"。法律中的本我和超我是"法律应当是什么"的竞争性思维，也是对义务的价值判断不可或缺的。事实上，法律的自我作为本我与超我的中介力量，发挥了中枢的调节功能。也就是说，法律的制订需要考虑自我所要求的理性要素和现实可行性；同时，必须让获得社会持续性认可的"超我"要求得到满足，也就是权衡符合社会接受的程度；此外，还要考虑作为调控对象的社会主体的本我意愿。可以说，"本我"和"超我"构成了法律概念具备上述特征的背景原因，从某种角度而言，甚至有时还会成为法律之所以能够存在的主要理由。

---

① 参见〔奥〕弗洛伊德：《精神分析引论新编》，高觉敷译，商务印书馆1987年版，第61页。

② 参见〔英〕哈特：《法律的概念》，张文显等译，中国大百科全书出版社1996年版，第24页。

二、乔太守乱点鸳鸯谱案

Famous Leading case

乔太守乱点鸳鸯谱的自我与超我、本我　北宋年间，杭州医家出身的刘秉义、谈氏夫妇生有一对儿女：其子刘璞已聘孙寡妇之女珠姨为妻；其女慧娘已受聘许嫁药铺裴九之子裴政。另外，孙寡妇之子孙润从小聘定徐雅之女文哥为妇。

某日，刘秉义夫妇要求择定吉日聘娶珠姨，孙寡妇同意。及至喜庆，刘璞却因伤风得了重病，谈氏决意娶过珠姨"冲喜"，免得"人财两失"。但是，隔壁李荣素与刘家有隙，便将刘璞有病的实情转告孙寡妇。孙寡妇为免女儿嫁到刘家之后有不测，便设计将儿子男扮女装顶替姐姐珠姨"嫁"到刘家。成亲之夜，谈氏因儿子刘璞尚病，又怕"儿媳"冷清，便让女儿慧娘陪伴"嫂嫂"（孙润）睡觉，结果两人如鱼得水，做成"夫妻"。后来，刘璞病愈，而孙润与慧娘之事也被撞破。此事又被李荣得知，转告裴九。裴九遂告官府，诉刘家"纵女卖奸，恋着孙润，暗招在家，要图赖亲事"；随后，刘秉义也告官府，诉孙寡妇"欺心，藏过女儿，却将儿子孙润假装过来，倒强奸了小人女儿"。面对这起婚姻关系引发的纠纷，乔太守决定升堂问案。

审判过程　《宋刑统》规定："诸断罪皆须具引律、令、格、式正文，违者，笞三十。"换言之，即要求法官须严守指向"自我"的律条。但是，该案涉及对诸如孙润与慧娘的"本我"权衡，以及中国传统礼常的"超我"考量，于是乔太守因循法意与应合人情，展开了酌情度理的便宜裁夺。

1. 孙润行为的处置。乔太守先是言明："孙润，你以男假女，已是不该，却又奸骗处女，当得何罪？"衡诸律条，慧娘已受聘裴家而为裴政之妻，孙润和慧娘构成有夫和奸，依《宋刑统》应处"徒二年"（自我）。可是，乔太守话锋一转，对此"犯奸罪"并未依法责罚，而是说："姑念孙润年纪幼小，又系两家父母酿成，权且饶恕。"（超我）

2. 孙润与慧娘的关系处置。依南宋《庆元条法事类》规定："诸先奸后娶为妻者，离之。"也就是依法禁止先奸后娶（自我）。同时，案中裴九也说，如果将慧娘判归孙润，则"反周全了奸夫淫妇"。但是，乔太守说："慧娘本该断归你家，但已失身孙润，节行已亏，你若娶回去，反伤门风，被人耻笑。他又蒙二夫之名，各不相安。今判与孙润为妻，全其体面，令孙润还你昔年聘礼，你儿子另自聘妇罢。"（本我与超我皆有）

3. 乱点裴政（原慧娘之夫）与文哥（原孙润之妻）为配。随后，乔太守摆出"父母官"身份乱点起鸳鸯谱，对裴九道："孙润原有妻未娶，如今他既得了你媳妇，我将他妻子断偿你的儿子，消你之忿。"其实，这种"乱点"在古人看来，就是乔太守与人"行方便"（超我）。对此，裴九回言："老爷明断，小人怎敢违逆？但恐徐雅不肯。"乔太守遂对徐雅道："孙润因诱了刘秉义女儿，今已判为夫妇，我今做主，将你女儿配与裴九儿子裴政，限即日三家俱便婚配回报。如有不伏者，定行重治！"徐雅因见太守做主，怎敢不依，俱各甘伏。（本我）当然，乔太守以父母的婆婆心肠及官长的权威，擅作婚配，虽极富人情味，也颇具喜剧色彩，但所采取的是"如有不伏者，定行重治"的压服方法，当事人的权利丝毫不被尊重，尤其是真正的婚姻当事人（裴政与文哥）根本没被问及，因为他们的人格早被双方家长（裴九与徐雅）吸收，完全没有独立的权利可言。

4. 乔太守的判词。乔太守如此断案，完全是出于人情上的考虑，从而把礼法、律条放在一边。他的判词如下："弟代姊嫁，姑伴嫂眠。爱女爱子，情在理中；一雌一雄，变出意外。移干柴近烈火，无怪其燃；以美玉配明珠，适获其偶。孙氏子因姊而得妇，搂处子不用逾墙，刘氏女因嫂而得夫，怀吉士初非炫玉。相悦为婚，礼以义起。所厚者薄，事可权宜。使徐雅别婿裴九之儿，许裴政改娶孙朗之配。夺人妇人亦夺其妇，两家恩怨，总息风波；独乐乐不若与人乐，三对夫妻，各谐鱼水。人虽兑换，十六两原只一斤；亲是交门，五百年决非错配。以爱及爱，伊父母自作冰人；非亲是亲，我官府权为月老。已经明断，各赴良期。"（本我、自我与超我的融合）①

---

① 参见（明）冯梦龙：《醒世恒言》（第八卷），李田意搜集编校，世界书局出版社1983年版。

从上面这起中国传统的案例可以看出，反映人性本能及带有道德意味的、以义务为主线的法律概念，涉及相应的本我、超我因素，它们在法律实施过程中会适时融入进来。事实上，哈特也在随后的第三、四章中通过列举许多事实作出了提示，即上面所述的仅是作为自我的法律初步特征，诸如习惯性服从的普遍命令、可能付诸实施的威胁以及作为命令发布者的主权者等，确实不能完整展现法律概念的蕴涵。

另外，这里特别强调法律概念中的"义务"这一关键词，并不是说讨论法律的概念或思维时，可以忽视权利的存在和作用。其实，有关权利的分配与保护向来是现代法律制度的主题，只不过因为目前对于义务的讨论远不如对权利的研究那样广泛和深入，加之哈特的指令与奥斯丁的命令之间的差别有待区分，所以特别突出了有关义务的分析。作为义务的相对方，权利意味着主体在法律上有一项正当理由去做某事或拒绝做某事的资格，当这种要求或拒绝得不到回应时，主体还可以根据此种正当理由请求国家以强制力来迫使对方服从。在这个意义上，义务人就处于与权利人相对的被动法律地位，需要受到权利人的权利所约束和支配。

第二节　指向多元规则的本我法律

一、指令、威胁和法律的关系

无论如何，奥斯丁发现了命令、义务、制裁等关键词与法律定义的紧密关联性，并引以为豪地认为自己发现了法律科学的真谛。他认为，那种试图让他人从事或不从事某行为，否则便会让他人面临不利后果的愿望，应当被称为命令；一旦未能从事所表达愿望，就可能遭到对方施加的不利后果，也就是受到发布命令者的强迫或约束，可称之为义务；当命令未被遵循，或义务未被履行可能面临的不利后果，可谓之制裁。[①] 对此，哈特在《法律的概念》第二章中凭借强盗情境的假设，以

---

① See John Austin, *Lectures on Jurisprudence: Or the Philosophy of Positive Law* (5th edition), John Murray, 1885, p. 89.

奥斯丁的法律命令学说为对象，通过添加新的要素，丰富和发展了法律命令理论的内涵，构建了一个法律指令理论。哈特认为，法律就是主权者发布的以威胁为后盾的普遍性指令；同时，发布指令的主权者或其僚属对内至上及对外独立。① 区别于奥斯丁的法律"命令"用语，哈特改用了法律"指令"这一术语，其关键词包括指令、威胁、法律和主权者。

紧接着，哈特在随后的第三章引论里指出了上述法律指令理论构建的软肋，继而在该章中从法律的内容、法律适用的范围和法律起源的方式三个方面，对应于指令、威胁和法律三个关键词开始铺陈叙事；此外，基于认为对主权者概念批评系更为根本的任务，因此又单列第四章继续加以述评。

二、法律的内容是什么

在《共产党宣言》中，马克思和恩格斯指出，资产阶级用他们自己"关于自由、教育、法等等的观念来衡量废除资产阶级所有制的主张"，因而"不过是被奉为法律的你们这个阶级的意志"，"而这种意志的内容是由你们这个阶级的物质生活条件来决定的"。② 因此，马克思主义经典作家深刻揭示了法本质的三层关系：一是法与统治阶级的内在关系；二是法与国家的必然关系；三是法与社会生产方式的因果关系。法是统治阶级意志的体现，在社会主义社会中，法则是由工人阶级及其同盟军所构成的人民的意志的体现。法律对于社会关系的调整，是通过法律规范、法律事实、法律关系和权利义务这四个顺次相接的阶段实现的。法律规范是国家创制的以权利义务为主线所表达的行为要求；法律经公布进入社会后，当出现法律设定的法律事实时，法律规范所表达的行为要求，就转化为对具体主体的行为要求，形成具体主体之间的权利义务关系。可以说，哈特对于法律指令理论的第一层驳斥，就是从这一法律调

---

① 参见〔英〕哈特：《法律的概念》，张文显等译，中国大百科全书出版社1996年版，第27页。
② 参见《马克思恩格斯选集》（第一卷），人民出版社2012年版，第417页。

整的内容开始的。

  法律指令理论是以批判虚拟的强盗情境为逻辑起点，该情境的关键之处是以强制性威胁为后盾。那么，如果反过来能够证明客观上存在没有制裁的法律，这一理论是否将不再成立？对此，哈特提出以威胁为后盾的指令，颇似现代法律中的刑法和侵权法，刑法规则的要求被称为义务；同时，依法对违反该义务行为的制裁，就是服从刑法规则的动因；侵权法则是为由于他人行为遭受损害设定的赔偿，从事该行为被认为是违反义务，应得到以赔偿等方式加以制裁的法律补救。可是，法律体系中确实存在一些与以威胁为后盾的强制命令无关的法律，哈特列举了授权规则加以说明。

  授权规则包括授予私人权利及授予公共权力两个方面：授予个人以合同、遗嘱、婚约等方式形成与他人的法律关系的私人权利，或者社会以立法、行政、司法等方式产生治理社会的公共权力，都不涉及强加责任或义务，而是通过授权人们根据指定的程序而创设权利或权力，进而为个人或社会实现愿望提供便利。这些权利或权力背后所呈现的是多样化因素，绝不只是以威胁为后盾。

■ 不以威胁为后盾的授权规则

  许多私人权利或公共权力并不以威胁为后盾而存在，主要包括：

  ① 确认人们生活中的应有权利，它是来源于人的本性要求或社会的存在需要，而法律又尚未对之予以确认的合理利益。尽管法律仍未加以规定，可是它们体现为社会关系中一种伦理道义上的正当关系，必须以法律加以规制，比如人格尊严权、平等交换权、国民待遇权、行政程序权、外交独立自主权、立法各方利益的相互妥协权等。

  ② 确认因社会经济、科技和文化发展而带来的新生权利或权力，比如网络虚拟财产权、器官捐赠或移植权、外太空发展空间权、人类环境共同生存权、司法合宪审查权等。

  ③ 确认法定权利中派生而出的具体权利，作为原来的法定权利的下位权利，虽从属于原来的法定权利，但又有独立确认的必要，比如作

为选择权的下位权，就有提名权、投票权、选举监督权、补选权等。

可见，授权规则与强制命令存在根本区别，它往往只是设定了原初的、依理循之的权利，许多情况下没有必要限定凡违反皆须制裁，而是侧重于"指导"某种制裁的实施。所以，那种寻求将法律视为以威胁为后盾的指令的简单模式，歪曲了不同类型法律的社会功用。进一步而言，即使有人争辩，认为运用制裁的指示形式来描述法律，可以有效阐明"坏人"关于法律想要了解的一切，从而增加透明度，但法律同样需要平等关注那些愿意去做法律要求之事的"迷惘之人"或"无知之人"。也就是说，法律不应诱使我们去想象所要去理解的东西都发生在法院里，法律还存在于法院之外被用以控制、指导和计划生活的各个领域之中。

现代法学理论认为，通过权利义务进行法律调整的方式，大致可以包括允许、积极义务和禁止三种。允许就是赋予人们自己作出某些积极行为的权利，譬如使用财产、处分财产等；积极义务就是要求人们作出某种行为，使其承担作出某种积极行为的义务，比如交付某种物品、支付货币等；禁止是要求人们承担不作出一定行为的义务，诸如不得侵占他人拥有的合法财产。如果法律仅是被作为强制指令，则这一概念就狭隘地指向了禁止，甚至连积极义务的内涵都未能完全涉及，更不用说允许这种纯粹意义上的授权规则。事实上，法律的概念所蕴含的权利义务形成的法律关系，应当是上述三种调整方式的不同组合。比如，当积极义务与允许相结合时，所形成的法律关系就是相对法律关系，其典型形式是债的关系，权利人的利益是通过义务人的积极行为实现的，法律调整的重心是义务人的行为；当禁止与允许相结合时，所形成的是绝对法律关系，其典型形式是所有权关系，只要义务人不作为，权利人的利益就能实现，法律调整的重心在于权利人的行为。从这一角度看，以权利义务为主线的法律概念已大大超越法律指令理论极为简陋的以强制为后盾的学说，进而从反面证明了法律的内容不应局限于强制命令或指令。

三、法律的适用范围是什么

马克思和恩格斯在《德意志意识形态》中指出,立法者"是创造国家权力的力量。在这种关系中占统治地位的个人,除了必须把自己的力量构建成国家外,还必须使他们的由这些特定关系所决定的意志具有国家意志即法律这种一般表现形式"[①]。这句话的本质在于,立法者本身也接受其所创造的法律的约束,这是法治与专制的根本不同点。

区别于威胁命令他人做事,法律适用范围不仅包括对他人设定权利义务,而且包括对法律的制订者设定权利义务。与此类似的是,在签订契约时作出约定,还可概括为是对订约人本身设定义务,即订约人所签订的合同对自己也是有约束力的。哈特对此进行了阐述:"我们是在行使由规则赋予我们这样做的'一个权力',在该要约人'内部'区分出两个人,即一个以义务创立者的身份行为的人和以受约束的人的身份行为的另一人。"[②] 简言之,立法本质上不存在只针对他人的东西,立法存在自我约束性。立法者像一个约定的发出者,他行使由规则授予的权力,作为立约人也必须置身于法律的范围内。

■《中华人民共和国立法法》

2000年,九届全国人大三次会议通过《中华人民共和国立法法》(以下简称《立法法》),之后又对其进行了多次修订。《立法法》被法学专家称作仅次于《中华人民共和国宪法》(以下简称《宪法》)的一部基本法,它是规范立法机关活动规则的法律,同时给了普通人一个对"法"本身的合法性提出质疑的权利。比如,如果你认为法规、规章与法律相抵触,可以向全国人大常委会提出审查的要求和建议;遇到部门规章之间发生冲突时,可以提请国务院裁决。如果说《中华人民共和国行政诉讼法》(以下简称《行政诉讼法》)的实施使公民认识到政府也存

[①] 《德意志意识形态:节选本》,人民出版社2003年版,第108页。
[②] 〔英〕哈特:《法律的概念》,张文显等译,中国大百科全书出版社1996年版,第45页。

在违法的问题，那么《立法法》确立的对违法法规的审查制度告诉人们，立法也有违法或不合理的时候。比如，李慧娟宣告抽象法无效的司法审查案、王海"知假买假"的打假同案不同判案、孙志刚被打致死引发的取消收容审查制度案、郝劲松三诉铁路部门票证案等，就是公民引发的对立法内容的挑战。当然，这与《立法法》很大程度上只是规范立法程序有所不同。

为此，《立法法》对解决法律冲突设计了三种解决机制：① 明确了五个法律适用规则，即上位法优于下位法、同位阶的法律规范具有同等效力并在制定机关各自权限范围内实施、特别规定优于一般规定、新法优于旧法以及法律不溯及既往。② 规定了备案审查制度。③ 规定了对冲突法规的裁决和改变与撤销制度。其中，有关国家机关和公民、社会组织在认为法规、规章与法律相抵触时，可以向全国人大常委会提出审查的要求和建议，对规章之间的冲突可以向国务院申请审查。也就是说，《立法法》直接规定了立法者本身也必须接受《立法法》的调整。

当然，上述《立法法》的实施尚未完全达到对立法违法进行监督的效果。我国对法律冲突的解决主要依靠立法机关内部协调，即法官审案时如果认为法律、法规冲突，往往把问题提交人大常委会审查以得到一份解释意见；若认为规章冲突，就会把问题提交政府部门审查。2018年，我国完成了第五次《宪法》修正，正式把违宪审查权赋予全国人民代表大会宪法和法律委员会。

显然，法律以抽象和概括的规范形式，表达了自己在时间、空间上的效力和对人的效力，以权利义务的一般规定表达了国家的行为要求。而这种行为要求不是像强制命令或指令那样，使立法者从定义上处于其命令或指令范围之外。法律的诞生恰恰是通过立法的法定程序实现实体权利义务的分配，影响主体权利义务的实际享有和承担。具体表现包括：(1) 通过法定程序的时间、空间要素，克服和防止立法行为的随意性和随机性。比如，制订部门规章的行政听证程序，旨在让行政相对人直接参加到行政决定程序中，听取行政主体制订规章的理由并发表不同的意见，以程序提供外在标准而限制恣意，从而保证政府颁布部门规章的合法性和合理性，这也为参与人今后更好接受规章的约束提供了良好基础。（2）通过法定程序引导立法者按照一定的指向和标准在时间和空间上进行。换言之，就是为颁布法律的行为提供统一化、标准化的模式，克服强制命令或指令的个别化及非规范化，使得立法者本身不再是一个凌驾于法律之上的个性主体，而是必须接受其所制订和颁布的法律的权利义务担当者。（3）通过法定程序形成解决纠纷的相对独立空间，把社会关系简化为程式化的权利义务关系。法律之所以有别于强制命令或指令，就在于能把复杂关系纳入法律设定的社会隔离机制，排斥利益主体原有的社会角色，排斥其他非程序的因素以及其他处置方式，使得包括立法者本人在内的所有社会主体潜移默化地接受法律之内的行为模式。

四、法律的起源方式是什么

法律强制指令模式预设的是，所有的法律来源于审慎的、符合法定程序的立法活动。换言之，法律必然表征为明文规定的权利义务。然而，隐形的权利义务在数量上远远超过明文规定的权利义务，因为即使再发达的立法技术，也无法做到把所有的权利义务列入一个清单，更何况权利义务背后的利益关系始终处于流动和发展之中，难免有所疏漏。正是认识到这一点，哈特以习惯为例，指出法律作为强制指令预设的脆弱性，即"尽管一个法律的颁布在某些方面近似于一个命令的下达，但某些法律规则起源于习惯，不能将它们的法律地位归于任何有意识的立法行为"[①]。

为什么习惯成为法的重要起源之一？恩格斯对这个问题给予了科学解释。在《论住宅问题》中，恩格斯深刻地剖析蒲鲁东主义者解决住宅问题的方案的理论基础——"永恒公平"论，指出在资本主义社会中住宅问题的解决总是有利于资产者，资产阶级法律不可能解决住宅问题，

---

① 〔英〕哈特：《法律的概念》，张文显等译，中国大百科全书出版社1996年版，第50页。

并从正面科学地揭示了法、法学与社会经济条件的内在联系，对法律起源问题作了历史唯物主义的分析阐述。之后，在《家庭、私有制和国家的起源》中，恩格斯又在吸取摩尔根的研究成果的基础上，撰写了关于国家和法的问题的完整论证，这被视为是马克思主义关于法律起源问题的定型之作。

在恩格斯看来，与国家起源相一致，法的起源问题是唯物主义和唯心主义两种历史观根本对立的、最具有代表性的理论。他指出："德国的唯物史观是以一定历史时期的物质经济生活条件来说明一切历史事件和观念，一切政治、哲学和宗教的。"[1] 但是，这个研究的基本点很容易被忽略："人们忘记他们的法起源于他们的经济生活条件，正如他们忘记他们自己起源于动物界一样。"[2]

当然，经济决定论不代表说经济因素是唯一的决定性因素，法的起源实际还受到无数经验事实的存在、法律观念与经济形态的错位、法律秩序发展与物质生产不平衡性等因素的影响，同时其作用机制也并非直接决定一切，即使"决定"，也常常需要经过或依赖这个结构中的各种政治、宗教、文化等因素相配合或作为中介，习惯及其形成的习惯法就是其中的重要因素之一。

■ 中国传统的习惯法记载及遵守

习惯法是一种经过长期的历史积淀而形成，为人们自觉遵守的行为模式。它既有以文字形式记载和表现出来的，也有不以文字形式却被默认遵守的，一般以后者居多。

① 以文字形式记载的习惯法。贵州雷山县永乐镇北一公里处的干南桥，有青石碑一座，记载了原来丹江、八寨两县联界的各保甲长及父老等集会议定的被苗族称为"榔规"的习惯法，内容是确定苗族婚姻财礼金。上面的碑文是："万古不朽。兹将丹、八两县联界邀集各甲长及父老等改造进行决议规定，财礼钱不得多取。所有婚嫁自由，不得强迫

---

[1] 《马克思恩格斯选集》（第三卷），人民出版社2012年版，第259页。
[2] 同上书，第261页。

子女成婚，稍有违当议决规定条例，多取及强迫者，均以碑章证明，否则天诛地灭，永不发达，仰望各界父老须知。此碑万古不配，所议各条开例于后。"

② 没有文字而默认的习惯法。云南省宁蒗彝族自治县永宁地区的泸沽湖纳西族，至今保留着一种叫作"走婚"的婚姻习惯法。只要男女双方愿意，男女双方平时各自生活，劳动在母家，到了夜晚，男子到女子家过夜。清早，男子又回到自己的母家。男不娶，女不嫁。过夜的男女对象是不稳定的，时间的长短视双方的感情，短的仅有几天，长的可达几年。①

概括而言，中国传统的乡规民约之类的习惯法具有以下特点：以地缘、血缘为主线的浓郁的熟人社会村落精神，成为乡土司法依附的文化基础；地方性司法知识充斥于"大词"式的法治共识之外，在微观意义上占有竞胜地位；自治组织（包括村委会、家族、宗教团体等）形成了极其精微的民间秩序，与法律秩序有序互动；以纠纷解决为中心，复归到司法的原初功能；"送法下乡""送法上门"成为在边缘地带建立法律秩序的典范，产生了"司法剧场化"效应。

不光是传统社会，现代社会相对分散的人们仍可从某个或数个维度上，在某些方面形成交织紧密的群体，从而在民间自发形成一些有约束力的习惯规范。进一步而言，目前的有关习惯法的研究还表明，习惯法并不只是一些简单粗糙的规范，诸如不得杀人、信守承诺等，还有一些是作为现代法治核心的程序规范乃至建构组织社会的宪法。比如，美国法学家埃里克森通过研究发现："即使在紧密交织的群体内，也有得到普遍遵守或通过社会强制力保证实施的群体性规范、救济规范、程序规范、相当于冲突法的选择控制者的规范，以及相当于宪法或宪法一部分的构成性规范。"② 以下就是埃里克森在其代表作品《无需法律的秩

---

① 参见吴大华：《民族法律文化散论》，民族出版社 2004 年版，第 29、69—70 页。
② 〔美〕罗伯特·C. 埃里克森：《无需法律的秩序——邻人如何解决纠纷》，苏力译，中国政法大学出版社 2003 年版，第 10 页。

序——邻人如何解决纠纷》中开宗明义所举的一则活生生的案例:

■ 科斯定理与习惯法[①]

美国加州夏斯塔县人对于发生在他们之间的多数争议,一直倾向于运用非正式规范而不是正式法律加以解决。夏斯塔县内,某地区属于开放或封闭区域,由法律所规定。但是,这显然对居民解决牲畜越界或牲畜纠纷等问题起不到明显作用。当地保险清算人处理侵越损害时,几乎不会注意开放或封闭区域的法律差别;农场主赔偿邻人损失的玉米,也只因他"感到有责任",而不是正式侵权法使然;即使有少数业主知道加州有法律处理边界栅栏费用分担问题,也不会将之作为权利渊源。一旦发生牲畜越界事件,邻人之间几乎都不打官司,他们认为一个好邻居比什么都重要,而且努力使自己也成为一个好邻居。显然,这里的生活似乎超越了法律管辖。

这种现象说明了这样一个事实:民间规范(norms)才是权利之源,而不是法律规则(rules)。所以,当纠纷出现时,他们并不是援引

[①] 罗纳德·科斯(Ronald Coase),诺贝尔经济学奖得主,其著作被视为"法律制度讨论的规范""整个法律经济分析的基石",被援引和使用的频率相当之高(See Stewart Schwab, Coase Defends Coase: Why Lawyers Listen and Economists Do Not, *Michigan Law Review*, Vol. 87, No. 6, 1989)。科斯在 1937 年和 1960 年分别发表的《企业的本质》(Ronald H. Coase, The Nature of the Firm, *Economica*, Vol. 4, No. 16, 1937)和《社会成本问题》(Ronald. H. Coase, The Problem of Social Cost, *The Journal of Law and Economics*, Vol. 3, No. 1, 1960)两篇开创性论文中,提出了交易费用乃是理解经济体系关键的论断。他对此解释认为,企业之所以存在和发展,原因在于它以企业内部市场形式,将开放性市场生产要素的所有者和工人们组成一个单位参加市场交易,通过减少交易者的数目降低交易费用。同时,他认为,由于企业之间的交往成本较高,因此它们之间一旦发生伤害彼此的冲突,就难以得到有效解决。值得注意的是,科斯定理的局限性已为人所认识,即它是以假设零交易费用为前提,此时不管法律规则和初始权利如何安排(例如产权制度的设计和责任负担的分配),市场中的当事人会就互惠互利的交易进行谈判,以实现"帕累托最优效应",这意味着实现"共同的产出最大化"(maximize their joint output)。

施瓦布曾对科斯的论述进行了总结(See Stewart Schwab, A Cosean Experiment on Contract Presumptions, *The Journal of Legal Studies*, Vol. 17, No. 2, 1988)。他把帕累托最优的解决方案定义为"在不使任何人境况变坏的情况下,而不可能再使某些人的处境变好,这将让各方的共同收益获得最大化"。其实,还有一种未能获得广泛认可的更为偏激的版本,它将科斯定理视为"不可推翻的公理",声称"处于零交易费用的情境中,法律规则的变化不会对资源配置产生影响"[See Robert Ellickson, Carol M. Rose and Bruce C. Ackerman (eds.), *Perspectives on Property Law*, Little, Brown and Company, 1995]。不过,这一偏激的版本已遭到批判,因为它忽视了法律范畴中财富效应的动态性,比如,通过产生新的责任规则,进而降低某一特定产权的价值,以及减少与产权变化有关的商品生产。

法律化解，而是首先考虑运用非正式规范维护自己的权利。他们坚信，相互合作就是最好的规范，相互冲突只是例外。只要双方保持长期的合作关系（无限重复博弈），就会在彼此心中记下一笔笔账，而且相互抵消或扯平。双方烙有印记的越界牲畜最终会在牲畜收购站那里还给原始权利人。因此，在夏斯塔县的牧区流行着这样的格言："所谓好邻居就是不打官司"，"如果你起诉了，唯一挣钱的就是律师"。

对于像夏斯塔县这样的以习惯法处理纠纷的方式，当代著名经济学家科斯借用了一位放牧牲畜的牧主与相邻的一位种植作物的农民之间的冲突作为例子，来说明这样一个深刻的道理：当交易费用为零时，责任规则的改变不会影响资源的配置。这就是著名的科斯定理，其在夏斯塔案例中的适用情况为：（1）只要满足了这一定理的大胆假设，即零交易费用，让牧主对自己侵扰他人的牲畜所造成的损失承担责任，不会使牧主减少自己的牲畜数量，他或会建立更多的栅栏防止牲畜跨越，或会更注意看管自己的牲畜；总之，牧主会有法律上的激励，采取一切成本合理的措施来控制自己的牲畜。（2）但是，如果法律不要求牧主承担这种侵扰的责任，那么潜在的侵扰受害者就会付钱给牧主，让他采取同样的措施防止这种侵扰。简单地说，只要是零交易费用，则不管责任规则如何，市场的力量都会让所有的费用内化。因此，在这样的世界中，"权利"不重要，因为权利不改变资源的配置。

依据科斯定理，不存在交易费用也许会使法律无关紧要。而埃里克森发现，现实中存在的情形却是——正是存在交易费用才导致了人们在许多情况下有意不理睬法律的现象。在夏斯塔县的相邻牧区之间出现牲畜越界事件时，受损一方常常并不是向对方主张"法律权利"，立即要求金钱赔付，而是采取"容忍"的态度。这种表面上不重视法律的做法，恰恰是基于相邻关系的福利最大化的考虑。这是因为，一方面，对牲畜越界所造成损失的界定费用较高，比如吃了受损方多少草料，往往无法准确估量；同时，将混入受损方畜群中的越界牲畜分离出来的费用也很高。另一方面，更为重要的是，受损方也无法保证自己的牲畜不会越界而侵入对方的牧区。埃里克森的这一发现并不是对科斯定理的否定，而是在科斯定理的边际上进行的创新，从而形成了科斯定理的"升级版"。这让我们对现实生活中存在的法律有了更清醒的认识。在许多情况下，法律并非是保持社会秩序的核心。也许起作用的就是那些不起眼的习惯、惯例，经过人们反复博弈而被证明有效。[1]

为什么法律的渊源之一可以是习惯呢？这个问题不是一个抽象的哲学事项，也不是一个纯粹从预先想好的意见或者任意建构的理论的推导，而是需要一个严谨的法律发达史的说明。

马克思认为，"社会生活在本质上是实践的"[2]，个体正是通过自己的实践活动不断改变客观条件，从而成为历史的主体，这是个体由必然向自由的转化。因此，围绕具体实践形成的是"实践的即以活动为基础的关系"，"人并不处在某一种关系中，而是积极地活动"。同样地，历史法学家萨维尼基于法的发展与民族的整个历史之间的关联性，提出法律不是专断、随意地被确定的，而是一种在民族意识中随内在必然性而进行的生成和发生过程。[3] 简单地说，就是法的发展本身是直接在法的意识下进行的，习惯只是破土而出的嫩芽。更确切地说，习惯法自始至终都先是行为规则，然后通过行为规则才变成法院的裁判规范。这就彻底地把习惯法与带有制定法色彩的法律区别开来，使得我们对法律起源方式的认识更加丰富。

■ 罗马习惯法

无论在什么地方，一个特定的规则若被法学家称为属于公法的规则，那么它就可以被证明是建立在某个法律、某个平民会决议、某个元老院决议、某个告示或谕令所包含的规定之上的。私法与这种意义上的公法相对而存在，它是建立在另一种非国家来源之基础上的法，即罗马

---

[1] 参见〔美〕罗伯特·C.埃里克森：《无需法律的秩序——邻人如何解决纠纷》，苏力译，中国政法大学出版社 2003 年版，第 1 章。
[2] 《马克思恩格斯全集》（第三卷），人民出版社 1960 年版，第 5 页。
[3] 参见〔德〕弗里德里希·卡尔·冯·萨维尼：《论立法与法学的当代使命》，许章润译，中国法制出版社 2001 年版，第 9 页。

习惯法，特别是罗马的法学家法。

① 法学家法。私法是较晚才出现的学理概念，起先使用市民法一词。市民法的最初含义，是指在罗马的法庭诉讼中可以适用的法学家法，它与作为国家创制的法律相对应。法学家法可以追溯到法学家对《十二铜表法》的解释。其实，伊斯兰教法学也通过这种方式，从《古兰经》大约几百个段落的经文中推导出它整个庞大的规范体系。

② 地方习惯法。随着罗马帝国版图的扩张，罗马法还开始对各种不同特性、文明和血统的民族发生效力。这些民族的成员尽管已经归化为罗马公民，但他们甚至在表面上也从来没有接受过罗马法和罗马习惯，他们一如既往地按照他们从前的法律和习惯生活。显然，无视这个事实是不对的。对此，罗马法典的敕令发布者查士丁尼大帝意识到，不能简单地以保持沉默的方式忽视地方特别法的效力，所以法典中的特别法就产生了对外省人的习惯法上的效力。

可见，法学家法和地方习惯法构成了罗马的习惯法基础。当时在法院所适用的罗马法从内核到原初的成分，就是市民法或法学家法及地方习惯法，这种状况一直保持到罗马帝国的晚期；后来，法律、告示、元老院决议和谕令才作为制定法而加入到规范体系中，从而构成了罗马法体系的完整轮廓。此外值得注意的是，可能有一种习惯法，其尽管作为法而存在，但由于缺乏法庭上的可适用性的"先决条件"而不被适用。这就提示我们，国家只能阻止习惯法被法院所承认，但不能阻止习惯法的产生。

图 3-3　法学家盖尤斯　　图3-4　法学家乌尔比安　　图 3-5　十二铜表法

罗马习惯法的这一架构对西方法学的影响很大。例如，当代英国法存在普通法和制定法的对称，这种对称与罗马法上的习惯法与制定法的对称完全一致。英国的普通法完全是法学家法，即由法官确立的"王国的习惯"，后来又有裁判官法即衡平法作为第三个组成部分加入进来。①又如，欧洲中世纪的"双剑理论"认为，国王和教皇两者均从上帝那里获得了象征性的剑来保护基督教界，并共同构成了法律起源的基础。

既然习惯法是成为法律概念内涵的必然，那它又是如何贯彻于法律之中而加以实现的？这是一个颇难回答的问题。但是，从以权利义务为主线的法律思维来看，"推定"是最常见的一种方式。通常而言，推定分为以下两类：

第一类是简单依据法律规则的推定。这是一种比较简单的推定方式，两个方面因素的共同作用使之成为可能：一方面，法律规则已对某些事实状态及其法律意义作出明确规定。例如，先占无主物可取得对财产的所有权，拾得他人遗失物应当返还，损害他人财产必须赔偿，等等。另一方面，权利义务存在逻辑上的关联，某一权利的存在意味着相应义务的存在，根据法律规则所明文规定的权利义务，可以较为容易地推定出隐藏在法律文字背后带有习惯法色彩的权利和义务。

■ 推定而出的米兰达规则与刑法上反对自证其罪

1966年，美国联邦最高法院根据美国《宪法》第五修正案"任何人不得在刑事案中被迫对自己作证"的规定，推定出了著名的"米兰达规则"。也就是嫌犯对于控方提问享有保持沉默的权利，以及获得律师帮助的权利；警察则负有提出米兰达警告的义务，否则收集到的证据将不被法院所接受。

该规则的所有内容包括：① 你有权保持沉默，你对任何一个警察所说的一切，都可能被用来作为向法庭提交的对你不利的证据；② 你有权利在接受警察询问之前委托律师，律师可以全程陪同你接受询问；

---

① 参见〔奥〕欧根·埃利希：《法社会学原理》，舒国滢译，中国大百科全书出版社2009年版，第479—488页。

③如果你付不起律师费，只要你同意，在所有询问之前将免费为你提供一名律师；④如果你不愿意回答问题，你在任何时候都可以终止谈话；⑤如果你希望跟你的律师谈话，你可以在任何时候停止回答问题，并且你可以让律师一直伴随你询问的全过程。

应当说，米兰达规则在当事人和警察之间形成的权利义务关系，不是法律明文规定的，而是从美国联邦最高法院依据《宪法》第五修正案规则推定而出的。作为这一推定链条核心的当事人所享有的"反对自证其罪"权利，正是基于"任何人在未经证实和判决有罪之前，应视其无罪"的习惯法。

第二类是依据法律原则及常理的推定。相较于简单依据法律规则的推定，这是一项复杂的法律作业，通常需要拥有深厚的法学理论素养、丰富的司法经验和娴熟的推理技巧才能胜任。这种有关权利义务的推定在下列两种情况下成为必要：其一，存在争议的权利义务无法从法律明文规定中简单地推定出来，出现了法律漏洞或法律适用上的疑难。其二，某种行为和利益引起了法律上的争议。有人认为，他们从事该行为或获取利益，完全出于所拥有的权利，但其他人对这种行为和利益的合法性或合理性提出质疑，认为当事人有义务不如此行为或获得利益。

■ 日本行政程序法有关不利益处分基准的推定 ①

日本《行政程序法》第 12 条有关不利益处分的基准规定如下："为了根据法令的规定判断是否作出不利益处分或作出怎样的不利益处分，行政厅必须努力制定必要的基准且予以公布。行政厅制定处分基准时，必须依照该不利益处分的性质尽量使其具体化。"所谓不利益处分，是指行政厅依据法令，以特定的人为相对人，直接课以其义务或限制其权利的处分，比如各种指令（设施的整改命令、建筑物的拆除命令等）、

---

① 参见〔日〕室进力、芝池义一、浜川清主编：《日本行政程序法逐条注释》，朱芒译，上海三联书店 2009 年版，第 117—121 页。

禁止（建筑物的停止使用命令、驾驶执照效力的暂停或撤销命令、营业停止命令等）、剥夺权利处分（法人高层管理人员的解除任命令等）。

出于各种权衡或技术上的综合考虑，该法第 12 条规定对于处分基准的设定只规定了努力义务，而没有详细规定处分的要件以及应该作出的处分内容。显然，行政厅在适用该条规定时无法直接简单作出推定，而要通过进一步的行政厅的判断和选择来完成，其理由包括预先难以设想到可能发生的全部具体事项、必须迅速应对社会的变化、确实地作出专业技术方面的判断、需要作出政治性判断以及应对不同地域的事项等。此外，根据日本判例，行政厅对由其裁量的事项即使制定了裁量权行使的准则，原本也只是为了确保行政处分合理性。因此，处分即使违背了上述准则，原则上只产生当与不当的问题而非理所当然地构成违法。所以，指涉不利益处分的争讼时常会引起法律争议，不同的人会得出不同结论。根据这一立场，不利益处分不仅要从实体方面考虑行政权行使的公正、透明原则，还要虑及国民的权利利益和社会的基本常理等。

可以说，在适用法律原则和常理进行权利义务推定的领域里，最主要的问题就是，当一种行为未被法律明文禁止也未被明文允许的情况下，是坚持义务推定优先的原则，还是坚持权利推定优先的原则。前者意味着"法无授权即禁止"，后者意味着"法无禁止即自由"。人治国家里，针对国民而言，法律明文允诺的权利尚且可以被政府随意剥夺，法律未加明文规定的行为，自然更属于政府无限制自由裁量的领地。在这里，针对国民所奉行的是义务推定优先的原则，即法无明文授权意味着国民的不作为义务；反过来，对政府来说，则不存在权利推定或义务推定的问题，无论政府行为是否有法律依据，它永远是不受法律限制和追究的。而法治国家里，对于国民的行为适用权利推定优先，对于政府的行为适用义务推定优先，因为法治国家的权力乃国民所授予，必须依法行使，政府不得强迫国民做法律不强迫的事情，不得禁止国民做法律不禁止的事情。

五、多元的规则与法律的本我

根据上述的深入阐述，正如哈特所归纳的那样，法律即强制指令的理论一开始就遭到了异议。具体包括：一是某些法规比如授权规则，它不要求人们去做什么，却可能授权给人们；它不施加责任，却提供在法律的强制框架内创设法律权利义务的便利条件。二是即使从表征上似乎最接近于强制指令的刑法或侵权法，仍然存在不同于命令的适用范围，它们施加责任给立法者，借助于立法程序，可以无一例外地实现对所有人的权利义务分配。三是尽管法规的颁布在某些方面近似于指令的下达，但某些法律规则起源于习惯，而习惯之所以成为法律的渊源之一，这是由民族连续性发展进程中的法律发达史所决定的。习惯法化约为法律上的权利义务，要么是直接依据法律明文规定的简单推定，要么是凭借高超技艺从法律原则和常理中推定而来，显然有别于有意识的立法活动。可见，法律的概念具有融汇不同种类规则的显著特征。

类似于强制指令的权利义务所标识的，只是权利义务露出海面的冰山一角，而更多的隐形法律深潜于海面以下。其中，蕴涵颇为丰富的"本我法律"就是重要的一块基石。根据以上分析，本我法律的理念意味着，它不仅指向义务性规范，而且包括授权规则等权利性规范；不仅让法律通过实体性规范调控普通民众，而且要求设立诸如立法、司法等程序性规范，使立法者也要平等地接受法律调控；不仅要求国家公民外在地接受将国家法作为法律的渊源，而且要求扎根于斯的民众本能且必然地把习惯法列入法律的渊源。可见，相较于简单的强制指令理论，哪怕是本我法律所带来的多元规则就已超越许多。但不止于此，超我法律的存在是挑战强制指令理论的另一方面。

第三节 法律的"超我"

一、产生持续性服从的理由

只是基于本我的基础，依然还未彻底释明法律的完整内涵。因为本我法律仅仅告诉我们，法律的内涵应当包括多元规则下的权利义务，而不只是强制指令所指向的纯粹义务。然而，基于多元规则的本我法律而设定的诸多权利义务，如何才能够获得民众持续性的服从？比如，作为法律渊源之一的习惯法，能够长期连续性地实现代际传承，难道仅是"习惯性服从"使然？

为了回答上述问题，哈特在《法律的概念》第四章开头首先阐明从法律指令理论衍生的主权学说假设，即认为从民主制到绝对君主制的任何政体，都能发现对主权者习惯性服从的臣民与不习惯于服从任何人的主权者之间的简单垂直结构。① 显然，这一假设中的主权者在法律上是无限的，这使得权力与义务成为法律的关键词。

紧接着，哈特分析解决这一问题的关键，不在于考察是否存在一个法权无限的主权者，而是这种臣民的习惯性服从，难以解释为何立法权更迭后，初登大宝的新立法者还能让臣民像对原立法者那样，持续习惯性承担服从自己的义务。毕竟习惯不是"规范"，它们不能授予权利给任何人；同时，由于对一个人的服从习惯，不可能既涉及现任立法者，还涉及一连串未来继任的立法者。

那么，相对于法律的制定者和习惯于服从他们的那些服从者，为什么法律更具有顽强的持续力呢？对此，哈特举了英国的例子：1735年的英国《巫术法》，直到数百年后的1944年，仍然在一起"妇女给人算命被起诉"的刑事案件中被援引作为入罪的法律依据。换言之，若干世纪之前颁布的法律直到今天可能仍是法律。显然，这里出现了一个所谓的接受规则，正是这种接受规则使得法律持续产生效力。比如，英国的女王和议会之所以能够保持其立法权的连续性，就是因为它建立在被普遍接受的规则之上，如有关王位继承的规则。可见，立法权的连续性作为大多数法律的基本特征，取决于那种逐步构建接受规则的社会实践。

---

① 参见〔英〕哈特：《法律的概念》，张文显等译，中国大百科全书出版社1996年版，第52页。

■ 西班牙对印加殖民的稳定性是如何形成的①

1533年，西班牙开始了对南美洲西部的殖民统治。早期的殖民管理体系呈现出混合的特征，原印加地方管理体系中的中间阶层有很大一部分仍保持原貌。他们通过那些构成原印加地缘政治版图的高地、沿海地区各政体的当地首领以及受西班牙精英阶层委托的监护征赋制，实现对当地社会的法律治理。直到1568年福朗西斯科·托莱多总督到来后，才建立了一套更正式的管理体系。他通过全面巡视和人口普查，把大部分当地人重新安排在紧凑的欧式村庄居住。这些村庄围绕一个中央广场、教堂和市政厅而建，构成规则的街区网络结构。虽然这种殖民管理和制度体系打破了原来当地人的居住和生活方式，但在19世纪初的独立战争之前，这些制度基本上都完整延续。

二、迈向承认规则与法律的超我

马克思主义法学研究了社会的经济基础与上层建筑的关系，认为法是统治阶级意志的体现，但这种意志并不是凭空产生的，归根结底是由这一阶级的物质生活条件决定的，是由这一社会的经济基础决定并反过来为经济基础服务的。当然，法与经济以外的其他各种社会因素，如政治、哲学、宗教等，也相互起着作用，但这只是一方面的现象，而追究到它的根本，"法的关系正像国家的形式一样，既不能从它们本身来理解，也不能从所谓人类精神的一般发展来理解，相反，它们根源于物质的生活关系"②。

某一法律规则的存在，通常先是被作为整体应遵循的一般标准。这个标准除了习惯共有的、能够为观察者所记录下来的有规律的统一性这个外在方面外，必然还有一个内在方面。这个内在方面是以接受规则为

---

① 参见〔澳〕杰弗里·瓦夫罗：《历史地图上的世界简史》，谢志瞳译，北京理工大学出版社2020年版，第418—420页。

② 《马克思恩格斯选集》（第二卷），人民出版社2012年版，第2页。

核心，它使得法律不再是诸如纯粹习惯性服从那样的简单权力义务，而是把这种对权威服从的暗喻，同时又置于正当性的承认之中，形成了带有道德意味的以权利义务为主线的法律体系。这就让人对于拟将作为共同标准的行为模式抱持审慎和深思的态度。同时，这种融入了批评、要求及接受的态度本身，也必然都是在"应当""必须""应该""正确的""错误的"等涉及应然的权利义务的词语里，发现它们的特有表达。正是这些作为应然权利义务的特有表达所形成的接受规则，使得法律在一般情况下会尽量接近社会的接受程度，接近社会主体的"超我"要求，进而逐步获得整个社会的持续认可。应当指出的是，这种接受规则就是哈特后面重点推出的承认规则。从理论上讲，接受规则或承认规则对于法律持续有效所产生的影响，正如哈特回应富勒所述的那样："在革命之后，旧立法的合法性将根据与前不同的承认规则而得到恢复。"[①] 同时，法律内的这种接受规则或承认规则的存在，也彻底改变了法律指令理论那种作为主权者的立法者与习惯性服从的臣民之间的权力义务关系，塑造了具有内在正当性的以权利义务为主线的法律。

■ 欧洲法院在两起案件中建构的接受规则

1974 年、1979 年，欧洲法院分别就 Dassonville 案[②]、Cassis de Dijon 案[③]作出判决，确立了货物自由流动的"相互承认规则"（rule of mutual recognition）。两份判决均涉及 1957 年《欧洲共同体条约》第 30 条，即成员国之间禁止对进口产品实施数量限制或其他产生类似影响的措施。

上述判决要义在于：无论是歧视性还是非歧视性的国内措施，只要有碍成员国之间的自由贸易，就视为违反上述条约。比如，在 Cassis de Dijon 案中，欧洲法院从消除非关税壁垒、促进欧共体自由贸易的背景

---

① 〔英〕H. L. A. 哈特：《法理学与哲学论文集》，支振锋译，法律出版社 2005 年版，第 376—377 页。
② Case 8/74, Procureur du Roi v. Dassonville, [1974] ECR 837.
③ Case 120/78, Rewe-Zentral AG v. Bundesmonopolverwaltungfur Branntwein, [1979] ECR 649.

出发，认为欧共体区域一体化利益通常应当优位于各个成员国的利益，德国不能仅因为酒精含量低于德国法律规定的标准，就禁止进口在法国合法生产和销售的开胃醋栗酒。法院认为，尽管德国国内法同等适用于国内和进口产品，但只有在为了一般利益要求（general good requirement）如消除避税、保护公共健康、保证交易公平和保护消费者的情况下，才可以设置贸易壁垒，而且这种措施必须是维护一般利益的"必要保障"（essential guarantee）。否则，某一成员国不可以将其国内规则适用于那些在其他成员国合法生产和销售的进口产品。也就是说，如果一种货物可以在一个成员国国内合法地销售，那么该货物也应该可以出口到其他成员国，并且可以在他国合法地销售，尽管它们并不符合东道国技术或数量标准，除非存在诸如保护健康、消费者或环境的公共利益等情况。

可见，欧洲法院是在区域一体化利益、成员国利益以及公共利益之间经过充分考量，确立了"相互承认规则"。在随后的案件中，欧洲法院继续适用上述两份判决所确认的这一规则。而那时作为裁判规则的"相互承认规则"，在后来通过的《单一欧洲法案》中才获得了正式制度的认可。

欧洲法院依据《欧洲共同体条约》所涉区域一体化利益的价值标准进行"合法性检验"，提出了不同成员国之间应当互相提供彼此行动的稳定预期，使其在履行共同体的法律义务而放开市场时，能够确保自身不会由于其他成员国利益集团的"搭便车"行为而受到损害，除非可以从公共利益中找到恰当理由。正是经过这种"合法性检验"，欧洲法院将经过权衡的不同利益凝固于框架性的法律制度之中，通过裁判规则所蕴含的一种独特的制度利益展现出来，历史性确立了对今后正式制度构建产生重大意义的"相互承认规则"。从哈特的角度看，该规则就是一种让法律连续产生效力的接受规则。

三、法律的超我与矛盾纠纷源头治理

当前中国特色社会主义进入新时代，整个社会的主要矛盾发生转化。人民不仅对物质文化生活提出了更高要求，而且在民主、法治、公平、正义、安全、环境等方面的要求日益增长，使得社会治理面临的问题呈现出跨界性、关联性、复杂性强的特征。

当下中国矛盾纠纷的"高发区"覆盖证券期货、金融保险、劳动争议、道路交通、涉侨、涉企、价格争议、商事、知识产权、侵权等，涉及发改委、工会、侨联、银保监、央行、知产、公安、经信委等部门协同，也包括了进乡村、进社区、进网格等基层治理问题；在路径上既要在劳动争议、医疗纠纷、道路交通、金融借贷、消费者权益保护等领域建立一体化纠纷解决机制，打通仲裁、鉴定、调解、诉讼等流程，实现一站式矛盾纠纷源头治理（下称"矛源治理"），又要针对金融、教育、房产、环境、互联网、快递物流等领域的矛盾纠纷进行数据分析和研判，找准纠纷产生、演变的规律和深层原因，会同相关部门从源头、传导、转化等关键环节进行防范和治理。这些使矛源治理变得复杂，多主体、多领域、多路径之间更多体现的是博弈过程中的功能纳什平衡。纳什平衡强调，在一个博弈中不管对方策略如何，当事人会选择一个支配性策略。当任意一位参与者在其他所有参与者策略确定情况下，其选择的支配性策略最优，诉源治理就是中国法院推动改革的重要举措。

■ 诉源治理关键词

一站、集约、集成、在线、融合，已成为法院全面提升一站式多元解纷和诉讼服务效能的关键词。[①] 它为法院以其职能高质量推动诉源治理提供了新的兴奋点。

一站，是指全领域诉讼服务中心"一站"功能。持续强化一站式多元解纷和诉讼服务体系建设，突出系统性、整体性、协同性，通过强化

---

① 参见周强：《全面推进一站式多元解纷和诉讼服务体系建设 加快构建中国特色纠纷解决和诉讼服务模式》，载《人民法院报》2020年9月5日第1版。

物理结合催生化学反应，增强改革总体效应。在此基础上，在诉讼服务中心设立专门调解速裁区，集成诉讼辅导、自助评估、多元调解、速裁快审、法律援助等功能，建立类型化调解工作室或综合调解室，形成特色调解品牌。然后，就是不断深化分调裁审机制改革，加强调裁对接、繁简分流，促进速裁快审团队与调解员紧密对接，强化统筹指导，能调则调、当判则判、调判结合，实现少数法官快速办理大量简单案件。

集约，是指全方位加强多元解纷在线"集约"功能。涉及主体多元性，关键是加强与总工会、妇联、工商联、公安、民政、司法行政、人社、三行一会等对接。在方式多元方面，主要是对外打通在线链接仲裁、公证和各类调解平台，对内打通调解平台、法庭信息平台、审判流程管理平台和各类诉讼服务平台。在途径多元方面，诉前、诉中、执行、信访各环节全覆盖，提供全流程、全业务、全时空网上解纷服务。在类型多元方面，持续拓展道路交通、金融商事、劳动争议、网络交易等领域。

集成，是指充分发挥诉讼制度改革系统"集成"功能。重点是将一站式建设与诉讼制度改革统筹起来，加强多元解纷与繁简分流机制的有效衔接，完善协同推进机制，强化整体思维，加强系统集成，充分激发多元解纷效能。同时，深化民事诉讼程序繁简分流改革，优化司法确认程序，用好用足小额诉讼程序、简易程序，全面推进要素式审判和示范裁判，促进速裁快审案件诉讼程序简捷化，实现案件繁简分流、轻重分离、快慢分道。此外，积极稳妥推进刑事、行政、执行案件繁简分流改革，充分发挥一站式解纷最大效应，跑出法院化解矛盾、定纷止争"加速度"。

在线，是指加快构建全流程一体化解纷平台"在线"功能。将线下服务项目全部集成到线上，做到群众线下能解决的诉求线上都能解决，努力实现法院提供诉讼服务全天候"不打烊"，群众办理诉讼服务全流程"零跑腿"。围绕这一目标，全面提升审判辅助事务系统集约水平，全面应用法院送达平台集约送达，提高电子送达适用率，加快推进邮寄送达全程在线办理，推广保全平台和委托鉴定系统应用，深化电子卷宗随案同步生成应用。同时，加快推进跨域立案诉讼服务全覆盖，在材料收转、委托送达、视频调解、网上开庭等建立协作机制，实现诉讼事项跨区域远程办理、跨层级联动办理。

融合，是指切实增强智慧诉源治理平台"融合"功能。打通多元化解"断头路"，以健全完善有机衔接、协调联动、高效便捷的多元化解矛盾纠纷机制为目标，对调解、仲裁、公证、行政裁决、行政复议等各类非诉讼化解手段，重点对人民调解与行政调解衔接、警调对接、行政争议多元调解、诉调对接以及检调对接等做实做细，进一步推动多种矛盾纠纷化解方式之间有效衔接、协调联动，形成工作合力，提高化解效率。

为此，党的十九届四中全会审议通过《中共中央关于坚持和完善中国特色社会主义制度、推进国家治理体系和治理能力现代化若干重大问题的决定》，强调"必须加强和创新社会治理"，要求"完善社会矛盾纠纷多元预防调处化解综合机制，努力将矛盾化解在基层"。党的十九届五中全会通过的《中共中央关于制定国民经济和社会发展第十四个五年规划和二〇三五年远景目标的建议》，对"构建源头防控、排查梳理、纠纷化解、应急处置的社会矛盾纠纷综合治理机制"作出重大部署，以加快推进矛盾纠纷源头治理，防范化解各类风险。

以金融领域的多发易发小额普惠金融纠纷为例，国家鼓励支持中小微企业融资，包括鼓励金融机构依托金融科技建立线上可强制执行公证机制，加快债务纠纷解决速度，以及依托全国信用信息共享平台对失信债务人开展联合惩戒，严厉打击恶意逃废债务行为，维护金融机构合法权益。其中，依托金融科技建立线上可强制执行公证机制，即所谓"赋强公证"，指的是赋予债权文书具有强制执行效力的公证。此外，最高人民法院、司法部、银保监会实际上也通过各项文件，确认了它的效力和种类。作为新的矛盾纠纷源头治理的一种新方式，它把传统方式办理的赋强公证过程加以数据化固定、存储和场景应用，以区块链技术实现大数据在贷款端以及金融、公证和司法机构之间的分布式、差别化存放，通过结构化的图谱式大数据获取和处理，构建技术整体系统和子系统的架构，以及结合法院智能执行系统，完成链上数据技术的法律论证，以区块链等新技术赋能的"法律超我"模式，一体化解决了金融机构在线贷的难点痛点。

■ "赋强通"与矛源治理的数字化转型

赋强公证区块链就是运用大数据、云计算、人工智能技术，构建了一个智能的债权文书执行系统，针对性解决了普惠金融的催收成本高、效率差、周期长等痛点问题。

以区块链等技术实现法律超我的创新主要表现为：让金融机构与公证机构建立区块链的数据分布式存储与互信体系，借助于在线赋强公证的方式，获得具有执行效力的法律文书，推动在线贷前、贷后的全流程管理。它在贷款申请环节实现了对客户的警示和堵截潜在欺诈客户风险；在贷后催收环节由公证机构进行核实催告，减少了金融机构相关部门的催收工作量，同时在催收监管趋严的当下，解决传统催收方式催收成本高、效率低、周期长、催收手段不合规等问题。一旦发生不良贷，凭借线上出具的电子执行文书，即可直接进入法院强执阶段，大幅提高法院执行效率；法院追缴失败之后，又可及时把失信人纳入失信被执行人名单加以惩戒。其中，金融机构的这种在线贷款借助于赋强公证的切入点，即在于把贷款申请嵌入公证流程，引入公证机构直面借款人进行识别，把赋强公证的流程清晰向客户告知，予以贷前的法律连续后果提示和预警。然后，完成借款协议的双方在线签约，客户每笔用款交易数据在线存证，构建起完整的贷款证据链。基于金融机构的视角，贷前赋强公证的所有获取客户信息全部基于符合公证法定要件的客户授权，且通过加密算法传送和存放；同时，贷款交易数据也是通过密文形式加以传输。借助于这样的方案，区块链上的大数据被客户端、金融机构端实现了安全可靠的分布式存储。正是这一分布式存储的可信性，让金融机构实现了全线上完成贷前流程申请、公证机构的贷后不良对客催告，以及属地化地申请法院强制执行和对接失信被执行人名单。

因此，赋强公证区块链的本质在于解决了电子存证的公正性，借此可以大幅提升线上债权文书执行的质效，为金融机构和客户两端提供"一站式"的债权纠纷解决方案，结果表现为高效保护债权人、债务人的实体和程序权益，在推动普惠金融建设上具有标杆性作用。

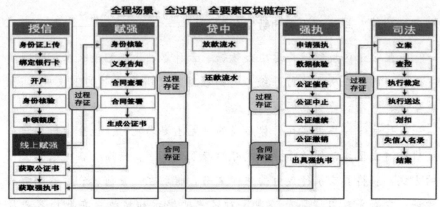

图 3-6　区块链＋金融＋司法：在线赋强公证完整业务形态

第四节　本我与超我之间的自我

一、多元规则与接受规则的关系

作为本我法律的多元规则下的各种权利义务，以及作为超我法律的指向接受规则的正当权利义务，均指向"法律应当是什么"的竞争性法律思维，涉及对于权利义务的价值判断。那么，这种价值判断下的权利义务又如何能够成为法律上的实然权利义务？答案是需要发动某一中枢的调节功能。这个考虑到理性要求和现实可行性的调节中枢，它的关键之处是不仅要借助各种立法技术考察法律上的权利义务条款，而且要借助立法权让多元规则下的权利义务完成了接受规则的正当性考察后，可以转化为法律条文上的权利义务，明确告诉人们"法律是什么"，以让人们遵守。同时，出于法律上的修辞困境、逻辑悖论及论证限度等原因，即便是"法律是什么"的明文法律规定，亦会遭遇潜于海面之下的法律漏洞或法律疑难，亟待补救或解释。可见，法律上的明文规定，以及对于漏洞和疑难问题的补救或解释，共同构成了法律自我的全部。

自我法律以合法性思维为轴线，这时"合法与否"成为考察某一法律之所以成为法律的唯一标杆。从法律的概念这一层面上讲，这里的合法与否标准，并非指是否违反法律规定的义务，而是指立法权的行使是否正确，比如是否合宪和是否符合立法规则等。对此，哈特利用了第四章的三、四两个部分给予充分说明，精辟地指出："也许，我们必须深入到法律或政治体制的后面观察，它们提示人们所有的法律权力都是有限的，任何人都不可能处于属于主权者的不受法律限制的地位。"① 除了作为主权者行使立法权需要防止民众造反或道义责难之外，更为重要的是，至高无上的主权者立法还必须严格遵守既定的立法规则和宪法限制，这是哈特意义上对立法权进行法律限制的深刻涵义。必须承认，这是产生"自我法律"的关键一环。

■ 南非种族隔离制度的兴衰

南非的种族隔离制度最早可溯源至1913年颁布的《土著土地法》，该法规定了非洲黑人只能在约占南非领土10%的区域内定居。1948年，作为执政党的南非国民党对非洲工人在罢工中表现出来的团结和纪律异常震惊，开始鼓吹"白人至上"，出台了一系列种族隔离法律，尤其是将黑人按族群分成不同的班图斯坦自治区，由政府控制自治区内的立法会议和自治政府，南非黑人被取消南非国籍，每一个黑人都被分配在一个班图斯坦中。这一"黑人家园"的班图斯坦制度的推行，深刻影响了南非黑人在经济、社会和教育上的机会。于是，在黑人领袖曼德拉和坦博的领导下，南非黑人开始以非洲人国民大会名义反抗，期望改变国家和种族隔离制度。在曼德拉被捕之后，在几乎全世界参与进来的巨大压

---

① 〔英〕哈特：《法律的概念》，张文显等译，中国大百科全书出版社1996年版，第68页。

力下，南非在 1992 年起草了新《宪法》，协调祖鲁人、非国大和白种人之间的利益。曼德拉本人也因此获得诺贝尔和平奖，并在 1994 年出任南非首任黑人总统，南非的种族隔离制度自此结束。

二、洛克勒立宪及立法审查案

1895 年，纽约州两院同时通过立法表示："不得要求、允许或强迫任何烘烤房的雇员一星期工作超过 60 小时，或者一天内工作超过 10 小时，除非是为了减少周末的工作时间。"该法案针对雇员在雇主的面包房中的工作时间，目的是对雇主和雇员间的合同关系作出必要调整。虽然美国《宪法》第十四修正案确定了缔结买卖合同的权利是个人自由的一部分，但联邦各州的主权中存在一种"治安权力"，可以把个人财产权和自由权的行使限制在合理范围内。因此，各州有权阻止个人缔结一定类型的合同。显然，作为所在州主权者代表的参众两院，在州的范围内享有至高无上的立法权。

但即便是这样一个主权者立法，也必须考量所设定的那种治安权力，是否构成对宪法意义上个人权利的武断干扰。结合上述法案，就是纽约州两院通过立法规定，禁止烘烤房的雇员劳动或缔结劳动合同超过州法规定的时间，是否妨碍了从事该行业的雇员可以自由选择劳动时间的权利？如果不澄清这一问题，治安权力必然将会成为一个以州最高主权的名义逃避联邦宪法限制的幌子。围绕这一问题的精彩辩论，见之于 1905 年洛克勒一案。

Famous Leading case

洛克勒一案的宪法限制和立法规则　依据上面纽约州的限制烘烤业的劳动时间法案，洛克勒被指控雇佣面包师一周内工作超过 60 小时。鉴于该案的典范意义，诸位法官展开了针对纽约州法案的司法审查辩论。

审判过程

（一）是否合宪的辩论

派克汉姆法官认为，两院立法以保护公众健康为由实施治安权力，规定烘烤行业的劳动时间，干涉个人的自由及缔约的权利，已经超越它应有的边界。具体理由包括：

1. 烘烤行业并非卫生问题的高危行业，没有通过限制劳动时间提供特殊保护的必要。从烘烤业本身看，无论如何都不能认为它对公众健康不利，以至于立法应对该行业中无论是雇主还是雇员的劳动权利和自身的自由缔约权进行规制。如果考察所有行业的相关数据，应当说烘烤业虽然可能不比一些其他行为卫生，但也可能远远卫生于其他行业。可以说，几乎所有的行业都或多或少对健康有影响。要使立法干涉个人自由，不能仅仅证明该行业可能存在少量的不健康成分，否则，很多行业都将逃避不了这种治安权力的普遍干预。

2. 法案已提供其他的卫生保护措施，限制劳动时间不是健康保护不可或缺的条件。根据该法案其他章节的规定，在调整面包师的行为方面，州政府已经做了所有该做的，尤其是规定烘烤地点的检查，包括配备适当的与烘烤房隔离的盥洗室和水箱、适宜的排水装置、水管装置及油漆等。所有这些规定，都已经尽可能地为烘烤的进行提供了最大程度的卫生和健康保证。显然，此时如果没有理由证明，若不对工作时间加以限制，公众健康将会遭受巨大损害，那么就逃脱不了以行使治安权力为由干涉个人权利的指责。

3. 对烘烤业劳动时间进行限制，并不必然与面包产品卫生程度的提高形成显著关联。限制面包师的劳动时间，是否就必然会提高工人的干净程度，亦即工人的劳动时间愈短，干净程度愈高，他的产品就愈干净？事实上，不可能发现面包师在烘烤房的工作小时与他制作的面包的卫生程度的相关。即便存在关联，如此薄弱的观点也无法成为上述争议的依据。比如，某人可以工作 10 小时，但即便他工作 10 个半小时或 11 个小时，也并不能由此就推论认为他的健康将受到损害，进而认为他做的面包也是不卫生的。

不过，哈兰、怀特和戴法官持反对意见。他们认为，州法案规定限制烘烤行业劳动时间的治安权力，从本质上与该法案所宣称的保护公众健康、社会道德或安全并不存在实际的关联。所以，尚难以将该法案毫无疑问地归入显然违反美国宪法之列，该法案所规定的治安权力有其合理性。

援引赫特教授的专家论述：面包师的工作是我们所能想象的最艰难、最繁重的工作，因为必须在有害于健康的条件下进行。比如，他们不仅要长时间在过热的车间内付出体力，而且往往因为公众的多元需求而不得不熬夜作业；不仅会因长时间吸入面粉造成肺炎和支气管炎，而且常会被刺激得眼睛流泪；不仅会因长时间劳累而患上风湿、抽筋和腿肿胀，而且会为降暑而贪图冷饮料，导致许多器官上的疾病发生等。统计表明，面包师的平均寿命较其他工人低，很少有活到50岁以上的，大多数死于40—50岁之间。显然，如果在烘烤房内周而复始地每天固定工作10个小时，将逐渐使面包师在体力和精神上丧失为州政府服务的能力，以及支撑家庭的能力。

无论何方占据上风，显然的是，具有司法审查权的美国法院衡量案件所涉及的法律合宪与否，都是从自我法律的合法性思维出发，来考察立法权的合法与否。

（二）是否符合立法规则的辩论

为了佐证纽约州的限制烘烤行业劳动时间的治安权力规定不合宪，派克汉姆法官对于美国《宪法》第十四修正案中的"自由"一词作出了自己的解释。

他认为，《宪法》第十四修正案中的"自由"不仅意味着公民免受人身限制，如监禁的权利，更意味着公民可以自由地享受各种便利条件：以合法的方法利用各种条件；根据自身的意愿生活和工作，参加任何合法行业以谋生；从事任何职业或爱好；以及签订为成功实现上述各种目的而必需的各种适宜的合同。据此，烘烤行业雇员和雇主之间签订劳动合同是个人自由的一部分，处于美国《宪法》第十四修正案保护之下。洛克勒一案的法官采纳了这种"自由"的定义。

> 然而，该定义遭到了学术界的猛烈抨击。比如，沃伦认为，"未经法律正当程序的生命、自由或财产"一词来源于英国普通法；无可争议，在普通法下"自由"仅仅意味着"人的自由"，或者说"人免受肉体限制的权利"，显然宪法中"自由"的含义不能超越其在普通法上的意义。因此，洛克勒一案的司法审查论证所涉及的上述纽约州法案，似乎还应围绕该法案的立法正当程序，即规定最长工作时间的法案得以实施的立法规则，来加以分析。①

---

① 参见〔美〕保罗·布莱斯特等编著：《宪法决策的过程：案例与材料》（第四版·上册），张千帆等译，中国政法大学出版社 2002 年版。

第四章

目标设定：普遍正义/特殊正义

> "统治"仅意味着一般性规则的实施，亦即不考虑特定的情形且须平等适用于所有人的一般性规则的实施。因为这类规则适用多数案件并不要求人们根据自己意志裁决；甚至当法院就一般性规则如何被适用于某一特定案件问题作出决定时，也是由人们所公认的整个规则体系的意义来决定，而不是由法院意志决定的。
>
> ——〔英〕哈耶克

阅读材料

Classic：《法律的概念》第一、二、三、四章

Leading cases：

- 反抗家庭暴力故意杀人案
- 周国平诉华鹏公司拒发工龄补偿金劳动争议案
- 尹建文等诉友好公司出租车承包经营案

Leading papers：

- 陆学艺主编：《当代中国社会阶层研究报告》，社会科学文献出版社 2002 年版。
- 杨力：《司法特殊正义及其运作机制研究》，载《新华文摘》2009 年第 1 期。
- 〔英〕大卫·米勒、〔美〕迈克尔·沃尔泽等：《多元主义、正义和平等》，高建明译，江西人民出版社 2018 年版。
- Mattew N. Smith, The Law as a Social Practice: Are Shared Activities at the Foundations of Law?, *Legal Theory*, Vol. 12, No. 3, 2006.
- Leslie Green, General Jurisprudence: A 25th Anniversity Essay, *Oxford Journal of Legal Studies*, Vol. 25, No. 4, 2005.
- Jules L. Coleman, Rules and Social Facts, *Harvard Journal of Law and Public Policy*, Vol. 14, No. 3, 1991.

第一节　什么是法律上的正义

一、普遍正义优先的理由

马克思主义平等观指的是，马克思和恩格斯创立的唯物史观第一次把平等观置于科学的基础之上。他们强调了平等和权利都是具有历史性的。在《哥达纲领批判》中，马克思指出："消费资料的任何一种分配，都不过是生产条件本身分配的结果；而生产条件的分配，则表现生产方式本身的性质。"① 也就是说，平等与否不是由道德和法律决定的，而是生产决定分配。这一论断，从本质上精辟阐释了法律上的平等正义理念及其被决定的根本因素。

在法学著作的进阶阅读上，前述精读了《法律的概念》第二、三、四章之后指向本我、超我和自我法律的分析，目的在于借助以权利义务为主线的法律思维，描述作为法律概念的内容表达方式，让人获得初步的知识背景，了解法律指令理论对解释"法律是什么"和"法律应当是什么"两大核心问题的乏力。在此基础上，本章目的在于研习普遍正义与特殊正义的法律思维，剖析作为法律概念的正义目标理念，通过转化上述两个核心问题，进一步澄清法律指令理论的价值困境。

无论是从自我法律去解答"法律是什么"的问题，还是从超我和本我法律去探究"法律应当是什么"的问题，均旨在作出这样的启示，即把法律等同于主权者的强制命令或指令。但是，这种说法未能全面准确地反映法律的特征。因为这一模式片面认为遵守法律是为了避免遭受惩罚或灾祸，忽视了法律的根本目的在于试图获得整个社会的长久持续认同，还要具有被社会广泛接受的正义品质，同时这种追求的正义还应符合宪法和立法规则。沿着这一思路，上述两个问题就转化为法律上应当遵循什么样的"正义"。

---

① 《马克思恩格斯选集》（第三卷），人民出版社2012年版，第365页。

通常认为，法治而非人治的衡量标准起码必须符合两个条件：一是立法者并不知道他所制定的法律将适用于什么特定的案件；同时，法官除了根据现行法律与案件事实作出裁判，别无其他选择。二是这种法律应当是能够平等适用于每个人的一般性规则。显然，现代法治的这两个条件都是要求法律一般不考虑特定案件的状况，而是要求同样情况能被同样对待，类似案件能被类似处理，以形成普遍正义。可以说，法律上的正义最突出的一个品质，就是寻求这种普遍正义优先。否则，将丧失法律之所以被称为法律的起码底线。换言之，法律公正与否的标尺就是考察把普遍正义的标准一视同仁地适用于按其内容应当适用的一切场合。

那么，法律能够形成普遍正义的理由是什么？既然法律不是简单指令，就不能让人们只是为避免违反法律可能面临不利，被动地服从法律，而是出于自愿主动接受法律。法治秩序的本质除了类似命令或指令等强制因素，更多强调的是社会主体之间的相互调适，以及对于那些直接作用于他们事件的良性回应，特别是能够从法律立场来看待本人和他人行为，形成法治秩序的可预见性。实际上，这一法治秩序的本质决定了能从内在立场让人服膺接受的法律，在绝大多数情况下不是像强制命令或指令那样被主观琢磨出来的，而是通过穿梭往返于规则与事件之间的互动过程渐进发展起来的。正是这种社会自生力量对秩序的内在建构，为立法者将自生秩序转为法律秩序创造了条件，进而也为普遍正义的产生提供了可靠的现实来源。因为接受这样的法律，人们不是单纯出于强制不得不同样情况同样对待，而是从整体上出于对法律的认可，哪怕是遇到法律疑难或漏洞，也仍期待同样情况同样对待，以寻求行为的可预见性。

■ 美国高校以平权为由对亚裔入学的逆向歧视

美国哈佛大学的学生公平入学组织向波士顿联邦法院提交的一份报告显示，哈佛大学给亚裔申请人在"积极性格"方面的评分，比如"受欢迎程度、勇敢、和善"和"受到广泛尊重"等，一直低于其他种族的申请人。而基于这份报告的分析显示，如果仅作学术考量，亚裔美国学生在标准化测试分数、学校成绩以及课外活动等入学标准上的得分足以占据哈佛大学43%。调查同时指出，在同样成绩的条件下，假如亚裔申请者录取比率为25%，则白人申请者的录取比率会升至36%，若为拉丁裔及非洲裔，比率则分别升至75%及95%。

对此，哈佛大学表示，他们在过去的40年里，录取的程序与联邦最高法院的法律规定始终保持一致。联邦最高法院曾经作出裁决，认为学校可以在招生时使用平权法案，允许大学将种族作为录取的一个因素，以此确保高校学生种族的多样性。基于此，在美国前总统奥巴马执政期间，司法部分别于2011年和2016年两度联合发布文件，建议学校在招生时考虑种族因素，目的是促进校园文化多样性，避免发生种族隔离。司法部的民权部门负责人对此解释认为，奥巴马的方针并没有改变法律，只是为学校在寻求合法使用平权法案上提供了指导。可能也正是因为亚裔孩子成绩好，才导致了逆向歧视，才使得他们中一些人在争取录取率上为其他种族孩子让路。多样性很重要，但这种基于种族逆向歧视的多元化正确吗？

为什么不能以实质性平等进行歧视性强制？这是因为，任何人都不具备确知其他人潜力的能力，不应相信任何人可以确定无疑地具备这样一种能力；同时，任何人获得做某些可能有价值之事的新的能力，应当被视为是从其所在社会获得的收益。所以，普遍正义的形成必然不是立法者在立法前主观琢磨出来的，而是根据马克思所说的那样，是被物质生活条件所决定的，是秩序自生自发的结果，法律只是提供了普遍正义的确认条件。出于这个理由，国家虽说出于其他理由而必须在某些场合使用强制，而且在实施强制的场合里，国家应当平等地对待人民，但是普遍正义的要求绝不允许把那种力图使人们的状况更加平等化的欲望，视为国家采取歧视性强制的依据。比如，我们不反对法律上的平等，但有时也会遇到这样的情况，即对于平等的要求，乃是大多数试图把预先设计好的分配模式强加给社会的人士所宣称的动机。这里反对的是一切将那种经由主观思考而选定的分配模式强加给社会的企图，而不论它是

一项平等措施还是不平等措施。就像在财产继承制度中，如果一种规定比另一种规定对平等更具裨益，那么这就可能是人们更倾向于采取前者规定的更强理由。不过，如果为了实质性平等而放弃以法律适用平等来限制一切强制的原则，则又是一个完全不同的问题。①

二、特殊正义优先的理由

一般意义上，法律上的正义实现需要的是普遍正义优先。不过，问题也随之而来，既然法律是通过穿梭于规则与事件之间的互动过程渐进发展起来的，就难以避免遭遇到形形色色的个案中的特殊正义问题。从哲学的角度看，没有任何两个个案的事实是完全相同的，就像两只脚不能同时踏进同一条河流里。其实，每一个案件的事实都有它特殊的地方。诚然，当个案实现的特殊正义与普遍正义基本一致时，两者会被兼顾到。可是，当个案的特殊正义与普遍正义不能一致甚至有所抵触时，根据普遍正义优先的法律思维，牺牲个案的特殊正义而维护普遍正义，就应当成为决定取舍的基本原则。但问题在于，这一基本原则又不是绝对的，因为一旦把代表普遍正义的一般性规则适用于带有特殊性的个案，现实生活里就难免出现圆凿方枘的情况。

于是，给出实现特殊正义的理由就成为一个棘手问题。如果说普遍正义是基于制度的语境，目的在于形成让人信服的一般性规则，那么特殊正义就是基于现实的语境，就事论事地具体问题具体分析，把何为正义的问题限定在特定的具体利害相关者之间予以考量，不是单纯地就特殊性考虑特殊性，而是从普遍正义的高度来考虑特殊性。显然，从本质上讲，普遍正义是为所有人提供相同的正义，依此分配正义，看上去是平等、统一的，而且也可能不是没有照顾特殊正义。但是，只有普遍正义是不够的，普遍正义最多只能算是基本、初步的，有时甚至是简陋的正义。法律思维中无论是立法思维还是司法思维，普遍正义都无力承担起那种万能钥匙的功能，它只是解决了作为底线的同样情况同样对待的

---

① 参见〔英〕弗里德利希·冯·哈耶克：《自由秩序原理》，邓正来译，生活·读书·新知三联书店1997年版，第104—112页。

均码正义问题,而没有在个案的特殊正义需求上给予适度的关照。当然,普遍正义和特殊正义的标准在基本方向上是有所不同的,有利于实现个人之善的不一定有利于制度之善的实现,所以,普遍正义还会在某些场合限制特殊正义的伸张,否则作为法律底线的普遍正义就会难以维系。

所以,从整体意义上来看,法律思维仍然应是强调普遍正义优先,即使需要牺牲个案的特殊正义来保全普遍正义,这种正义之善的减损也是立法者预料之中的事情,因为这属于制度理性计划内必须付出的"成本"。不过,如果对于个案的特殊正义牺牲已经明显超出立法者预计的范围,特别是突破了制度理性的整合性所能够允许的善的底线,那么实现个案的特殊正义的正当性就值得认真考虑。

三、反抗家庭暴力故意杀人案

Famous Leading case

反抗家暴故意杀死施虐丈夫被判缓刑 被告人与被害人系夫妻,婚后育有一女。婚后 6 年时间里,身为丈夫的被害人好逸恶劳且经常酗酒,完全依赖被告人打工维持全家生计。长期以来,丈夫酗酒后经常打骂妻子。妻子无法忍受,多次提出离婚均遭拒绝,甚至被威胁报复其家人。某日,丈夫酒后到妻子打工场所无端责骂,并当场施以暴力,甚至将汽油淋遍妻子全身,准备点火。妻子不得已趁隙报警,警方到场调处后方暂息事端。事后,包括丈夫父母、亲友在内的多方规劝丈夫,仍未能奏效,于是妻子黯然携女儿返回老家。可是不久丈夫酒后回到老家,无故挑衅并责骂妻子不应报警,并再次当场对妻子反复施暴,甚至扬言要烧掉房屋,并将妻子从楼上扔下,施虐完毕后便熟睡在床。妻子坐于床边,想及无数过往被施虐惨状及多次离婚不能,不由悲从心起,绝望之下当场勒死丈夫,随后立即自首。

审判结果 该案一审法院以故意杀人罪定罪,同时念及自首及反暴原因,判处被告人有期徒刑 12 年。被告人不服,提起上诉。二审

> 法院基于被害人父母主动提出对被告人从轻处罚，并考虑到子女抚养等社会问题，改判被告人有期徒刑3年、缓刑4年。[1]

此案的一审判决从"普遍正义"的角度量刑12年，可以说已充分考虑本案特殊性。一方面，任何公民的生命都受到法律保护，非经法院严格依照法定程序作出死刑判决，不得被剥夺，即法律不允许任何人以任何理由私自处死他人。具体到本案，被告人不堪忍受被长期施暴而"以暴制暴"剥夺他人生命，已构成故意杀人罪，应当受刑罚处罚。另一方面，《中华人民共和国刑法》（以下简称《刑法》）第232条关于故意杀人罪规定的"情节较轻"，包括了因受被害人长期迫害而杀人的情形。从本案起因上看，一审法院已经考虑到被害人有重大过错，被告人的主观恶性相对较轻，且能够主动自首。所以，一审法院从轻判处12年有期徒刑，并无不当。

然而，如果我们继续考察本案的具体语境，深入分析本案的极为特殊之处，从轻量刑的幅度问题仍然值得推敲。

（1）除了一般家庭暴力案件受害人以暴制暴的行为具有被迫性之外，本案被告人曾经尝试民事离婚（《中华人民共和国婚姻法》）、行政治安报警（《中华人民共和国治安管理处罚法》）、刑事追责（《刑法》）三种途径，但都得不到有效解决，以暴制暴的方式似乎成为唯一选择。事实上，《中华人民共和国婚姻法》[2]规定，作为离婚理由之一的家庭暴力，须由原告充分举证证明，这导致了受虐方举证往往异常艰难；同时，警察又通常认为干预家庭暴力非自身职责所在，经常姑息怠于介入处理，相应地，家庭暴力产生的轻伤害案件，也往往很难得到警察的及时立案处理。本案中，被害人以妻子家人生命安全相威胁，强行拒绝离婚，甚至以更大程度的暴力威逼妻子放弃治安及刑事追究，致使事态日趋严重，即使妻子远走他乡，仍无法幸免。显然，此时继续一味要求妻

---

[1] 案例来源：长沙市中级人民法院（2006）长中刑一初字0135号，湖南省高级人民法院（2007）湘高法刑终字43号。

[2] 本案发生时《中华人民共和国婚姻法》仍有效，但现已失效。

子寻求法律手段以摆脱暴力，实现的可能性较小。一旦妻子无法继续忍耐下去，留给她的唯一选择，似乎只有以暴制暴。

（2）被告人选择趁被害人不备而将其杀死，是出于被害人与被告人之间的体力悬殊，应属无奈而非刻意预谋，情有可原。本案中的被告人作为女性，与作为丈夫的被害人之间体力悬殊，且被害人生性又极端残忍，因此，被告人反对家庭暴力，根本无法通过正常的对抗展开，只能选择趁被害人不备或熟睡时为之。这种反抗模式，在北美被称为"家庭暴力受害人的正当防卫"。显然，本案中要求作为家庭暴力受害人的妻子必须等待下一次受害时才能反抗，无异于判处她慢慢地被家庭暴力折磨而死。所以，本案被告人趁被害人不备而将其杀死，不能与普通的预谋杀人等同。

（3）许多国家将以暴制暴杀死施暴人的情形，视为正当防卫或类似正当防卫的行为。本案中的被告人长期经受被害人极端恐怖的威胁恐吓以及周期性施暴，显然已处于"习得性无助"的心理状态；后来发展到主动远离被害人，却仍被追打上门继续施暴，足以认定极可能出现被告人因受虐而被打残或伤害致死的情况。设身处地站在女性角度，根据案发当时的特殊情境及以往的受虐经历，进一步从轻或减轻处罚具有相当的合理性。

根据上述理由，再结合本案的一些特殊情况，比如被告人的反抗暴力行为只是指向施暴的被害人，即人身危险性仅仅是针对施暴的被害人，一旦施暴力消失，被告人再次实施犯罪的可能性微乎其微，且被害人的父母已经对于被告人给予谅解。同时，考虑到今后子女的教育抚养等社会问题，上诉法院从实现个案的特殊正义考虑而进一步减轻量刑，改判被告人缓刑，具备更高程度的正当性。

第二节 普遍正义的优先实现

一、法律连续性与普遍正义

从理论上讲，普遍正义优先的法律思维，就是哈特在《法律的概念》第四章起始提及的"法律的连续性"。同等情况同等对待,从本质上喻示着对于连续性的法律权威服从,而不仅是简单服从以威胁为后盾的命令或指令。这里,哈特假设了一个绝对君主统治下的简单国家,这个国家经历一次又一次的造反与镇压后,国君一世取得了该社会中绝大多数臣民的普遍服从,哪怕臣民们对这样做的正确性没有任何想法,可是该社会就是这样形成了某种统一性,即所有的成员服从国君一世。很显然,这里的臣民是通过服从君主的命令或指令而习惯性地服从国君一世,如果国君一世死去,其继任者不能继续取得臣民们的习惯性服从。因为在理论上,习惯性服从的概念不能解释每逢一个立法者继承另一个立法者时,所能观察到的那种连续性。换句话说,习惯性服从的关系只限于每个臣民与君主之间。于是,法律便成为必需品,这为继任者的继位赋予了合法性,并为其继承前任的立法权提供了依据。

可见,法律比其制定者和习惯于服从的那些人具有更持续的生命力,这就好比前文提到的哈特所举的 1735 年英国《巫术法》的例子,它历经数百年后,在 1944 年所发生的一起案件中,仍然被作为起诉的依据。所以,同等情况同等对待的法律连续性之所以成为可能,不是强制命令或指令使然,也不是习惯性的服从使然,而是人们在不断实践的经验中寻找到了正当性的表达,它能让人们认为接受这种普遍正义是理所当然的,于是将之通过立法上升为具有持久效力的法律,以保证这种普遍正义的连续实现。其实,哈特在第四章"主权者学说"中提及为后面推出承认规则作出铺垫的接受规则,目的正是在于让人们相信法律是作为理所当然的存在,这样通过恪守法律而实现同等情况同等对待就具有了正当性,除非存在极为特殊的理由。

那么,普遍正义优先的法律思维究竟如何实现呢?从方法上讲,法律上的正义一般是通过演绎推理实现的。假设演绎推理的过程严格遵循逻辑,那么法律产生普遍约束力的关键,就在于法律本身的一致性。换言之,法律的制定本身,是对于强制命令或指令的恣意妄为及不良后果加以审慎反思的结果,它的目的就在于为确认权利义务和进行谴责活动设定相应的理性规则。简单地说,法律上的正义,只要依赖于根据这种本身含有正义元素的法律规则所提供的具体含义,严格运用演绎性的证明方式，就能加以实现。

然而，问题在于，作为演绎前提的法律规则的含义，并非如此简单就能确定。现实情况是人们往往需要超越直观的理性规则所能给予指导的范围加以考量，有时甚至会让问题变得十分复杂。于是，法律思维要求对于法律规则的援引要恪守这样一条基本原则：通常情况下应当坚持法律规则"显而易见"的惯常含义。比如，根据日常语言文字的含义来确定法律规则的含义；把握法律专业术语的特定含义；根据语境确定字面的含义；根据个别事项与一般性用语的连用，确定包括在同一种类中的所有词语；以同一类别中法律另有提及者作为基准；等等。可以说，一般情况下恪守法律规则"显而易见"的惯常含义，乃是保证法律本身的一致性的基础，也是实现普遍正义要求同样情况同样对待的前设条件。下面将从成文法和判例法两条路径深入分述之。

二、成文法：普遍正义的实现

从成文法角度来看，遵循普遍正义优先的思维，人们不会也不应当依照那种并不是"显而易见"的惯常含义来适用法律，而是应当顺理成章地尽可能保证同样情况同样对待，除非提出了极为充分的理由。可是，沿着成文法解释的进路，应当如何践行这一普遍正义优先的法律思维呢？归纳起来，主要包括以下两种方法：

1. 应将法律的文义解释列为第一顺位

根据哈特的理解，人们之所以信赖法律，是因为人们认为它是经过一个有权使规则生效的立法程序产生的，并且参与这一程序的人享有该职权。成文法的法律规则必然承载着立法者的目的，因此，那些被表述为法律规则的文字，应当对人们的思维产生直接影响。设想如果没有基本的法律字面文义的约束，有关法治的命题甚至都难以成立。所以，法律的文义解释便成为必要。

遵循普遍正义的法律思维，寻求法律用语"显而易见"的惯常含义，必然需要将文义解释作为首要考虑的方法。文义解释，简单地说，就是按照法律的常义解释。与其称它为文义解释，倒不如称它为直译，它是把法律文本的意义转由解释者加以重述。文义解释所想达到的目标是对于法律的坚决服从，而不是法律上的创造。通常而言，除非有排除文义解释的充分理由，否则文义解释应当始终处于第一顺位，即只要法律措辞的语义清晰明白，且这种语义不会产生荒谬结果，就没有理由被拒绝应用。

当然，文义解释除了最为简单的字面解释外，实际上还包括很多其他种类。例如，体系解释，指将被解释的法律条文置于整个法律体系中，联系此法条与其他法条的相互关系解释法律；合宪性解释，指引用宪法的相关规定判定特定解释的合理性；扩张解释，指的是当法律规范的文义失之于狭窄，不足以表示立法真意时，扩张法律条文的文义，以求正确阐释法律意义内容，就像法律上的"杀人"不一定仅指积极作为夺取他人生命，还可扩大到消极不作为侵害他人生命，比如，母亲消极不喂乳致婴儿死亡，也构成杀人；限缩解释，就是当法律规范的文义失之宽泛，不能清楚表示立法真意时，就把法律条文的文义变窄，以求正确阐释法律意义，比如，"任何人犯罪在法律适用上一律平等"，这里的"任何人"就应当作限缩解释，它不包括无行为能力人和相对行为能力人。

接下来，需要考察把文义解释列为第一顺位后，与普遍正义优先的法律思维之间的关系。主张把文义解释列为第一顺位，就是强调法律用语的逻辑绝对性，以及从内心坚信法律用语代表的正义绝对性。据此，即使对于可能略有争论的成文法用语加以解释，也仍然应当坚持法律用语的确定性。

不过，有些学者认为，逻辑是由天生不确定的用语组成的。美国大法官特雷勒就引用过这个令人难以置信又强词夺理的谬论，提出用语实际上都没有清晰明白的含义。因此，即使书面合同是一份表面无歧义、完整、唯一和完全不可分割的合同，法院也必须考虑"外在"的语辞以帮助解释。特雷勒认为用语没有绝对和不变的指示物，那种对于用语确定性的信任，只是"对词语的内在潜能和内在含义的原始信仰残余而已"[①]。

[①] Pacific Gas & Electric Co. v. G. W. Thomas Drayage & Rigging Co., 69 Cal. 2d 33, 69 Cal. Rptr. 561, 442 P. 2d 641 (1968).

然而，必须认识到坚守这一结论必将陷入普遍正义的劫难。为了免受劫难，我们可以证明逻辑是不可或缺，可是无法回避的是，用于构成逻辑表述的用语不应是相对而应是明确的。否则，逻辑、论述、推理和获得真理都是不可能的，成文法律将会因为不确定性而变得毫无意义。相应地，作为普遍正义优先的法律思维的同样情形同样对待，也就会成为一句空话。因此，如果期待成文法解释得出可以理喻的结论，确保普遍正义的法律思维成为可能，就必须把握法律用语如何在逻辑上是绝对而不是相对的。换句话说，必须深刻理解法律用语如何雕刻现实，考察用语的性质，并理解它是如何与所说明的事物建立关联的。

从性质上讲，首先考虑文义解释，就是强调法律的用语在绝大多数场合应是基本与真理同在的共识结果。正是这一共识，使得交流变得简洁，也使得法律呈现出一定程度的清晰。反过来，法治反对随意解释，其实就是强调文义解释的优先性，强调对于法律用语意义的认同，因此解释只不过是将文本转化为法律适用者的工具而已。只有认可法律用语应当作为"显而易见"的共识被理解，才能够保证同样情况下适用的法律不会被随意扩大、限缩或进行其他的任意解释，也就是从客观上阻断了人们跨越文义方法，直接进入目的解释的渠道。唯有如此，才能最大程度地保证同等情况同等对待的普遍正义实现。

■ 法律文义解释的八大优点

① 这种方法体现了立法至上和民主价值；② 法律措辞的通常意义通过语境而得到加强；③ 法院在法律措辞的通常语义时，一般不再需要对最终目的的合理性以及手段的适当性作出自己的立法性判断；④ 法院对通常语义的强调，限制了法官和行政官员以自身对法律应当如何的个人观点取代立法机构观点的余地；⑤ 法院对通常含义的强调，激励立法机关在立法时保持明确和仔细，尽量避免隐晦的措辞；⑥ 对通常语义的尊重，使得立法机关与行政机关达成妥协结论，从而避免与立法史资料之间发生冲突；⑦ 采取法律措辞的通常含义，可以使法院保护信赖此种含义的人们的利益，而不受导致相反解释的立法史或其他

资料的影响;⑧ 法院对法律措辞的通常语义的倚重,有利于激励立法者在起草时认真遣词造句。①

古罗马有一个著名的文义解释案例:某人留下遗嘱,决定死后将全部财产留给他的遗腹子。但是,如果这个孩子在 14 岁时之前死亡的话,则将这些财产送给一个叫柯瑞阿斯的人。事实上,遗腹子根本没有出生。在立嘱人去世 10 个月后,柯瑞阿斯根据市民法规定的遗嘱继承权,向当局提出索要他的财产,当即遭到立嘱人第一顺序法定继承人考波阿斯的反对。最后,考波阿斯获得了诉讼的胜利,因为裁判者直接依据遗嘱用语的字面含义严格解释认为,这个孩子必须出生后在 14 岁以前死亡,否则,柯瑞阿斯获赠遗产的企图是永远不能实现的。

2. 严格限制对于法律的目的解释

既然法律是理性规则,而不是简单的强制性命令或指令,就免不了探究法律作为理性规则的目的性。目的性融入了立法者综合权衡后的价值评判,对于寻找成文法那种"显而易见"的解释十分重要。不过,法律用语有时会发生歧义,哪怕是法律上约定俗成的用语,也仍有可能发生歧义。比如,对于德国法上有关在禁猎区和禁猎期禁止狩猎的条款,针对"狩猎"一词,法条的字面含义很清楚。但是,如果假设某人于禁猎期内自带家禽散布于禁猎区内,只是针对这些自带的家禽从事狩猎活动,则是否违反此条法律规定,就可能引发歧义。当然,面对可能发生的歧义,为了保证所制定的法律在适用时仍然能够实现普遍正义的目标,通常立法者都会采取用语的"显而易见"的惯常含义加以表达,以尽量减少用语可能发生的歧义。但即使选择"显而易见"的惯常含义表达,还是可能出现不同答案都能对法律用语作出合理解释的情况。

造成歧义及出现多种合理解释的原因,除了立法理念有时难以言传外,还有一种可能就是文字本身的含义或目的与理解者所理解的不一

---

① 参见孔祥俊:《法律解释方法与判解研究》,人民法院出版社 2004 年版,第 552—553 页。

致。于是，除了第一顺位的文义解释，目的解释作为补充也是必要的。所谓目的解释，就是根据立法者制定法律时的意图来解释法律用语，其功能在于消除法律用语的不确定含义或对法律空缺进行补充。比如，法律虽无明文规定，但经过对法律目的的权衡，当发生的事实比法律规定的事实更为贴近法律目的时，就应当直接适用该法律规定。比如，根据"举轻以明重，举重以明轻"的目的导向原则：桥梁禁止小轿车通行，大卡车更不待言；公园禁止攀枝摘花，摘果伐干就更应禁止。

显然，目的解释有利于详尽阐述法律的任务，可以防止法律适用者刻意退于规则之后而逃避责任的倾向，不过这些优点又都是以牺牲法律的权威性和意义的固定性为代价的。显然，目的解释因为放松了对法律服从的要求，扩大了自由裁量权，在使得法律解释更具开放性和灵活性的同时，也使得法治时刻处于危险之中。所以，对于法律的目的解释必须严格限制。当裁判者需要在两者之间择其一作出裁判时，为了论证采用这一规则的理由，必须深刻考察有争论的法律用语，了解它是如何在逻辑上成为绝对而不是相对的，特别是必须表明赖以作出裁判的规则，能够得到更为协调一致和权威的原则支持，最大程度地保证作为普遍正义的同样情况同样对待。

■ 法律经常会发生歧义的法理原因

人们对于法律用语的使用主要在两种情况下可能出现歧义：

① 有时将之作为描述性法则，有时将之作为规范性法则。事实上，分别从描述性法则和规范性法则角度使用相同用语，在很多情况下意思会有所差别，因为法律通常不能既是规范的又是描述的。比如，已超过诉讼时效的债权，从描述性意义上存在，但从规范性意义上不再享有胜诉权；住宅楼上高空坠物致人伤害，当无法证明具体的侵害人，又无法完全排除自己侵害的可能时，因为举证责任倒置的法定理由，即使客观上确实没有高空抛物，也仍然要被推定有过错而承担责任；在市场培育初期以极低价格出租部分房屋，不能在市场培育成熟后以相邻房屋租金价格为参照，宣告此前的租金价格显失公平，哪怕从描述性意义上前后

的租金价格确实相差很大也不行。为了保证法律的连续性，以及作为普遍正义的同等情况同等对待，应当遵守的逻辑在于：一方面，那种描述物质世界中永存关系的运行法则千古不易，即自然法则，它不以人类的意志为转移；另一方面，规范社会的法则被称为法律，可这些作用于人与人之间的法律所概括的，不是人类自动行为的方式，而是应该怎样行为。也就是说，法律是规范性的，不是描述性的。描述性法则适用于自动发生的事物，与之相反，规范性法则适用于非自动发生而必须靠法律强制服从的行为，因此，许多场合中两者被看成对立物。①

② 规范性法则必然涉及不同目的解释可能发生的分歧。比如，上文在日本大审院的"狸貉异同"案中提到的"狩猎"一词所发生的歧义，从描述的意义上讲，作为调整人与动物关系的名词，一般不会发生歧义。但从规范的意义上讲，如果该条禁止狩猎的规定保护的是禁猎区的动物在禁猎期内的哺乳权、冬眠权或维持该期间内的野生动物生态链平衡，那么所假设的自带家禽猎杀情形就不应被视为违法；可是如果该禁止性规定所意图规范的是一般的动物权保护，那么自带家禽猎杀也应被视为违法。

三、判例法：普遍正义的实现

现实司法过程中即使坚持同等情况同等对待，仍然会出现案件的疑难问题。除了法律上的疑难或漏洞，各方当事人及其律师对于事实相关性和解释方法等问题的不同立场，也是造成这种现象的重要原因。因为当事人总是试图寻求法律的特殊含义或解读方式的支持，并倾向于认为这样可以更好地说服法院作出有利于自己的判决。此时，法官必须给出解决当事人之间争议的裁判规则。裁判规则的形成从"普遍化"形式的角度上看，既是普遍正义原则的要求，又需要普遍正义原则为它提供证

---

① 参见〔美〕迈克尔·C. 威廉斯：《袋鼠法庭：美国政府理论架构之不公正》，于宗洋译，法律出版社 2007 年版，第 61 页。

明。正是依据法律规则并结合案件事实而产生的裁判规则，为当事人之间争议很大的疑难案件给予同等情况同等对待，提供了必要的判例基础。换言之，普遍正义优先的思维对于判例法的适用同样具有说服力。

作为法律思维的基本内核之一，判例法适用中有关普遍正义优先所要求的同样情况同样对待，不仅包括判决与先例相一致的回顾性要求，而且包括判决时应考虑对未来类似案件影响的前瞻性要求。比如，法官在处理待决案件时，理应慎重对待所担负的责任，起码的责任之一就是遵循与待决案件必要事实相同或相近的先例进行裁判，以保证同样的案例同等对待；同时，须考虑待决案件所采用的理由可能也被将来的同样案件所采用。

可以说，形成裁判规则不断产生判例，应当遵循以普遍正义为主导的法律一致性要求，这是案件裁判基于理性作出的选择。遵循理性不是专断，而是法律的概念区别于强制性命令的根本要素之一。法律一致性要求使哪怕是疑难案件的证明，都必须立足于形成普遍正义的命题，而不是像强制性命令那样只是具有现实情境上的个案意义。因此，裁判者应当对此奉行不悖，从整体意义上践行普遍正义优先的法律思维，保证类似先例作为处理待决案件的依据，同时考量当下案件的处理方式可以应用于今后的类似案件。

接下来讨论的是，判例法对于普遍正义的法律思维是如何体现的？成文法解释与判例法解释的根本不同在于，成文法本身作为法律就具有正当性，这种正当性不再需要明确的原则论辩作为支持，而判例法的裁判规则形成对此具有相当的要求。显然，考察判例法对于同等情况同等对待的法律一致性要求，势必会更加复杂。

1. 遵循正常人的理解

正像成文法的文义解释总是努力找出法律用语中那个"显而易见"的惯常含义，而不能容纳牵强的解释，判例法的适用关键，是让同等先例中的裁判规则能够作为法的渊源，对待决案件产生严格拘束力或事实拘束力，实现同等情况同等对待，除非寻找到极为充分的适合于待决案件的原则或后果上的区分理由。让形成的裁判规则具有普遍服从的拘束力，不仅是法治社会中的立法机构所期待的，也是作为法治社会中的裁判机构所期待的。事实上，判例法解释与成文法解释的过程和理由极其相似，其差别仅仅是裁判者在"原则论辩是否合理""结果论辩是否可接受"这两个问题上所享有的自由裁量程度不同而已。显然，无论是成文法还是判例法的解释，都是基于实现普遍正义的解释路径，与针对个案情境的简单模式下的强制性命令或指令存在根本差别。

因此，对于判例法解释中形成的裁判规则，同成文法一样，"理解它们作为法律规则的含义，意味着我们要揣测一个正常人在陈述这一规则时作何理解。从那一意义上来说，并且是通过那种方式，我们理应遵从立法者的意图以及法律中直白的和字面的含义"[①]。简单地说，判例法解释应遵循正常人的理解。而正常人的理解是通过判例，不用借助于其他，就可以毫不含混得出的结论。它可以是基于对同一类型的判例的目的理解作出的合理推理，也可以是为避免对裁判规则的解释导致某种荒谬后果的反向推理等。正是这种从正常人角度对判例法所形成的裁判规则显而易见的理解，使得在绝大多数情况下能实现同样情形同样对待。

那么，又可以从哪些方面保证判例法解释中的"正常人的理解"的实现呢？可以说，成文法都是基于共识所产生的规则，通常在颁布之后会有立法准备资料或立法背景介绍，所追求的是"完美的正义社会应该是什么样的"，这些都能够大大降低对于成文法的文义解释的难度。相比较而言，判例法的情形显得较为复杂，它是借助于每个案件中的具体情形，考察处于这些具体情形下的人们不同的生活以及受制度影响方式、当事人真实的行为、当事人的社会互动和其他影响现实的因素。

有鉴于此，对于判例法解释中的"正常人的理解"，必然会比成文法的文义解释更加多元和复杂。概括而言，它至少应当满足三个方面：

---

① 〔英〕尼尔·麦考密克：《法律推理与法律理论》，姜峰译，法律出版社2005年版，第204页。

(1) 形式向度。这是判例法解释试图实现普遍正义的基石,即待决案件的裁判应当符合前面类似案例中裁判规则形成的逻辑。这一角度的裁判合法性考察,所依赖的是前面类似案例中的某一裁判规则是否得到遵守,以实现同样情况同样对待。(2) 实质向度。这是判例法解释力图实现普遍正义的内核,其要求判例法解释形成的裁判规则,应该是通常能够共同接受的法律起点,这样才能让待决案件与类似案例之间做到同样情况同样对待。而检验能否作为共同接受的法律起点的关键,就是是否存在使得法律持续有效的足够理由。(3) 程序向度。不像成文法解释的程序单一性,判例法解释更重要地体现在是否依据一些理性论辩规则。比如,是否保证有权参与论辩、举证责任的分配是否合法、逻辑上是否融贯、各方当事人表达是否相称,当然也包括一般的真实性规则、连贯性规则、可检验性规则甚至语言的普遍用法规则等。从根本上讲,这些理性论辩规则包括在必须依据的共同接受的法律起点的要求之中,从而保证裁判结果与法律共同体的共有起点和价值一致,普遍正义也由此得以实现。

■ 爱默伦等有关程序向度的理性论辩十大规则

① 讨论各方不得阻碍对方提出论点或对论点提出质疑;② 提出论点的一方有义务在对方提出要求的情况下,对其论点予以辩护;③ 攻击某个论点必须与对方实际上已经提出的论点相关;④ 一方只有提出与论点相关的论证,才能对其论点进行辩护;⑤ 一方不得错误地将未予表达的前提归予对方,或者对自己留存的模糊前提推卸责任;⑥ 一方不得错误地提出某个前提作为可接受的出发点,也不得否定作为可接受起点的某个前提;⑦ 如果辩护不是借由被正确适用的适当论证方案进行,某一论点就不能被视为得到了终局性的辩护;⑧ 论辩中,一方只可采用逻辑有效或者通过阐明一个或多个未表达的前提,便可使之有效地论述;⑨ 对某一论点未能成功辩护必然导致提出该论点的一方收回论点,同时,另一方对其论点的最终辩护,也必然导致对方收回其对该论点的质疑;⑩ 一方不得使用不够明确的或者模棱两可的表达方式,

并且要尽量仔细、准确地解释对方的表达方式。①

2. 防止"多数人的意见"的误导

强调正常人的理解，有时会让人落入"多数人的意见"的窠臼。因为判例法解释并不像成文法解释那样有详备的立法准备资料或立法背景介绍，以及较为成熟的法律解释理论作为基础，而只是法官在个案裁判中的一种法律思维。所以，判例法解释所形成的裁判规则更加倾向于所谓正常人的理解，以获得裁判的正当性。但是，这种正常人的理解除了上面提到的三个方面之外，还需要结合前一章中的权利义务主线的法律思维，坚决恪守个人权利至上的信条，进而防止将正常人的理解简单等同于"多数人的意见"。

判例法解释中，多数人的意见可能成为最终的裁判结果，但多数人意见永远不能代表个人权利。事实上，法律思维意义上的个人权利独立于任何多数人，哪怕是多数人的团体也是没有权利的。个人权利不会因为加入或退出某个多数人群体而获得或失去，甚至可以说，个人权利原则是所有正常人理解指向的唯一道德基础。所以，其实"个人权利"的说法是累赘的，而"集体权利"的说法是矛盾的。因为个人权利不受公众投票的制约，多数人无权借投票的方式否决少数人权利，法律思维中权利的作用就是保护少数人免受多数人的压迫，而个人正是"最少的少数人"。因此，判例法解释中的法官应当秉持独立的专业判断，以权利义务主线的法律思维加以判断，尤其是权利至上的底线，而不是轻易被裁判过程中可能发生的公共舆论、媒体评论等任意干涉，形成传媒审判的被动局面，造成个人权利可能被舆论宰杀的非法律后果。

无论人数多少，都不能把错误转化为真理。有时错误的观点广为流行后，人们可能倾向于接受它，可这不能改变错误的本质。乐于接受不代表能够产生真理。唯有一个要素能够使多数人的意见变成正确的真

---

① 参见〔荷〕伊芙琳·T. 菲特丽丝：《法律论证原理——司法裁决之证立理论概览》，张其山等译，商务印书馆 2005 年版，第 171—172 页。

理，那就是意见同现实之间的精确一致。多数人的意见有时是伪而非真。坚持某个意见的人数越多，可能对有关问题的专业程度认知力就越低，结果是同一类型判例的增长与洞悉真理的能力成反比。许多人经常只能把特定主题一般化，所以，他们的意见难以像专家那样准确，就像整个德意志民族曾经听信传言，轻信了纳粹的弥天大谎一样。

■ 防止多数人的暴政

民主的一般意义就是按照多数人的意志决定，即多数人比少数人更有决定的资格。当然，由于人性的弱点，多数决定并不能确保意志的合法性与正义性，即多数人不一定总是对的，因此会有所谓多数人暴政的问题。历史上，完整地提出民主会产生暴政观念的是法国人托克维尔。当时年仅25岁的托克维尔，在其名著《论美国的民主》中谈到民主的缺陷，论及了多数人暴政问题。他说："民主政治的本质，在于多数对政府的统治是绝对的，因为在民主制度下，谁也对抗不了多数。"

对于如何防止多数人的暴政，托克维尔提出了两个方法：一是在多数人权威与个体公民或少数人之间建立一个缓冲地带。这个缓冲地带由无数的公务员和法官构成，使得多数人不可能真正有能力伤害到少数人。二是通过司法权威防止民主暴政。相对于一般不懂法律的民众而言，法官更加熟悉法律程序、法律规则，因此，民众作为旁观者，在案件审理中不一定是由于被蒙蔽而出现认识错误，而实际上常常是由于观念的非职业性带来的对法律事务的陌生，使得他们无法对案件作出法律上正确的判断。司法的权力不能简单地以人头数来赋予，法官不是通过投票选出，而是通过特殊的优选程序选出来的。所以，法官可以通过对民主决定的事务的裁判（如法律是不是合宪），来达到防止民主暴政的目的。[①]

[①] 参见〔法〕托克维尔：《论美国的民主》（上卷），董果良译，商务印书馆1995年版，第384—385页。

可见，民主并不是完美无缺的，其所具有的瑕疵甚至可能酿成多数人的暴政。当一种观点认为多数人的利益理应优先于少数人的道义，错误的思想也为多数人暴政的民主恶果播撒下了种子。

3. 尽量减少裁判语言的模糊性

相对于成文法解释的确定性，判例法解释虽仍需恪守相应的规则，但毕竟有着更为广阔的发挥空间。即使法官谨慎地推敲作为判例法解释的裁判语言，但肯定无法像成文法解释那样，能够集合众人的智慧，更何况判例法解释更多产生于案件具体情境的变化之中。所以，裁判语言的模糊性成为必然。

事实上，进行判例法解释的法官，即使依据同样情况同样对待的普遍正义原则，援引解释类似的先例时，也不能完全避免将自己心中的意思附着于裁判语言上，然后想当然地认为类似判例中的"这个意思"就应当如此解释。其实，许多法官在用语言表述事情时，就已把语言当成了事情本身。换言之，任何一条判例法解释中的裁判规则，离开了判例本身特定的背景，就可能没有了固定的含义。这种情况下，进行判例法解释的法官也许会武断地认为已经把有待援引的类似判例中的裁判规则都解释清楚了，但实际上，判例中的裁判规则根本不是他所理解的意思。简单地说，想当然是人性的普遍弱点，人们会根据自己心中所想，倾向性地认为别人也是这么想的。这种所谓的"将心比心"，正是判例法解释中产生误解的根源之一，它会让同样情况同样对待的普遍正义原则产生变形和扭曲。

■ 维特根斯坦"语言是人类的囚笼"

"地图从来就不是真实的疆域"，这是神经语言学最基本的前提命题。地图是疆域的描述，跟真实的疆域是有差别的。用这句话作比喻表达了一个思想——语言从来就不是真实的事物，它是人通过思维的形式对真实事物的一种描述，而这种描述经常是不准确的。我们彼此之间的误解、隔阂是通过语言来形成的，语言构筑了人与人之间的樊篱，构成了人类的囚笼。基于此，维特根斯坦给哲学下了个基本定义："哲学的总体任务是：通过扫除语言的雾障，看出事情的全面联系。"比如，某人脑海中有一个意思，他用语言把它描述出来，另一人接收到这个描述，然后在脑海中通过自己对这些词汇的定义，把这些词汇组合成自己的意思。这一过程中，表达者的意思通过语言这个媒介，可能由于对词汇的不同定义和使用能力的限制，导致意思发生了扭曲；而接收者在接收的过程中，又发生了第二次删减和扭曲，然后组合成他认为的意思，可能已经把原来的意思给完全扭曲变形了。实际上，对每个词的定义，没有两个人是完全相同的。沟通受阻的原因就来自语言的歧义性、模糊性，而每一个人都是根据自己的生活阅历来对语言进行联想，并赋予其意义。人与人之间使用相同的词汇，但可能意义完全不同，这个世界充满了误解。

4. 不能出现裁判结论的以偏概全

以偏概全是一种根据不充分的特别判例，武断推论出一般命题的谬误。比如，根据某人总是上班迟到，并不能理所当然地得出此人无论去哪里都不准时的结论，因为他可能上班迟到但每次赴宴都很准时。这种谬误理论上容易避免，可实际生活中常常发生。取出一颗弹球是蓝色的，并不能就此推断袋子里的弹球都是蓝色的，其实可能存在其他任何颜色。可是，如果重复六七次取出的都碰巧是蓝色弹球，甚至连续取出数十个蓝色弹球的时候，或许不少人会确信袋中剩下的弹球都是蓝色的。人们常常在饱受寡头专制之苦后，就说天下政府都是横征暴敛的；经历了令人发指的司法不公，就指责整个法律制度或司法体制的黑暗等。

可以说，每个人对于正义都有切身体会，过去的经历必然对人产生重要影响，而这种影响在讨论待决案件时无处不在，仿佛所讨论的就是他们的生活，而不是对所有人的制度。过去的经历施加于个人的深刻影响，极可能对普遍正义的形成造成危险。毕竟每起案件的事实认定都有所不同，若有人对待决案件中的某一个性事实产生强烈共鸣，便会分散对于类似先例中某争议主题的注意力，甚至将类似前例中的主要事实置之于不顾，使得类似情况得不到同等对待。

第三节　特殊正义的例外许可

一、法律不连续的个别情况与特殊正义

　　日常语言分析是哈特的偏好，最典型地体现于他提出"就词论词"的做法不足为训。所以，从某种角度上，《法律的概念》就像是一次描述社会学的尝试。这一尝试的目的在于创造出符合社会事实的法律理论，它涉及既存和变化了的各种社会现象。同样，也正是这一点，使得哈特与奥斯丁的法律命令或指令理论区别开来。可以说，哈特的目标不仅在于运用语义分析的方法重新描述法律的概念，而且在于创造出一种符合社会事实的法律理论，这在第二、三、四章对于奥斯丁法律命令或指令理论的条分缕析的批判中，就已经初步显现出来。

　　那么，从哈特的描述社会学角度，考察普遍正义优先的法律思维，是否会出现一些同样情况得不到同样对待的现象呢？

　　毕竟法律制度难以达到完美的程度，也不可能把所有的合理性要求都完全地表现出来，所以，同样情况同样对待的普遍正义，难免会出现反常的情况。换句话说，个别情况下特殊正义的实现，反而会成为处理个案时优先被考虑的因素。虽然相关成文法上的一般规定或判例法上的裁判规则可能已经相当明确，似乎只要严格地把法律一般规则或判例裁判规则适用于该案的要件事实，就完全可以得出十分确定的处理结论，但一旦依此处理待决案件，也许就会导致正义被过度牺牲的严重后果。于是，从后果的可接受性角度来看，此时就会有适用特殊正义、排斥普遍正义的情况出现。

　　其实，涉及正义与否的判断本身就是一个在结构性语境里的判断行为。法律思维的出发点从本质上就是对法律规定及其语境作深入分析，特别对于一些疑难案件，法律思维的第一步必须是通过反映性的步骤扩展或限制既定的规则。这里不仅需要考虑可以或者应当合法地去做，更要将有关利益的计算作为判断的基础。既然普遍正义的实现有赖于各种

利益的计算，复杂不等的各种利益的计算又可能导致得出的结论存在很大差别，那么就会出现同样情况不被同样对待的结果，也就是使得普遍正义的优先出现了反常。可见，当从描述社会学的角度来看待普遍正义优先的法律思维，就会发现作为与普遍正义相对的特殊正义实现，具有存在的必要性。

■ **周国平诉华鹏公司拒发工龄补偿金劳动争议案**

原告周国平原系某厂职工，在该厂改制成华鹏公司后，他继续留在该单位上班。华鹏公司与他签订了劳动合同，约定改制前的工龄补偿金等会到公司解除或终止劳动合同时支付。此后，周国平辞职，华鹏公司以其自动离职为由拒付改制前的工龄补偿金。法院认为，企业改制时应以补偿金的形式对原职工进行身份置换，且该补偿金为劳动者在改制时就应依法取得的正当利益。所以，判决认定双方所签劳动合同约定的限制性支付条款无效，原告周国平要求一次性支付改制前补偿金的诉讼请求应予支持。①

此案涉及的是企业改制时是否应以补偿金形式对原职工进行身份置换的问题，对此法律没有明确规定。然而，改制通常都是由企业发起，劳动者处于被动的不利地位，所以一般应作出有利于劳动者的解释。法院参照当时劳动法的补偿金条款，作出"改制即应补偿"的解释，就是一种倾向于劳动群体的特殊正义实现。

同样，涉及正义与否的判断也是一个现实性语境里的判断行为。当代中国的法律思维方式正在受到前所未有的压力和挑战，是追求为所有人提供相同正义，还是针对特殊的利益群体作出特别的规定？如果寻求的是为所有人提供相同正义，那么无疑与普遍正义的目标是相符合的，因为追求相同正义本身，就为同等情况同样对待提供了基础。但是，如

---

① 案例来源：江苏省溧阳市人民法院（2004）溧民一初字第1348号、江苏省常州市中级人民法院（2005）常民一终字第145号。

果强调对于某些利益群体适当给予特殊的关注，那么复杂的利益计算后果所呈现的或许就是一种特殊正义，而不是普遍正义，相应地，同等情况就可能不被同样对待。当然，即使是个别情况下的特殊正义的实现，也应当经受法律体系等的合法性检验，否则极可能产生超越法律的错误判断。

■ 尹建文等诉友好公司出租车承包经营案

原告尹建文等 19 人与被告友好公司签订了出租车承包经营合同，约定尹建文等一次性缴纳所有承包经营费用，且已实际缴付。此后，尹建文等认为双方的约定违反了市物价局文件，遂诉请返还多收的承包经营费用。法院认为，市物价局文件并非负担性行政行为，无须有法律法规依据，且是出于矫正出租车经营企业片面追求利益最大化的公共利益考虑而制定。因此，依据文件规定，判决友好公司返还多收取的经营费用。①

该案中，围绕市物价局文件的效力这一争议焦点，法院认为，该文件只是对出租车经营企业与驾驶员之间利益的调整，并未向企业征收额外费用，企业不应为稳收渔利而无视驾驶员风险。因此，行政机关制定的合法合理的规定性文件，无条件对当事人双方签订并履行的合同产生拘束力。然而，本案的关键在于，无论市物价局的文件是否合法合理，只要双方签订的合同不违反国家法律、行政法规的禁止性规定，就不应当确认无效。应该说，特殊正义的实现不过是说法律需要不断回应社会的变迁而已，法官介于利益之间作出的裁决，并不像天平称重那样是单纯意义上的衡量，在本质上仍是受到法律系统控制的"决断"。

---

① 案例来源：江苏省常州市中级人民法院（2001）常民初字第 13 号、江苏省高级人民法院（2002）苏民终字第 35 号、江苏省高级人民法院（2005）苏民一审监字第 009 号。

二、关注特殊正义的社会背景

既然基于差别性公平的特殊正义实现是结构性语境和现实性语境下的产物,那么我们就可以追问:在普遍正义优先的法律思维被提出之后,又提出特殊正义理念的社会背景到底是什么?

事实上,即使是基于差别性公平的特殊正义实现,也是一种宏观层面上具有群体意义的概念,它覆盖的肯定是带有相当数量的一群人或一类案件,而不是像简单的形式推理与实质推理那样,只是作为微观意义上的一种推理方法,很大程度上影响的只是某一案件的当事人或待决的某一具体案件。因此,沿着哈特的描述社会学的进路,以当代中国为例,为什么把特殊正义理念也纳入法律思维,就需要从风险社会的宏观层面加以剖析:

第一,贴合于新时期社会发展的新趋向。当前,中国的经济增长重新进入快车道,我们原以为可以在经济增长过程中自然得到解决的一些问题,比如城乡差距、地区差距、经济社会发展的不协调等,在新一轮的经济增长中进一步加剧,严重威胁到经济的持续、稳定增长。因此,如何尽快解决好市场本身不能解决的各种社会发展问题,成为包括司法机关在内的所有国家机构必须认真对待的重要课题。正是基于这一点,"社会发展"被正式作为今后中国的重要发展战略之一。而新时期的社会发展出现了一些不同于以往的新趋向,集中表现在利益格局调整和社会构成发生深刻变化的过程中,利益和价值取向的多元化,多种经济成分和多种分配方式的存在,城乡之间、地区之间、行业之间、部门之间及个体之间收入差距的不断扩大,都不可避免地催化和生成了边界较为清晰的各社会群体。当前矛盾相对集中的就业安全、贫富差距和社会保障这三个新的社会风险威胁,都与这种群体分化的出现紧密相关,从而引发了较多的社会冲突。显然,群体分化的新趋向所引起的不同于以往的社会冲突,使得旨在消解群体冲突的多元纠纷解决机制、司法为民的政策取向等纷纷被提上议程,从理念层面则是诱发了特殊正义的提出。

■ 行政纠纷解决的特殊正义后果论辩

长期以来,中国行政纠纷解决一般都是从静态"制度解释学"的角度,将关注焦点集中于行政判决。其实,这种进路存在较大局限性,需要转向给予行政诉讼的动态运作机制以足够的关注。

从普遍正义优先的法律思维来看,某些情况下如果仅是从制度层面上考虑依法作出行政判决,缺乏从后果论辩的视角对于现实行政诉讼应当如何有效运作进行关注,就可能难以消解行政相对人的相对剥夺感和不公正感,使得问题的解决局限在极为有限的范围内。比如,受形式主义法治理念的影响,中国法律对调解在行政诉讼过程中的适用持否定态度。例如,《行政诉讼法》第60条规定:"人民法院审理行政案件,不适用调解……"这一规定决定了调解在中国当下规范层面的行政纠纷解决体系中并无立足之地。显然,这种"公权不能处分"的做法,沿袭的仍是那种传统理念,即司法制度对行政的控制能够在合法与非法之间作出泾渭分明的判断,无须以妥协为基础的调解存在。基于这种判断,同等情况同样对待的普遍正义肯定就是必然。

不过,现实情形并非如此,作为社会冲突多发的重点领域,像农村土地征收、城市房屋拆迁、企业改制中的职工权益保障等社会热点问题,往往是其中的利益受损群体产生强烈的相对剥夺感和不公正感,进而引发群体性行政争议。若还抱持原来的"制度解释学",只是一味寻求普遍正义的理念,而对行政判决之后发生的事情不予关心,也不对这类群体性行政纠纷事实上是否得以解决、在何种程度上解决,从特殊正义实现的角度加以考察,那么在诉讼中本身就处于劣势的行政相对人,加之对行政案件中的法官较难抵御各种法外因素干扰的忧虑,就极易对行政审判权的权威性产生质疑,社会的相对剥夺感和不公正感可能不仅没有通过行政诉讼有所缓解,反而不断积累,进而引发更为激烈的社会冲突。鉴于此,目前中国行政诉讼实践中实际存在着大量法院主持的"变相调解"活动,而《行政诉讼法》有关撤诉的规定也为行政纠纷的和解提供了某种制度空间。

第二，考虑不同群体的心态以减少决策失误。随着当下中国改革进入深水区，各个群体之间不同程度地存在风险冲突，不同群体之间的冲突甚至可能会不同程度地被激化。基于此，不同的人开始习惯于将自己标定在不同的社会群体中，在这个群体面临的冲突结果中思考被设定的命运，并通过这种对未来命运的预期表达他们对当前社会制度安排的意见。一个人拥护抑或是反对某种制度安排，取决于这种制度安排是否损害了他们的收益，或者是否能够为他们带来收益。所以，为了达到稳定的目的，现有制度及其运作机制应当学会从特殊正义的视角，更多考虑社会各个群体的不同心理状态，防止判断、分析和具体操作的过程出现重大偏差。

■ 迅速转型社会的矛盾及应对

迅速转型的社会里，不断分化了的利益群体之间可能产生以往难以想象的矛盾纠纷。它的基本特征是，整个社会中的几个时代的成分并存，相互之间缺乏有机联系；所导致的一个结果就是，不同的利益群体诉求共存于一时，而这些诉求本来应当属于不同的时代。[①] 比如，从事传统加工的手工业劳动者面对从事现代机械加工的私营企业主，享受传统计划配额的国有企业遭遇资本技术力量雄厚的跨国公司，计划体制下握有权力的官僚群体与市场体制中长于公平竞争的执政精英，等等。迅速转型社会中的群体差异，有时会达到一种无法相互理解的程度。所以，要求法律必须对不同群体之间的矛盾纠纷采取一种明智的态度，并对其进行妥善安排，以防止决策出现重大偏差。通向特殊正义的进路，就是法律本身在特定时期满足急剧转型社会中不同利益群体的现实需要。

为了说清这一问题，这里以中国的城乡差别为例，户籍制度成为人为分割城乡居民的制度壁垒，城乡之间的人口不能自由流动，客观上存在着较大的经济和社会待遇差别。虽然城镇化进程让户籍制度有所松

---

① 参见孙立平撰写的"断裂社会"三部曲：《断裂》，社会科学文献出版社 2003 年版；《失衡》，社会科学文献出版社 2004 年版；《博弈》，社会科学文献出版社 2006 年版。

动,为农民进城打开了缺口,但由于配套措施还不够完善,并没有为大多数农民在城镇长期生产、生活提供比较成熟的条件,客观上容易造成他们在某些公共事件上"搭便车"表达不满。因此,只有当通过一系列通向特殊正义的制度安排,以逐渐适应社会结构的这种变革时,那种城乡之间的断裂,才会转化为同一时代的多元格局,逐步形成共享共治的良性循环。

第三,根本缓解社会冲突中的认同危机。其实,作为现代社会发展的必然现象,群体分化并不一定产生影响社会稳定或否定现行制度的严重冲突。理论上,产生风险的社会冲突可归因为两类:一是"物质性原因",即为了争取物质利益而发生的冲突;二是"非物质性原因",即主要制度及其运作机制的价值取向差异所导致的冲突。[1] 比如,雇员群体为提高工资而举行的游行示威活动,属于物质性冲突。一般来说,物质性冲突对于改善社会制度是有好处的,它不会威胁这个社会存在的"合法性"基础。然而,非物质性冲突有所不同,如果某个群体对这个社会存在的合法性产生怀疑,尤其对作为这个社会规范人们行为的法律的理念产生动摇,就会威胁到这个社会的基础。社会学研究表明,化解不平等的分配体系中产生的认同危机,才是关键所在。因为伴随着群体分化所带来的资源的分配不均,会让人们从心理和情感上开始质疑社会存在的合法性。显然,面向某些群体的利益而提出的特殊正义理念,可以有针对性地为认同危机带来的相对剥夺感和不公正感提供疏导不满的渠道,降低社会动荡的概率。

■ 当下中国的群体认同

一般而言,人们在头脑中构筑了群体分化的基本框架后,就会给自己在这个框架中定一个位置。能否把自己归类为确定的群体,反映了人

---

[1] 参见〔美〕L. 科塞:《社会冲突的功能》,孙立平等译,华夏出版社 1989 年版,第 12 页。

们群体意识的强烈程度，此谓之群体认同意识。

那么，现实中的群体认同意识是怎样的？中国社会科学院社会学研究所的《当代中国社会阶层研究报告》曾经在全国调研后得出结果，绝大多数人倾向于选择"中层"，经济地位高的人很少认定自己为"上层"，而经济地位低的人也较少选择"下层"。

对于这种群体认同的异化，主要有两种解释：① 从文化传统和社会心理来说，中国人较倾向于认为自己在社会中处于中间地位，并保持一种中庸的社会态度。② 人们对于目前根据多元分层标准建立的分层结构的认同程度较低，客观社会经济地位上升的人不敢承认自己居于高收入群体，客观社会经济地位下降的人（特别是产业工人群体）则不能接受自身地位下降的事实，同时也不承认那些拥有更多利益资源的人的社会地位比自己高。

不过，这种典型的群体认同的异化，会造成两种相反的后果：① 绝大多数人认为自己的社会地位属于中等，这在一定程度上可以淡化社会分化的明显程度，缓解目前较快的社会分化给人们心理上带来的巨大冲击，从而促使他们遵守法律，客观上保障了法律秩序的稳定性。② 群体认同的异化也会带来很多不利因素。客观社会经济地位较低的人不认同等级分化的分层结构，将不利于激励他们进行上升的社会流动。更为重要的是，现代法律中的一些制度性障碍，如果没有遭到各个群体的共同抵制，将很难被从法律体系中排除出去，而群体认同的异化，正好掩盖了这些制度性障碍的消极影响，从而在暂时的沉默中孕育着更加激烈的冲突。

三、关注特殊正义的政策考虑

一般而言，如果法律制度能够考虑至少是主要的群体的利益，那么人们基于对社会的整体公平认同，通常不会产生强烈的不公正感，也就不太容易产生较大的社会冲突。这种状态反映在法律领域，就是把"一视同仁对待所有人"作为基本原则。与之相应，既然是适用划一的规则，那么同等情况同样对待的普遍正义目标，就是题中应有之义。

然而，随着社会转型的深化，群体划分趋向多元精细，出现了更为复杂多样的利益群体，而且社会冲突也逐步多样化，使得过去那种只是围绕主要群体利益展开的法律制度面临挑战。比如，相对于大多数群体在转型前的既得利益，改革给他们带来了更多新的现实利益。可是，不同群体之间总是相互攀比，都感到自己得益较少、最吃亏，不同的群体总是用自己的"吃亏点"来比别人的"得益点"，结果是越比越失望。同时，处于较低地位群体的人们受到掌握"总体性资本"的精英群体挤压，在社会身份认同上产生了"断裂"，造成很多人对群体的自我认同，明显低于客观上他们所属的群体。正是类似于这些不同标准的对比、身份认同的"断裂"等原因，逐渐生成和积累了产生矛盾纠纷的因素。此外，还有一些特殊的"利益落空群体"亲身感受到悬殊的贫富差距，更加容易对现实社会产生较为强烈的不公正感。可见，正在发生的社会转型带来了关注焦点问题的转变，矛盾纠纷不再像过去那样总是在主要的社会群体之间展开，而是在更为复杂和细化的不同群体之间、在过去被忽略的层面爆发，该种变化被称为"碎片化"。碎片化的基本含义，就是人们的行为策略和基本态度，已不再是按照传统的社会关系划分，而是根据具体的焦点问题产生不同的分野。

随着现实发生的深刻变化，当代中国正在开始如日本学者平井宜雄所着力提倡的那种从"法政策学"出发的转向，也就是并非完全简单地依据符合主要群体利益的规范来解决社会中的所有纷争，而是更多考虑关乎更多数人利害的，以及现在和将来的政策性的、公共性的问题。这种明显带有政策意味的理念转向表现为：法律正义的分配，正在走出传统的常态司法对待所有人一视同仁的"均码正义"供给模式，开始关注到不同群体的特殊正义，考虑针对不同对象缓解和消除他们的不公正感。说到底，就是将公平正义放在现实关系之中，把它作为一种公共产品，这样每一项法律制度甚至每一个案件审判，都有改进的余地。当然，这样做并不是说现有的法律制度及司法过程存在问题，而至少是在某些方面可以做得更好。换句话说，特殊正义的寻求从某种程度上已颠覆那种要么正义、要么不正义的"非黑即白"的二分式简单思维，是尝试将特殊正义作为高质量公平正义的实现。

■ 中国司法开始关注特殊正义的注脚

中国法院推出的司法救助政策，目的在于充分关注社会困难群体的特殊司法需求。它是对于追索抚养费、赡养费、人身伤害赔偿金、劳动报酬且经济上确有困难的当事人，以及农民工、下岗职工、孤寡老人、残疾人等特殊困难群体，积极采取缓减免交诉讼费，彰显出司法的人文关怀。值得关注的是，这种基于政策的考虑追求特殊主义的转向，开始逐步扩展到更为精细、更为广泛的层面。例如，从民事证据规定对于医患纠纷等特殊案件的举证责任重新公平分配、保险合同案件必须考虑保险业与其他行业不同的运行规律，到出台"宽严相济"的刑事政策、多元纠纷解决机制、矛盾纠纷源头治理等，从不同角度反映出中国的司法政策开始对于特殊对象给予"个性化关照"的转向。

其实，除了司法救助制度，中国司法政策偏向于特殊正义的情况越来越多，也表现为更加多元，尤其对于事关"民生"的城市拆迁、建设工程款优先受偿权、土地承包经营权流转等。处于这些群体性问题相对集中的纠纷领域，司法的作业流程更多地融入了社会治理的色彩，形成了一套独特的风险应对机制。

当然，相对普遍正义优先而言，特殊正义的角色仍然处于一种相对次要的地位。它的关键意义在于通过"法政策学"兴起转向特殊主义理念，将作为法律调控对象的社会治理问题纳入视野，深入探索法律与社会之间的有机关联。

四、特殊正义下的新问题意识

作为一种新的法律思维进路，特殊正义的理念体现了许多深层次的正义观。比如，平等并不一定等于正义、必要时应对较小正义有所牺牲、简单的均码正义可能是低质量正义、合法性正义与合理性正义有所差别、现实语境中具有正义多元化和独特性等。

针对这些深层次的正义观论辩,衍生出了许多的意义重大且影响深远的问题意识,集中体现为以下三个层面:

1. 司法多边主义

特殊正义的基本立场,不是一味恪守既定规则的单边主义,而是一种旨在寻求高质量的差别化结果的多边主义。"多边主义"是国际关系领域的重要概念,根据美国学者约翰·鲁杰的权威阐释,"它是指根据普遍的行为原则,协调三个或三个以上国家间关系的制度形式"①,其要点包括:一是不可分割性,指所有国家从总体上权衡国际交往的利弊得失,而非双边的逐个评估;二是扩散的互惠性,就是成员国总是预期,它们所达成的协议随着时间的推移,将会在总体上给它们带来大致相等的收益。比如,多边主义见之于司法领域,就是要求法院面对不同群体利益,可以进行敏感而精细的平衡,以裁判规则、司法解释、指导性案例等方式,逐渐建立起能够产生互惠性的制度安排。

■ 司法多边主义的内涵

① 多元化规则。从秩序治理角度讲,现实秩序往往是由几种治理或控制机制的优化组合来完成的。在这种多元治理结构内部,各种规则资源存在着互替、互补的关系。比如,在司法领域中,除了法律资源之外,潜藏在不同群体内部的关系规则必然会不同程度地发挥作用,如声誉机制、行业规则、地方习俗、关系网络、乡规民约甚至公众舆论等。相应地,司法决策和裁决的过程经常表现为多元规则之间的相互博弈。相反,如果法院单一凭据"生产周期较长"的国家法律执法,很可能导致执法不足或执法过度,在激励上表现为威慑不足或威慑过度,出现"司法失灵"。而由于路径依赖的作用,社会具有"记忆功能",人们对过去的记忆会影响当前的决策,因此"司法失灵"会产生"循环累积因果效应",从而很难使得不同群体产生稳定预期。

---

① 〔美〕约翰·鲁杰:《作为制度的多边主义》,载〔美〕约翰·鲁杰主编:《多边主义》,苏长和等译,浙江人民出版社 2003 年版,第 12 页。

② 必要的商谈。法律规则或司法裁判试图获取不同群体的多边认同，重要方法之一就是他们的"参与"。当被问到"为何受这个规则约束"或"为何该案裁判对我有影响力"时，也许他们都不会满意别的回答，而只有这个回答——"那是你自己参与制定的规则"或"那是经过充分交涉及合意后的裁判"，他们才可能满意。这一原理表现在司法领域中，所谓规则创设主要就是司法解释的制定，尤其应当注意软化"少数人控制"的做法，尽力让每一个群体都有表达的机会。除了展开有时只是"非反思意见总和"的民意调研之外，尤其需要鼓励他们之间的非正式商谈，并且建立起畅通的、不受权力非法干预和利益集团扭曲的沟通渠道。同时，具体案件的裁判作出，也不是让对立的当事人"隔离"，而是通过法官释明权、赋加分量的信息传递、司法知识开放竞争以及让当事人充分论辩等方式，进行实践商谈。当然，这并不是说司法裁判只能简单地迎合多边利益和需求，而是强调"商谈"这种态度本身所蕴含的实践智慧。

③ 合法性检验。多边主义使法院成为表达不同利益需求及对立性观点的舞台，法官或多或少背离了他们先前的中立态度，采取了更积极、更"具有管理性"的立场。然而，各种错综复杂的利害关系卷入进来后，必须避免产生对制度本身的"挤出效应"。也就是说，警惕多边主义超越边界，仍要保持合法性。一般来说，合法性检验包括"一致性控制"和"正当性控制"两个标准。所谓"一致性控制"，是指从体系、逻辑上考察司法过程所创设的规则及所作出的裁决，能否与符合法律教义学传统的实体法保持一致。但是，如果通过回归传统法律教义学的方式来保持结果的正当化，则可能导致产出过程中的对话及论证意义被过低评估。对此，应当进一步介入"正当性控制"的标准，即指规则或裁判被认为是获准参加论证的当事人之"合意"，或超越当事人合意的社会一般之"合意"，它外在表现为一种依据能够形成合意的、具有说服力的实质性论题而展开的论证。也就是说，就"正当性控制"标准而言，论题式论证是不可或缺的前提条件。

2. 司法知识竞争

特殊正义的实现，更多不是那种严格意义上的推理，而是各种因素综合作用的"决策"结果。法院在作出合理的决策过程中，一般是在各种可选方案中作有意识的判断或选择。但是，由于资源和时间的稀缺性，不可能无止境地收集信息，因此法官在裁判过程中是选择垄断、封闭的知识生产，还是通过开放的、不断交流的途径获取知识，涉及司法知识的竞争机制引入。实践中这种现象不胜枚举，比如上下级法官之间的视角差异、法官与当事人及律师对同一案件的认识差异、司法与传媒的导向差异、纠纷解决与规则之治的理念差异、地方性知识与国家法律规范的规定差异、特殊利益集团与困难群体的观点差异、民间组织与司法机关的规则差别等。

■ 差序格局的中心与边陲

中国乡村社会的差序格局行为方式，主要表现为两个层次：一个是个人行为层次，每个成员总是根据他人对自己的亲疏远近及重要性程度，来决定自身的行为方式和行为态度；另一个是组织层次，在任何组织的内部，人们总是有意识或无意识地依据继承身份形成的"圈子"，构造自己同他人的关系。① 无论哪个层次，在本质上都体现为人们的行为偏好随其对他人的参与程度而变化，这种参与程度界定了他们的亲密性或称"关系距离"。相互间的参与程度越高，关系距离就会变得越紧密。换言之，关系距离决定了乡村司法中的法律知识与地方性知识相互竞争的格局差异性。

比如，乡村司法中的当事人之间关系距离愈紧密，最终被严格按照制度化的手段来解决纷争或偏差行为的可能性就愈小，而按照约定俗成的规矩，使用非制度化的方式来解决冲突的可能性就愈大。但是，当下中国由于农民结构的分化与重组，"圈子"的划分有时不再以先天的关

---

① 参见费孝通：《乡土中国》，江苏文艺出版社 2007 年版；《江村经济——中国农民的生活》，江苏人民出版社 1986 年版。

系距离为主，而开始依据后天的"自致机制"来确定，从而形成分化后的不同农民群体，不同群体之间优势与劣势地位的区别形成一种"支配关系"。这就是说，占优势地位的群体具有影响、决定和控制处于劣势的群体的能力和机会。

在这个基础上，出现了一种"中心—边陲"的关系形式。位于中心的优势群体总不断生产有利于己的地方性知识并整合进乡土司法运作，反过来，乡土司法运作又不断创造有利于优势群体的地方性知识，如此循环往复；居于边陲的劣势群体，为了摆脱在司法过程中所处的劣势并争取自身利益的最大化，往往寻求各种非制度性因素进行补偿，目的在于恢复与优势群体之间的力量失衡。这种"中心—边陲"的关系形式，极为生动地体现了乡村司法过程中法律知识和地方性知识的竞争，而其根本的落脚点无非就是"自身利益的最大化"。

 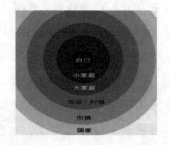

图 4-1 费孝通的《乡土中国》及"差序格局"示意图

3. 裁判的可接受性

特殊正义的结果实现常在立法过程中可以发现，比如劳动合同法、妇女儿童权益保护法、未成年人保护法、残疾人保护法等。但是，司法中的特殊正义与司法的统一性本身就有冲突，所以必然成为一个重要论题。基于此，既然特殊正义是从法政策学角度展开的后果主义论辩，作为司法过程产品之一的裁判本身，必然体现为一个必须考量后果是否具有可接受性的过程。因此，研究如何在裁判过程中更多地体现指向案件的特殊正义，更好地消解当事人及其所在群体可能存在的相对剥夺感和不公正感，进而增加司法判决的可接受性，就成为一个关键问题。当前，中国司法判决的可接受性现状不容乐观。对此，现有的研究多半是从当事人不正当诉讼或者法律论证的水平等进路讨论，然而，从描述社会学的角度，司法判决未能有效地消解当事人及其所在群体的不公正感，至少应当成为形成以上数据的因素之一。因此，旨在体现特殊正义的裁判的可接受性问题，必然成为一个理论与实践的重大问题。

■ 接受裁判的不同视角

传统社会里人们之间是相互依赖的，注重自我作为广泛的社会关系的一部分，个体行为甚至个体行为的意义本身，在很大程度上取决于他对周围人的思想、感情、行动的理解和判断。简言之，人们十分重视他人的想法和意见，因循一种"耻感文化"。因此，法官时常会运用这一机理将诉讼当事人引入，并镶嵌在个体周围的社会纹理中，并且在特定的场景中时时刻刻把所处的客观条件和环境考虑进去。但是，这种情境下的法官，往往会把所拥有的司法权力作为一种垄断性资源，将自己的意志强加于他人，而不是以自身强有力的、能够压倒他人的专业优势和纯熟的审判技术来承担司法角色。这种做法的一个不良后果，就是在社会内部形成一种依赖性的司法环境，迫使其成员不得不以服从为代价，换取高度闭合的社会中其他人的认可与谅解。

可是，走出了传统的现代社会成员变得比较独立，开始将自身作为一个独立的存在，自身行为通过对自我的思想、情感、行为的组织而获得意义。也就是说，较为重视内心的自省，更加关注抽象的原则和价值观，遵守一种"罪感文化"。他们并不会过多地考虑就地办案的具体环境影响，选择诉讼本身就是认为一系列程序制度、法官职业资格以及司法独立结构等，能够为他们之间的纠纷得以公正裁决提供必要条件。与之相应，法官办案时会较为克制，留心可能加之于司法权之上的各种客观条件，避免把司法职能缩减为外界环境强加的纠纷解决，而是娴熟运用诸如把一般问题转化为个别问题、把价值问题转化为技术问题等审判技能，将发生的冲突和纠纷及其可能给政治和社会体系正统性带来的重大冲击加以分散或缓解，使得司法运作真正成为社会最稳定的调整器。

4. 立法的倾斜性

根据立法过程的经典表述，它是各方利益最终妥协的结果。但是，现代法治中的立法承载了太多期待，甚至已在一定程度上成为引领经济、社会乃至整个人类社会发展的"指挥棒"。此时，特殊正义在立法上更需要它能从问题根本点出发，设立和锚定基本目标，斟酌、权衡和突破。尤其当面对数字化转型这样的新生事物，当数据被确定为与传统土地、劳动力、资本、技术等并驾齐驱的新型生产要素时，且被要求在更大程度上推动流动和开发利用时，立法倾斜性是"促进"还是"规制"，抑或是如何在促进的同时又兼及数据安全和个人信息保护问题，就变得尤为关键。

■ **数据流动地方立法**[①]

2020年4月，数据首次被国家确定为与传统土地、劳动力、资本、技术等并驾齐驱的新型生产要素。[②]"要素级别"的数据定位在于更大程度地推动流通和开发利用，更深层次地释放数据价值，撬动实现经济与社会发展的乘数倍增。尤其在数字化改革前沿的城市中，实时、动态、过程的大数据被更大幅度、更深层次地运用，已经成为衡量精细化城市治理水平的重要标志。但是，国家对制订与之相应的上位法比较审慎，更多鼓励地方先行试点和探索。基于此，2021年以来，上海、深圳、浙江等地方数据立法连续出台。立法讨论过程中，迈入"无人区"的地方数据立法最大争议焦点在于：推动数据作为要素流动怎么实现，尤其是公共数据的交易是否可行？

可以说，以促进数据交易为主，国家保留必要的剩余控制权，已成

---

① 参见杨力：《论数据交易立法的倾斜性》，载《政治与法律》2021年第5期。
② 2020年4月9日，《中共中央、国务院关于构建更加完善的要素市场化配置体制机制的意见》分类提出了土地、劳动力、资本、技术、数据五个要素领域改革方向，数据作为一种新型生产要素首次正式出现在国家文件中。

为当下地方数据交易立法的最大公约数选择。《上海数据条例》正是遵循这一倾斜性立场,在立法名称上未采用"数据管理条例",而是表述为"数据条例",以更好兼容"促进"与"规制",尤其在数据交易上主张更广泛、更深入地实现数据要素式流动。

　　根据这一立法思路,以"促进"为原点的数据交易条款在数据权属认定上,打破了数据所有权一元结构困境,在数据生成、加工者之间建立恰当的权利分配模式,其核心是对数据生成者赋予数据所有权,对数据加工者设定数据用益权。在此基础上,数据被与信息区别开而纳入财产权,敲定数据加工者的财产权益,加强数据交易上的"行为控制",对促进数据的流通利用产生了"引擎效应"。但是,考虑到数据交易还处于规划设计阶段,又不宜简单照搬证券交易所模式。因此,虽然直接数据交易更有利于繁荣数据交易,促进数据要素流通,但《上海数据条例》在公共数据上倾斜性地采取了数据授权经营的模式,渐进式探索数据交易的最远边界,更加具有现实可行性。

　　上述做法的核心要义在于,以开放性的数据立法让授权运营有坚实基础。概念上设定数据权益,确定在"用益物权"范畴内厘清政府、行业、组织等在数据要素市场中的权责边界。因此,立法上明确授权经营范围是数据服务或产品,而不是原始数据;交易类型上通过中央授权创新性设定了数据控制权交易、数据使用权交易和数据收益权交易三种类型。基于此,为了推动数据交易和流通,立法上又进一步参照自然资源特许经营,建立了比较完善的数据登记、分类分级、质量保障等管理制度和标准规范,确保数据资源的有效供给。同时,允许经过特许经营授权认定的机构在一定范围内先行先试,获取和累积经验教训。值得注意的是,立法上重点强调了对政府数据的可控性授权运营,尤其是强调数据在场。毕竟数据交易本质上是数据的有偿转让,它会导致政府数据直接给需求方,存在转售风险,即使可通过交易协议约束,但实际难以纠正,因此提出了授权运营模式下的政府数据"不离场"实现融合运用。

　　在此基础上,《上海数据条例》侧重于推动建立政府数据统一授权运营体系,把基础公共数据纳入公共服务予以免费提供,其他公共数据则被列入授权经营范围,面向实际需求方提供市场化数字运营机制,目的是面向不具备数据开放能力的数字企业，提供比较成熟的市场化运营机制。其中，政府作为引导或企业均可以定义场景，提供实际的数据需求，以开放包容、资源整合共享的思路，促进公共数据面向人工智能算法训练建立安全可控的开放机制。这样建立的数据统一授权平台采取"会员制"，通过法定授权、行政授权和会员大会授权，以实际需求为导向，实现公共服务数据、能力、应用资源的融合共享，以最大程度地实现数据增益。

第五章

事实认定：法律真实/客观真实

> 客观真实的发现固然是诉讼法的一个重要目的，但并非其唯一目标。就像其他法目的，在一定范围内，它必须向其他更重要的目的让步。
>
> ——〔德〕拉伦茨

阅读材料

Classic：《法律的概念》第五章

Leading cases：

- 刘雪娟诉乐金公司等化妆品使用标识案
- 南京彭宇"见义勇为"案
- 当前中国五起影响较大的冤假错案
- 孙志刚收容审查期间被殴致死案
- 香港龚如心争夺数百亿遗产世纪大案

Leading papers：

- 李浩：《论法律中的真实——以民事诉讼为例》，载《法制与社会发展》2004年第3期。
- 张继成、杨宗辉：《对"法律真实"证明标准的质疑》，载《法学研究》2002年第4期。
- 樊崇义：《客观真实管见：兼论刑事诉讼证明标准》，载《中国法学》2000年第1期。
- 何家弘：《论司法证明的目的和标准——兼论司法证明的基本概念和范畴》，载《法学研究》2001年第6期。
- Joseph Raz, Legal Validity, in Joseph Raz, *The Authority of Law: Essays on Law and Morality*, Clarendon Press, 1979.
- Richard Holton, Positivism and the Internal Point of View, *Law and Philosophy*, Vol. 17, No. 5, 1998.
- Scott J. Shapiro, What is the Internal Point of Law?, *Fordham Law Review*, Vol. 75, No. 3, 2006.

第一节　义务规则与滑坡效应的启示

一、第一性规则的内在方面与滑坡效应

作为一个新的开端，哈特反驳了法律命令或指令理论之后，开始分析法律概念的核心特征。为此，他引入了第一性规则和第二性规则。所谓第一性规则，就是人们被要求去做或不做某种行为，指向一种义务，而不管他们愿意与否。依附于第一性规则的第二性规则则包括：用来说明人们为什么可以做某种事情或表达某种意思的承认规则，作为引入、修改或废除相应的第一性规则的立法规则，以及作为控制法律效力范围和运作机制的审判规则。哈特认为，虽然并不是所有的法律都是第一性规则和第二性规则的结合，但是这两种规则及其相互作用可以在最大程度上解释清楚法律的基本特征。

接下来先来理解第一性规则。既然是人们被要求去做或不做某种行为，那么不管他们愿意与否，其本质就肯定是与义务规则相通。不过，义务规则与强制命令或指令有根本区别，主要表现为：虽然义务规则往往由严重的社会压力所支持，可这个事实并不意味着必定是体验到规则下的强迫或压力才负有义务，还可能是出于对规则本身的内心服膺。由此，哈特提出了规则的外在方面和内在方面。那种规则的类似于强制命令的特征，应当视为规则的外在方面，就是站在一个外在观察者角度，看待人们为何会遵循某种规则，他们可能只是出于担心违反该规则将会遭到随之而来的惩罚而已，也就是这种压力下的担心形成了行为与规则之间的因果预测性；反过来，立足于一个内在角度，人们遵循规则就不仅是压力，而是从内心确信这些规则对于维护社会秩序之必需。即使他们意识到规则所要求的行为可能与义务人的期待相冲突，但依然认为需要克己以更多地有益于他人。换句话说，只有统合第一性规则的外在方面和内在方面，才能对义务规则作出完整描述。

问题不止于此。如果说第一性规则的外在方面，是从形式上提供了

判断合法与否的标准，那么第一性规则的内在方面，则进一步强调了这些标准应尽可能让人们从内心自愿服从，而不是简单出于对其不利的担心去被迫服从。区别于强制命令，立法基于对内在方面的考虑，会深谋远虑地构建出一些作为法律所应当具有的独特知识，倾向于抵制某些特定的行为或决定。因为支持这种行为或决定，或许会导致今后必须赞同其他一些明显应当予以反对的东西，这就是颇为有趣的"滑坡效应"（Slippery Slope Argument）带来的启示。滑坡效应的核心观点在于，如果某一行为或决定得到支持，可能会接连增加走向其他行为或决定的可能性，而在由此产生的其他一系列的行为或决定中，起码有一个是应当明显加以反对的，我们就需要反对作为起点的行为或决定。①

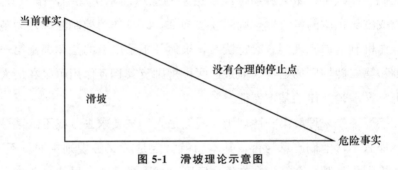

图 5-1　滑坡理论示意图

从滑坡理论的这一核心观点来反观法律思维，对于法律范畴中事实认定的问题，就不仅要考虑到处于斜坡顶端的正在争论中的当前事实，而且还要对当前事实引发的一连串事实，特别是沿着斜坡滑至底部的危险事实，也就是对可能产生抵制当前事实的理由加以考虑。与此同时，由于斜坡顶端的当前事实与底部的危险事实之间缺乏明确的界限，因此造成斜坡上没有合理的、非任意的停止点。所以，一旦推动当前事实的第一张牌，就会沿着斜坡下滑发生一连串的多米诺骨牌效应，使得某种危险事实不可避免，甚至产生连续的"蝴蝶效应"。

---

①　See Eric Lode, Slippery Slope Arguments and Legal Reasoning, *California Law Review*, Vol. 87, No. 6, 1999.

■ 数据交易的"法律元问题"

区别于数据开放,数据交易牵涉的问题较为复杂。美国、欧盟等多数国家地区对此持谨慎态度,数据交易机构很少被国家设立,多为民间发起,比如 Acxiom、Corelogic、Datalogix 等。① 这些机构所提供的数据交易限于较小范围,政府不参与交易过程。

基于此,作为数字化转型前沿的上海等地推动的地方性数据立法就备受关注,尤其在数据交易问题上被赋予很高期待。其中,是否有必要设立、以什么立场设立数据交易规则,成为立法的最大难点。这一问题在国内甚至国际上尚无成熟的解决方案,亦无可供遵循的制度范例,加之国内前期实践还处于探索和初创阶段,使得该领域立法难度较大。

概括来说,数据交易的复杂性在立法上可以还原为三个"元问题":

① 作为数据交易的基础,数据确权难题仍待进一步破解。从理论上数据作为基本权利可以成立,但在财产权上作为新兴权利权属不清,比如,加工清洗后匿名化的数据不能简单以财产权益保障,毕竟叠加的多维异构数据仍可能以各种方式识别到个人,一旦涉及人格权等更深层次的问题,就又导致了数据的使用边界模糊、不确定。

② 数据资产地位和估值标准尚未确定,使得数据交易的落地难以实现。数据不同于以往实体商品,其多样来源、整合增值、定价方式、质量管控、交易模式、管理追踪等,覆盖了法律法规、公共管理和产业规划等各个领域。尤为重要的是,数据交易的核心价值在于减少数据资产的变现时间,以及降低机会成本,所以不能简单以交易量估值,而是应当以整合分析产生的增值程度为评价标准,且具有反复交易后的无限增值特性。

③ 数据交易"兜底保障"所依赖的隐私保护体系也不够健全。数据交易机构一般会明确规定交易标的必须是经过清洗与分析的结果,且明令禁止涉密数据被当成商品交易。但是,数据治理缺少实际且共通的

---

① 参见戴志言、黄佳甯:《中国数据交易现状与发展议题研析》,载《经济前瞻》2019年第 7 期。

领域性数据分类分级标准,数据交易之前的脱敏、清洗等环节缺乏技术有效监管,数据交易之后的问责纠错机制又缺少法律的有效保障。所以,当下数据交易机构的极限在本质上只能局限于提供磋商交易功能,且多数还会为自己的监管责任豁免事先作出声明。

滑坡问题的存在,使得我们对于第一性规则的运用,必须采取一种辩证的法律思维方法。因为一旦只是针对当前事实适用第一性规则的外在方面,而对基于当前事实可能发生的一连串后果,尤其是滑至斜坡底部的危险事实不加以考虑,就很有可能产生极其不良的严重后果,使得人们从内在方面对第一性规则产生疑问,质疑它的合理性,甚至干脆直接否定它存在的价值。而这一连锁效应,是构建法律的概念不应当忽视的。其实,滑坡效应的理论早已被广泛运用于立法辩论或司法判决之中。比如,在立法方面,有关安乐死、堕胎、言论自由、枪支控制、助人自杀、人类基因疗法、数据交易等的立法辩论;在司法方面,有关过错推定、无过错责任的归责原则等的裁量适用。

二、刘雪娟诉乐金公司等化妆品使用标识案

> *Famous Leading case*
>
> **刘雪娟案的产品责任归责原则**　　2004年1月,刘雪娟购买了乐金公司生产的海皙蓝O2时光嫩肤液一瓶。该化妆品外包装盒底部标注了"限用日期:记载于底部或侧面",内置玻璃容器底部标注了"限用合格2007.11.21"。刘雪娟购买该化妆品后即开瓶使用。当年3月8日,刘雪娟以该化妆品外包装上没有标注开瓶后的使用期限和正确的使用方法,致使自己难以正确使用该化妆品为由,提起诉讼。乐金公司在审理期间提供了企业标准,其中规定讼争产品的贮存条件是:"符合规定的贮存条件,产品在包装完好,未经启封条件下,保质期为四年。"
>
> 该案的事实认定,主要围绕以下三个问题展开:

（1）本案化妆品包装上标注的"限用合格日期"，是否包括开瓶后的使用期限？一般而言，化妆品开瓶后即接触空气，加之温度、环境的变化，以及使用人的使用习惯和卫生条件不同，其活性成分容易发生变化，开瓶后的保质期必将大大缩短。据此，再结合乐金公司提供的企业标准，可以认定本案讼争产品标注的"限用合格日期"，应该是指该产品在符合规定的贮存条件、包装完好、未开瓶状况下的保质期，不包括开瓶后的使用期限。

（2）在本案化妆品上标注"限用合格日期"，是否会误导消费者？消费者购买化妆品，不是为了长期收藏，而是要用它来清洁、保护、美化肌肤。化妆品一旦变质，被消费者肌肤吸收、渗透，必将对消费者的身体产生伤害。因此，消费者真正关心的，不是化妆品在未启封条件下的保质期，而是启封后的使用期。但是，乐金公司仅标注了"限用合格日期"，而未说明该日期是指产品未启封状态下的保质期。消费者不是专业人员，在无特殊说明的情况下，将"限用合格日期"理解为其所关心的开瓶后安全使用期，是情理之中的事情。因此，仅仅标注"限用合格日期"而不同时说明该日期真实含义的做法，不能使消费者正确了解该化妆品的安全使用期，对消费者有误导作用。

（3）乐金公司对本案化妆品的标注方法，是否侵害了消费者知情权？产品质量法规定，限期使用的产品，应当在显著位置清晰地标明生产日期和安全使用期或者失效日期。消费者享有知悉其购买、使用的商品或者接受的服务的真实情况的权利。限期使用产品的生产者，应当将该产品的安全使用期标注在显著位置，清晰地告知消费者。乐金公司只是按国家标准的规定标注了"限用合格日期"，没有按产品质量法的规定标注产品的安全使用期，侵害了刘雪娟依法享有的知情权。

据此，法院判决乐金公司应以书面形式向刘雪娟告知其购买产品的开瓶使用期限。①

---

① 案例来源：《最高人民法院公报》2005年第6期。

该案传达的核心信息是，化妆品的生产者应当向消费者告知化妆品开瓶后的安全使用期限，否则就要为不履行告知义务的行为瑕疵承担责任。本案中，法院的思维并不是鉴定查明化妆品开瓶后多长时间，才会发生影响人体健康的变质真相，而是把生产者不履行安全使用期告知义务的行为瑕疵，视为延伸意义的产品缺陷，并将之认定为侵犯消费者知情权的依据。说到底，这里事实认定的法律思维，不是沿着生产者的产品缺陷行为与消费者的知情权受侵犯结果之间是否存在因果关系，来论证生产者是否存在主观过错，以及是否应为此承担责任，而是直接认为生产者这种不履行义务的消极行为本身，导致了侵犯知情权而承担责任。换言之，案件中的客观真实是什么并不重要，法律思维只要求依据产品缺陷的法定无过错归责原则，作出法律上是否真实的判断即可。

那么，为什么产品责任的生产者即使没有过错，也要承担产品缺陷的无过错责任呢？从表面上看，这种事实认定不管真相而只看结果的归责，与人类始祖的"同态复仇"颇为相似，所注重的不是侵权人的主观意识，而是客观的损害结果。但是，两者有着根本的区别。同态复仇的结果责任，弊端在于束缚人的自由行动，造成常人在生活中畏首畏尾，进而早已被过错责任所取代。所谓过错责任，就是每个人都有行为自由，除了因为自身的过错承担责任外，不应受到其他的外在限制，它是至今仍在侵权法中有举足轻重地位的归责原则。不过，随着社会发展伴生的危及社会安全问题出现，过错责任也开始受到挑战。许多损害发生是侵权人已尽谨慎注意义务，所以很难证明侵权人有何过错，使得受害人实现损害赔偿产生困难。为了平衡社会利益，侵权法对于包括产品缺陷责任在内的一些特殊侵权行为加以修正，引入了无过错责任。显然，以上溯源而来基于危险性采取的无过错责任，绝不是回到同态复仇的结果责任老路上去，它在判断是否承担侵权责任时，除了结果以外，实际上还要考虑侵权人的抗辩、受害人的过错及不可抗力等。其实，无过错责任的产生也是侵权法理论发展的必然选择。随着社会经济发展必然带来的危险活动，不法行为和损害发生已是常态，一味地制裁乃至消灭侵权行为的努力都是不甚明智的。侵权法无过错责任的本意在于"合理分配不幸损失"，也就是通过损害转移和分散机制，尽可能地兼顾侵权人的行为自由和受害人的保护之需。

产品缺陷的无过错归责，正是基于这种"合理分配不幸损失"而具有合理性，印证了作为法律的第一性规则必定蕴涵了让人们内心服膺的内在方面。结合刘雪娟案件，作为生产者的乐金公司仅仅标注"限用合格日期"而未在显著位置说明安全使用期，会误导消费者及侵犯知情权，构成了产品缺陷。因此，法院不需要去验证这种产品缺陷是否客观上造成了消费者刘雪娟的损害后果，而只要认定产品缺陷的事实，就足以依据无过错责任的归责原则作出法律真实意义上的判断。它背后所隐含的要义，就是当受害人的健康权（生命自由）、无过错生产者的财产不受剥夺（朴素的正义）、社会稳定的秩序（秩序）三者相互冲突时，价值位序的排列应当是自由高于朴素的正义，朴素的正义高于秩序。更重要的是，它可从客观上敦促和培育所有人尽合理注意义务，以避免对他人造成损害的责任感。了解了这一要义，就不难理解为何选择无过错责任的归责原则。

反过来，假如放弃旨在填补损害的无过错责任，滑向的危险事实就是许多危险的副产品，比如工业灾害频发、环境污染加剧、核子泄露损害、食品药物安全和产品质量问题凸显等。当受害人难以举证来证明常态的法律责任构成，他们就只能自担风险，自我消化损害。久而久之，全球性风险的不断扩张，以及损害结果不能转移和分散之间所形成的紧张，将使得作为风险社会原子的人们缺少合理的机会通过法律途径获得补偿，无法将受损害的生活恢复原状，进而对法律产生极大的质疑，纷纷寻求法律之外的私力救济，成为滑坡效应中当前事实沿斜坡不断走向危险事实的加速推动力量。一旦如此，无疑是现代社会发展和法治化进程中的巨大悲哀。从这个角度上讲，基于法律真实的原理而适当地扩张责任范围，让或许客观上并不应承担责任的一方承担一定的风险和负担，让侵权法填补损害、救济弱者和衡平利益的功能得以充分发挥，乃是一个社会调整和法律调整的全局性问题。

当然，无过错责任也并不是完美无缺，它有着无法克服的局限性，也就是在"动辄得咎"的法律安排中，人们往往谨小慎微、趋向保守，势必会影响和限制某些合理的行为。比如，最高人民法院的规范性文件不仅把医患纠纷的处理规定为过错推定，而且还对侵权行为与损害结果之间的因果关系加以推定，所以一旦损害结果发生，医院方几乎难以免除责任，几乎等同于承担绝对的无过错责任。此举的多米诺骨牌效应是，医院方很多情况下不得已采取保守性的"小病大检查""拒签不手术""宁愿放弃生命绝不风险诊疗"等防范性的医疗手段，或者干脆开列出不断拉升的医疗费用，以规避高昂的损害赔偿，反而让患者无法获得适当的治疗，无端增加了大量的就医成本，违背了原来保护受害病患的初衷。正因如此，《民法典》"侵权篇"对此进行了修正。这也是设定第一性义务规则的内在方面不得不考虑的负面效应。

三、内在方面与法律真实的优先

以上从滑坡理论出发对法律的第一性规则的说明启示我们，作为法律的第一性规则，必然是内在方面和外在方面的结合。事实上，无论是立法还是司法，因为滑坡的可能性，很多时候允许一种行为便会产生比拒绝该种行为还要坏的结果，滑坡理论便为拒绝该行为提供了理由。同时，即使立法者或者裁判者根据滑坡理论找不出产生危险事实的理由，但如果凭借当前事实裁决找不出充分理由，那么出于对滑坡可能产生的更大危险事实的担心，法官仍会认为允许该行为的风险太大，进而裁决不支持该行为。可以说，滑坡理论对于法律上作出决定具有重要意义。

滑坡效应对刘雪娟化妆品案件的分析清晰地告诉我们，法律思维要求实现的是，使案件事实达到法律所规定的视为真实的标准，即所谓法律真实。因为法律上视为真实的标准，其本身就已经蕴涵了第一性规则的内在方面和外在方面。同时，对于那种不惜运用一切手段认定的事实，即使更加接近案件发生的事实真相，即所谓客观真实，可由于它不包含第一性规则的内在方面，因此一旦客观真实与法律真实的标准相互抵触，仍然应当遵从发现法律真实优先，而不是客观真实优先。

法律真实抑或是客观真实，都是指向事实认定。毋庸置疑，司法过程是当事人之间利益竞争的延续，他们的诉讼行为都是以最大程度的趋利避害为目标，总是试图通过攻击和防御来影响裁判者的决策。然而，试图在相互排挤的利益之间作出公正取舍，案件的事实认定尤为关键。

当然，完美的司法公正是法官让案件的事实认定既符合客观真实的要求，也符合合法性的要求；既不允许为照顾事实真相而牺牲合法性，也不允许为实现合法性而牺牲事实真相。令人遗憾的是，这是一种让人向往的乌托邦。诚然，服从客观上的事实真相与服从法律上视为真实的合法性标准始终一致，那是再理想不过的事情，但现实是两者往往会发生冲突，根本无法找到能保证做到两者完全一致的法律制度，也根本无法找到能保证做到两者同时兼顾的"一仆二主"裁判者。所以，作出选择成为必然。

当然，从第一性规则的内在方面来讲，法律真实优先的法律思维实际上还存在其他复杂的因素：(1) 立法上，严格防止安乐死合法化，是出于安乐死这一当前事实，目前缺少令人信服的沿斜坡下滑的合理停止点而极难控制，容易导致允许法外的合法剥夺他人生命的方式存在，乃至造成被利用来变相杀人的危险事实；施行枪支管制，是出于枪支使用这一当前事实，同样较难找到合理的平衡控制手段，容易造成枪支滥用，提高不良分子侵害他人生命健康的暴力程度这一危险事实；禁止人类克隆，是出于利用基因技术克隆人类的当前事实，无论在技术控制、伦理道德还是法律调整上，都尚未寻找出防止被用于邪恶目的的足够论证，因而可能会失控，产生给现有人类社会的方方面面带来灾难的危险事实；等等。(2) 司法上，类似于像高空坠物、路面施工侵权、建筑作业侵权、饲养动物侵权、环境污染侵权、产品质量侵权等特殊侵权的过错推定或无过错责任规定，使得哪怕客观上没有过错的当事人，也会由于法律规定而承担不利后果。法律上这样规定，是因为考虑到双方举证能力的合理配置、损害结果的公平承担责任原则或者照顾弱者稳定社会的政策考虑等因素。否则，这些案件中的受害人或受害后果的当前事实，将造成较为极端的不为社会所接受的非正义的危险事实。

第二节　法律真实优先的事实推定

一、事实推定的可预测性

"法律真实"又称推定真实，是指法律上被视为真实的事实推定，表现为法官根据一定的证明标准和证明责任，对于当事人主张的事实、提供的证据加以审查判断的过程。可以说，根据哈特提出的第一性规则的内在方面和外在方面，以及上面通过滑坡效应和借助刘雪娟案件的阐释，已初步提出了法律思维在事实认定方面的特定性，也就是法律真实优先。因为法律真实优先能够涵盖第一性规则的内在和外在两个方面，能够有效避免忽视内在方面而可能滑向的更大危险。不过，法律真实优先的事实推定是一个复杂过程，毕竟它意味着允许在一定条件下作出不尊重客观事实甚至违背事实真相的判断。这在那些对法律知之甚少的非法律专业人士看来，会让人深感困惑。因此，法律真实优先的实践，需要先行对于推动法律真实实现的事实推定目标加以界定。

哈特在《法律的概念》第二、三、四章中对于法律规则与强制性命令或指令的区别，以及法律上的服从与习惯性服从的差异，进行抽丝剥茧地分析后，转向了法律概念分析的新起点。在哈特看来，相对于强制性命令，法律是一种撤销之前都应当被遵循的一般性规定，具有普遍性和持久性；相对于习惯性服从，法律又要求具有对偏离标准作出批评的充分理由，保证具有反思事实的正当性。显然，无论是法律的普遍和持久特性，还是批评偏离标准行为的理由，都要求法律不能像强制命令或习惯那样，只满足于观察者能够记录下来的、有规律的统一行为这个外在方面，还应当具有一种对作为标准的特定行为模式加以批判反思的内在方面。如果说外在方面只是让人们把规则看作是违反后产生不利后果的标准，那么内在方面则是让人们从内心接受规则，以及通过自愿合作来维护规则。正是第一性规则的内在方面，使人们强烈期望包括自己在内的所有人都服从于规则，并且对于那些违反或有违反之虞的人施加压力性的义务，其终极目标在于维护社会生活中诸如暴力限制、安全确认、诚实信用、平等自由等被高度重视的原则。正如马克思所说："法律应该以社会为基础。法律应该是社会共同的、由一定物质生产方式所产生的利益和需要的表现，而不是单个的个人恣意横行。……这一法典一旦不再适应社会关系，它就会变成一叠不值钱的废纸。"①

接下来的问题是，负有义务的人们从第一性规则内在方面出发，期待实现的这些原则，指向的背景和语境是什么？假设在一种原初社会里，人们之间的差异很小，具有类似的情感、类似的价值、类似的信仰等类同特征，人们之间乃至整体社会都呈现出高度的一致性，并且相互依赖程度低，社会纽带松弛，那么对于有人违反这种一致性的差别和异化，只需要凭借众所认同的情感、价值或信仰，行使所谓公理性的镇压权力就可以解决问题。不过，人类社会自从产生以来，就像一个具有各种器官的有机体，执行不同职能的人们从初步的简单社会分工，到不断错综复杂的发达社会分工，相互依赖性和个体差异性越来越明显。期间，人们必定会产生不同的情感、价值和信仰，这种不同导致了对于暴力限制、安全确定、诚实信用、平等自由等原则的理解出现很大差异。比如，对于有重大犯罪嫌疑而又无法完全认定的疑难案件，指向公权的暴力限制，到底是应当无罪推定还是有罪推定；面对他人正在实施的非法侵害所进行的暴力反抗，从暴力限制的角度，所谓正当防卫与防卫过当之间的界限究竟应当如何把握；民事交易的合同之债，当超过约定履债期限后的法定诉讼时效，那么旨在让各方权利义务尽快安定的安全确定原则，是否能够以超过时效为由确认债权人丧失胜诉权，还是继续无限期地保护债权人的债权；面对政府公益政策拆迁与尚在土地使用期内个人房产物权保护的冲突，根据政府登记个人地产允诺七十年土地使用期的规定，诚实信用的天平是应当屈从于公益优先，还是应当认为即使公益也不能在土地到期之前违反诚信而拆迁收回土地；面对诉讼过程中一方具有明显优势时，法官是对劣势一方更多行使释明权，恢复双方的诉讼平等状态，还是应当始终恪守中立听证的原则。显然，相对于前面

---

① 《马克思恩格斯全集》（第六卷），人民出版社1961年版，第292页。

那种只是存在于史前的类同社会而言，分化社会中的法律不是像强制性命令或指令那样施以简单的压制和惩罚，而是需要面对差异化，更加主张审慎和理性恢复，形成具有普遍和持久特性，以及具有反思事实正当性的面向社会整体的统一性规则。

可以说，面对差异的分化社会，就是人们从第一性规则的内在方面出发去实现那些原则的背景和语境。概言之，面对越来越分化的社会，为了避免社会观念、行为方式等的四分五裂，从某种程度上恢复社会整体的统一性势必成为必然，它反映在法律中就是主张法律的可预测性。由于司法过程中法律的可预测性问题具有极为典型的意义，以下将以司法裁判为例进行说明。

其实，司法裁判中法律的可预测性无非涉及两个方面：事实认定和法律适用，它们构成裁判的两块基石。相对于法律适用来说，案件审理中的事实认定又往往更会成为问题的焦点所在。出于案件的事过境迁、证明事实的成本考量以及法官的有限知识等，司法中的事实并不必然会截然二分为"真"或"假"，而是常常处于一种事实真伪不明的灰色状态。事实真伪不明，虽然只是表现在某些具体个案中，可实际上它作为一种人类有限理性造成的结构性现实，却是面向整体的司法裁判而言的。也就是说，任何案件的事实都无法完全确定它的真与假，所能够获得的永远只是概率最大的、比较确定的事实。

■ 民事诉讼中的法律真实

鉴于民事诉讼更多涉及私权，其证明过程追求的是相对合理性，而不像刑事诉讼和行政诉讼那样因为涉及公权而对合理性具有更高的要求。所以，法律真实优先在民事案件中的适用空间相对更大。

理由包括以下几点：

①"当事人决定事实"规则。法院依职权调查事实的范围，一般由当事人决定。民事诉讼的案件事实一般都是由当事人提出，除非涉及国家、社会和其他人权益，否则法官不主动调查；同时，一旦当事人自认某一事实，或其主张的事实被对方承认，则不论自认或承认的事实是否

与真实有出入，法官可直接作为裁判依据。可见，事实调查的范围既然由当事人控制，并且法律也承认这种控制的正当性，那么就等于认同民事诉讼是以达到法律上的相对真实为满足的。

②"诉讼价值优选"规则。民事诉讼的某些规则直接决定了法律真实的实现。固然，发现客观真实十分重要，但是，它并不是诉讼中唯一的价值。事实上，诉讼价值还包括其他一些重要的价值，比如结束不确定的法律关系（诉讼时效、公示催告）、实现法律关系的重置（宣告失踪、宣告死亡）、提高诉讼的效率（诉讼公告、提留公证）、避免不利益的恶意转移（诉讼保全），有时发现客观真实会与这些价值发生冲突，而不得不让位于这些价值，这说明立法存在一些宁可舍弃客观真实的情形。

③"证据相对优势"规则。如果案件中运用证据证明，某一事实本身从说服力、可靠性等方面都被证实存在，并且明显大于不存在的可能性，同时纠纷解决中的司法成本又相对有限，通常不可能无节制地求取反证，那么此时，尽管逻辑上还不能完全排除存在反证，也允许法官根据优势证据加以认定。换句话说，就是采信相对证明力更高的证据作为实现了的法律真实，继而假设它会更接近于客观真实。

④"高度盖然性"规则。任何人的认识能力在特定时期都是相对的，法官对于案件事实的认定，往往难以达到绝对的真实；而且法官都是事后根据证据去推测、判断案件事实，并不是观察实际发生的真相，所以只有以收集的有效证据为依据查明事实。因此，案件事实的认定只要求达到高度盖然性，让人合理相信即可。高度盖然性表明，如果法官自己也无法完全确信事实必定如此时，仍然可以根据一定程度的概率作出法律上的判断。

那么，事实真伪不明对于法律思维究竟意味着什么呢？事实真伪不明的结果，实际上是该事实引起的法律后果处于不明状态，甚至会导致法官陷入到底适用何种法律的困境。然而，司法作为正义的底线和最后的守护者，决定了法官不能拒绝作出裁判，此时，就需要运用某种社会

认可的法律思维，使得在事实真伪不明的状态下作出裁决，并且获得当事人及社会民众的信赖。简单地说，虽然无法保证事实认定的可靠性，但是可以通过法律思维做到使这种裁决获得信赖，它就是以事实推定为核心的法律真实优先思维。从本质上看，事实推定是通过"拟制"，把事实设定为"真"或"假"，为法律提供将"不利益"的诉讼后果判决给某一方当事人承担的法律依据。虽然它是在无法克服事实真伪不明情况下的无奈之举，但由于法律真实优先的事实推定思维是被预置在诉讼之前且具有确定性，因此它不仅能够作为"拟制"的代位者，使得裁判面对的事实走出真伪不明的状态，更为重要的是，据此作出的事实认定仍然具有可预测性。

■ 民事诉讼中的辩论主义与法律真实

大陆法系国家对于民事诉讼中的真实，存在着法律真实与客观真实两种对立的学说。强调法律真实的辩论主义认为：① 作为裁判依据的事实须由当事人在诉讼中提出，当事人未主张的事实，法院不得将其作为裁判的基础；② 当事人之间无争执的事实，法院一般不应进行调查，而是应当直接将之作为裁判的依据；③ 对当事人之间有争议的事实，虽然可以通过证据来查明，但该证据须是当事人提出的证据，法院原则上不得自行依职权调查收集证据。在事实和证据由当事人支配的辩论主义中，法院所能发现的真实充其量只是法律真实，客观真实的发现只是一个偶然性结果。

二、事实推定的"历史三步曲"

可预测性的事实推定实现，虽然可能存在一定程度上游离于真实状况的风险，但毕竟是建立在一些趋向于正当性的法律装置之上的。而这些装置都是在案件发生之前就预先确定，不会因为事实推定而发生改变。否则，承受了偏离实际真实状况风险的事实推定，就只能沦为一种或然性判决甚至错判，降低法律的可预测性。

从历史上看，现代法律发展旨在实现法律真实的装置设计，经过了从法定证据到自由心证再到证明责任三个阶段。

1. 法定证据制度

现代意义法律的信赖获取，不再像过去那样依靠神明裁判或决斗，而是建立了法定证据制度。根据这一制度，事实认定中的法律思维，就是依照法律事先规定的各种证据的证明力和评断标准作出裁判。当然，这时的事实认定权力不在法官，而在立法者那里。虽然法定证据制度由于过分形式化，缺少必要的自由裁量，产生了过分倚重口供、刑讯逼供泛滥等负面效应，但不可否认的是，它提高了司法裁决的可预测性，向审慎和理性裁判迈进了一大步。可以说，从法定证据制度的确立开始，寻求法律真实而非客观真实，正式成为现实司法中法官的裁判标准。

■ 法定证据制度

法定证据制度是法律根据证据的不同形式，预先规定各种证据的证明力和判断证据的规则，法官必须据此作出判决的一种证据制度。法定证据制度的产生是与封建社会经济、政治、科学和文化的发展相适应的。最早把这种制度称为"法定证据制度"的是法国的一位议员，名叫杜波尔。16世纪至18世纪欧洲的某些封建国家颁布了一系列重要法典，对证据的审查判断规定了严格的规范，强制法官必须依据这些规范采用证据，而不得按照自己的理解来判断和使用证据。法定证据制度是与当时适用的纠问式诉讼制度相适应的，它对每一种证据的证明力认定，所依据的不是证据本身的情况如何，而是由法律事先规定它的可靠性决定的。可见，这种证明力完全是由立法者按照证据的外部特征加以规定的。它把证据分为完全的、不完全的、不太完全的、多一半完全的。几个不完全的相加，可构成一个完全的证据。这种证据制度过分注重证据的表现形式，而不问其内容是否真实，因而又被称为形式证据制度。法定证据制度主要适用于中世纪欧洲大陆各国，而英国因有其自己民族的传统与习惯，基本上没有受到法定证据制度的影响。中国的封建社会更有其自身独特的法律体系，所施行的证据制度，也与法定证据制度有很大的区别。

图 5-2　古体"法"写作"灋"
"廌"即獬豸，公正化身

图 5-3　中国地狱判官

图 5-4　西方教会审判

图 5-5　决斗判决

2. 自由心证制度

法定证据制度不允许法官自由裁量，所以，被视为法律奴仆和计算器的法官，只能严格按照法律规定对案件中各种证据的证明力进行数学的运算，寻求所谓的法律真实，这造成了很多情况下法官只是机械性地给出事实"为真"或"为假"的结论。有鉴于此，人们开始尝试裁判中的自由心证，逐步摆脱法定的证据资格认定，允许法官自由判断、选择和取舍。然而，这种允许法官自由判断、选择和取舍的做法，究其本质是"假定"事实存在或不存在，并以此为基础作出产生或不产生相应法律效果的判断。也正是在这个意义上，法律真实不再是循规蹈矩地依据法定证据进行事实认定，而是当事实真伪不明之时，相对合理地进行事实推定。

■ 自由心证制度

所谓自由心证制度，是指证据的证明力一般不以法律加以拘束，而是听任法官的自由裁量。自由心证是以证据的存在为前提，而不是以空穴来风的"自由"心证来认定事实。所谓允许心证，指向的不是"证据的能力"，亦即何种资料具有证据的资格，而是指向"证据的证明力"，即证据的价值。基于自由心证，证据证明力的有无及大小不受法律形式上的约束，而是完全依赖于法官的自由判断、选择、取舍。法官根据法庭审理过程中形成的内心信念，自由裁断证据证明力的大小。这是因为，证明力只能由法官根据长期裁判活动形成的经验，以及结合个案的具体情况作出判断，而无法由一些事先确定的标准加以规定。

3. 证明责任制度

如上所述，自由心证只是相对合理地对事实真伪加以推定，根本无法承担起消除事实真伪不明这一不确定性的重任。所以，它在很大程度上同时依赖于证明责任，甚至将之作为克服事实真伪不明的核心装置。可以说，正是证明责任概念的出现，使得法官在事实真伪不明时，不是可以任意地将不利后果分配给一方当事人，而是需要提供将不利后果归咎于一方当事人承担的正当依据。退一步讲，即使无法揭开案件事实真相的面纱，也可根据某种人们普遍接受的公正性规则作出判决，所以仍然具有可预测性。推出证明责任的装置，极大地促使法律真实优先的思维具有了完整意义的蕴涵。因为证明责任的存在，至少使得自由心证中的法官对事实推定必须保持谦抑的态度，更加理性而谨慎地对待诉讼证明活动，以减少自由裁量可能带来的错误和风险。

■ 证明责任制度

现代意义的证明责任，就是针对事实真伪不明，通过举证义务的合理分配，进行一种法律上的普遍性拟制。当然，它不是针对个案的拟制，而是一种具有普适意义的权衡各种因素，并且加以价值排序后作出的决断。从根本上讲，证明责任是在人类不断完善认知手段，以及提高工具质量后，仍然无法发现客观真实情况时，所采取的一种克服有限理性的制度性保障措施，是一种无奈的法律技术或方法。从法定证据到自由心证再到证明责任，现代司法中法律真实的实现，不再是一味过度形式化的证据裁判，也不再是可以任意裁量而让法律可以被轻易绕过，而是通过证明责任对事实真伪不明状态进行"法律上的解决"。它的法理要义在于，既然事实真相无法查明，那么最明智的做法是依据人们能够普遍接受或认同的规则作出判决，尽管它并不能总是保证与客观真实完全吻合，但它应被视为一种合乎正义的、不得已的妥协。显然，法律真实优先的法律思维对事实问题真假不明，并不意味着对法律问题真假不明。此时的法律真实问题不再是一个真与假的事实判断问题，而是一个合法与否的判断问题。

三、证明责任、证明标准与法律真实

现代意义上的事实推定，目标是法律真实的实现，方式是自由心证与证明责任的结合，标准是达到高度盖然性。事实上的证明过程是：法官运用自由心证和证明责任对证据进行审核及完成事实推定。如果认为它达到了高度盖然性的标准，就认定该证据符合法律真实的要求，可以作为裁判定案依据使用。

法律真实实现的关键在于，作为自由心证补强的证明责任，以及达到的高度盖然性的证明标准，它们的本质是什么？

第一，证明责任的本质，就是当事实真伪不明时，为拟制的利益分

配提供法律依据。这一本质决定了与法定证据和自由心证相比,证明责任是在一种确保法律的可预测性前提下,更加接近事实的"折中"。正是这一折中赋予了法官在事实真伪不明的状态下,可以依照法律真实优先的思维进行事实推定的权力,而且使得这种事实推定在法律上成为合法。不过,这种事实推定毕竟是建立在事实并未查清基础上的,这与查明事实后作出裁判的理想状态仍有很大差距。从这个意义上讲,证明责任拟制的利益分配结果,又是一种与客观的真实状态分离的风险判决,它的存在使得没有道理的当事人反而有了赢得诉讼的可能。毫无疑问,其中肯定存在源于证明责任而出现的有理的当事人败诉、无理的当事人赢得诉讼的危险,但是,这是案件在出现事实真伪不明的情况下必定付出的代价。当然,事实表明这种极端情况的出现只是少数,毕竟法律上的证明责任分配绝不是任意的,而是充分考虑了事实性质、举证能力、法律要素和证据距离等因素,使得主张了客观真实的当事人通常可以更加容易证明。

■ 生态环境纠纷的无过错责任

《民法典》规定对环境污染案件适用无过错责任,也就是作为原告的被害人只要初步举出受害结果的证据,即转由作为被告的污染方证明其污染行为与受害结果之间不存在因果关系。理由无非有两点:一是受害人相较于污染方往往处于诉讼中的弱势;二是污染方相对更具有查明因果关系的专业知识、资料和手段。比如,城市建筑的玻璃幕墙、釉面砖墙等外立面造成的光污染,专家研究发现,长时间接受白亮光照射的人,视力会急剧下降,白内障发病率高达45%,还会出现失眠、头昏、食欲下降、身体乏力等神经衰弱的症状。不过,白亮光的反射度、诱发身体变化的可能、视网膜和虹膜的耐受程度等,都会因具体情况而有所不同,因此,判断污染与受害之间的因果关系,是一个十分专业和复杂的过程。从根本上讲,把污染方认定为责任方,虽然是让"谁主张、谁举证"的一般原则出现例外,却更加公平地实现了机会均等的正义。更进一步而言，通过无过错责任的规定，即使出现了"无法证明"而认定由污染方承担责任的情况，从源于风险归属的角度看也是合情合理的。

除了实体上设定无过错推定的证据责任，为了达到全方位立体保护环境的目标，法律进一步在程序上增设了公益诉讼。环境公益诉讼包括检察机关和社团机构提起环境公益，尤其是2014年《中华人民共和国环境保护法》修订后的第58条对提起环境公益诉讼适格主体的进一步细化，将从制度层面扭转"环境违法成本低"的局面。2015年3月19日，德州晶华集团振华有限公司超标排放污染物的行为受到各级环保部门作出行政处罚决定后仍未改正，于是中华环保联合会向德州市中级人民法院提起了环境民事公益诉讼。这起新修订的《中华人民共和国环境保护法》实施后的全国首例大气污染环境公益诉讼案已尘埃落定，首案呈现出诸多亮点，对法治进程具有重大的促进作用。

第二，高度盖然性作为证明责任原理所要实现法律真实的目标，从本质上看，是将人类生活经验和统计上的概率适用于诉讼，即当待证事实处于真伪不明的情形，对盖然性较高的事实予以确认。换句话说，凡待证事实发生的盖然性高，主张该事实发生的当事人即不再负证明责任，而是转由对方证明。通常而言，如果案件审理中双方都不能充分证明自己主张的事实，那么法官将面临两个问题：（1）当一方提供的证据证明力明显大于另一方提供证据的证明力时，证明力较大的证据能否得到确认？（2）当一方提供证据的证明力不能明显大于另一方提供证据的证明力时，法官应当裁判哪一方承担败诉的后果？对此，根据法律真实优先的思维方式，针对第一种情况，可以借助于自由心证对证明力较大的证据予以确认，哪怕不能保证它毫厘不差地符合客观真实；而针对第二种情况，可以借助于证明责任的分配规则作出裁判，即使它与客观真实的接近程度较第一种情况更差。

■ 彭宇案见义勇为的盖然性认定

南京彭宇案曾经喧嚣一时,成为举国关注焦点。此前,这类案件并不鲜见,但没有哪一起案件像彭宇案那样,引起了一场影响深远的讨论,乃至当时最高人民法院肖扬院长指出,期望各级人民法院认真从中汲取教训。案情概要如下:2006年,某老太太在南京一公交站台等车时摔成骨折,后鉴定构成八级伤残,花去数万元医药费。老太太指认撞人者系下车的青年彭宇。而彭宇称,当时下车后看到一位老太太跌倒,便上前去扶她,并跟随后来也来搀扶的其他人一起送她到医院,还垫付了数百元医药费。此后不久,老太太及其家属起诉彭宇侵权损害赔偿。

本案一审认为,根据彭宇自认,他作为下车第一人,撞人的可能性较大;彭宇与对方素昧平生,但在事发当天垫付医疗费后一直未要求返还,有悖常理;彭宇见义勇为的更好办法是抓住撞人者,而不只是好心相扶;彭宇如果是做好事,应在老太太家人到达后言明经过,并让家人送老太太去医院,彭宇当时却未如此选择。综合以上分析,一审法官从对彭宇的事后行为的合理性评价出发,认为彭宇的行为违背常理,见义勇为的盖然性不能成立,遂判令彭宇补偿40%的损失即45876元。

本案的争议焦点是能否适用盖然性标准。① 盖然性标准的适用条件是有严格限制的,必须是双方提供了相反证据,但都没有足够证明力否定对方证据。彭宇案中,双方除了各自陈述之外,均没有提供任何证据证明案发的事实,更不用说提供了证明力相当的证据。② 该案的客观真实可能性至少有三种:彭宇与老太太相撞;老太太自己摔伤;老太太被第三人撞伤。一审法院只是针对第一种可能性的概率进行事实推定,而忽视了对第二、三种可能性的排除性调查。事实上,三种可能性发生的概率是相当的,不能片面地仅对第一种可能性加以臆测。

可见,高度盖然性的证明标准适用并非如此简单,而是需要关注以下几个原则:运用时不能违背法定的证据规则,更须避免法官凭空的主

观臆断；高度盖然性的证明标准加以定案的依据，需要达到足以让人确信的程度，而不是仅凭微弱的证据优势认定；运用的前提是排除其他的可能性，而不是就其中一种可能性加以推定；所有的推定依据之间能够相互印证，形成一条完整的证据链，得出的结论具有唯一性。当然，毕竟高度盖然性只是语言或数据无法精确表达的一个确切程度，其对于法律真实的实现，主要取决于某一具体案件本身的复杂程度、当事人举证的难易程度、法官的道德伦理修养、法庭审判的效果（当事人程序权是否落实、攻防手段是否得当等）以及外界的干扰等因素。

四、两种意义的证明责任分配

归根结底，所谓证明责任，就是指事实真伪不明且双方所举证据的证明力相当时，事先确定的一种利益分配的拟制。根据这种事先的不利责任的拟制，指向法律真实的推定即使不符合客观真实，仍具有法律拘束力和可预测性。当然，要避免颠倒黑白的危险出现，就有赖于科学的证明责任分配。

证明责任的分配与当事人的举证义务密切相关。当事人的举证义务包括两个方面：一是行为意义上的义务，即当事人对自己的主张收集和提供证据；二是结果意义上的义务，即当事人在举证不能时承担败诉的不利后果。作为一条诉讼公理，我们都知道"谁主张、谁举证"这一举证常识。但是，结果意义上的举证义务是法定的，是由案件性质所决定的；同时，行为意义上的举证义务也会不断移转，有时甚至是法官的自由心证所决定的。可见，"谁主张、谁举证"并不是原告提交了起诉书，就承担所有的举证义务那样简单，甚至可以这样说，"谁主张、谁举证"的原则如果没有具体的关于证明责任的分配作为基础或支撑，就是空洞而没有意义的。

（一）行为意义的证明责任分配

行为意义的举证义务移转，从理论上讲，就是对立双方为支持己方主张的事实而进行的交替举证的矛盾运动过程，证明责任在双方之间轮流分配。原告对自己的事实主张举证证明，对方反驳或提出新的主张也应举证证明，若原告继续反驳则要再举证，依次类推。但是，现实中的举证义务移转过程不是如此简单的，法官可能会根据当事人的举证能力区别、收集证据的成本差异、取证难度的程度区分、诉讼程序设计的不同等，通过自由心证进行证明责任的分配。与此同时，事实推定作为法律真实的实现方式，所确定的是一种相对的合理。试图获得这种相对的合理，也不是放之四海而皆准的单一方案所能完成的，而是需要形成一个证明责任的分配体系。因此，行为意义上的证明责任分配不是单一的，而是多元的。不过，证明责任在诉讼过程中具有极强的操作性，这又决定了证明责任的分配会有一个主要方案。否则，就会出现同案不同判的情况，这是与事实推定的可预测性目标背道而驰的。

那么，具有可操作性的证明责任分配的主要方案是什么？德国诉讼界"领头雁"罗森贝克的"规范说"，提出了以事实在法律规范上引起的不同效果为证明责任分配的依据。[①] 它主要包括五个方面：(1) 要件事实处于真伪不明状态时，法官将不适用当事人请求的对其有利的法律规范；(2) 当事人对有利于自身的法律规范所规定的要件事实负证明责任；(3) 通过对法律规范进行分类来区分有利还是不利；(4) 通过实体法形式上的结构、条文上的关系，来识别不同实体法规范；(5) 证明责任分配应当由立法者作出规定。[②] "规范说"以其所具有的强有力逻辑和操作性获得声誉，已成为大陆法系证明责任分配的主导学说。

■ 中国的立法对"规范说"的青睐

最为典型的表现就是《民法典》涉及许多行为意义上的证明责任分配规定。

① 事实真伪不明时，法官不应采用当事人提出的有利于自身的法

[①] 参见〔德〕莱奥·罗森贝克：《证明责任论——以德国民法典和民事诉讼法典为基础撰写》（第四版），庄敬华译，中国法制出版社 2002 年版，第 6 页。
[②] 参见李浩：《民事证明责任研究》，法律出版社 2003 年版，第 115—118 页。

律规范。比如,《民法典》规定了同一侵权行为造成多人死亡的,可以以相同数额确定死亡赔偿金。这意味着在交通事故、矿山事故、环境污染事故等引起的多人死亡案件中赔偿标准统一,即按照"就高不就低"原则进行赔偿,不再"同命不同价"。因此,如果事故责任方提出援引过去对其有利的人身损害赔偿标准即城乡差别标准进行赔偿,法官不应予以采纳。

② 当事人应对利己的要件事实承担举证责任。面对社会中出现的越来越多的网络侵权行为,比如侵犯公民个人信息或知识产权等,《民法典》规定,网络用户、网络服务提供者利用网络侵权的,应当承担侵权责任。但是,如果网站能够提出,受害人未向网站提出采取删除、屏蔽、断开链接等必要措施,或者知道后已及时采取必要措施的,可以免予承担连带责任,即《民法典》中规定的所谓"红旗规则""避风港规则"等。

③ 对法律规范进行分类来区分责任的不同情况。比如,以往的重大产品质量缺陷或重大食品药品安全事故带来了许多沉痛教训,《民法典》对此建立了召回制度和惩罚性赔偿制度,明确规定产品投入流通后发现存在缺陷的,生产者、销售者应及时采取警示、召回等补救措施,否则承担侵权责任;但是,如果是在投入流通前就发现存在缺陷的,生产者、销售者将可能被施以更为严重的惩罚性赔偿。

④ 通过实体法结构、条文的关系识别不同规范。比如,《民法典》作出了产品责任、机动车交通事故责任、医疗损害责任、环境污染责任、高度危险责任、饲养动物损害责任、物件损害责任七大门类的特殊民事侵权规定。

⑤ 证明责任分配应由立法者作出规定。比如,曾轰动全国的"拒签事件",由于患者家属多次拒绝在手术单上签字,导致孕妇及胎儿双亡,事后患者坚持责任在医院,而卫生部门表示医院已经尽责。再如,不少医疗机构为了创收,迫使患者做一些不必要的检查,造成了"看病贵"现象。对此,长期以来的法律缺位,导致要么各执一词,要么无可

奈何。为了破解困境，《民法典》直接规定了医院做手术在情况紧急时可不经家属签字同意，尽责抢救失败可以不承担法律责任，还规定了医院不得违反诊疗规范实施不必要的检查等。

当然，"规范说"也不是天衣无缝的完美学说，它在提出后也遭致了一些尖锐批评，比如，过于形式化和教条化，影响了实质公正的实现等。其实，任何一种具体制度都不可避免存在其自身对某一价值的偏好而导致的不足。因此，由于该制度的基本合理性，让人们不至于因这种不足而驻足或否定该制度，而是想方设法加以弥补。所以，行为意义上的证明责任分配在确定规范说作为主要方案时，又辅之以其他方案。

作为辅助性的其他方案，首推过错推定。过错推定是"谁主张、谁举证"这一过错责任的特殊表现形式，规定在某些情况下如果推定一方有过错，该方要证明自己没有过错才能免责，实质仍是过错责任。结合权利义务的法律思维，过错推定就是将原来应由受害人举证的义务，倒置给可能的侵权人承担。如果可能的侵权人不能举证自己不应承担责任，就必须承受对自己不利的实体负担。作为过错推定的义务承担者，其并非是明文规定的义务承担者，而是从法条明文的举证责任倒置规定，可以简单推定其应承担相应的隐含义务。

■ 过错推定

① 行政诉讼法的过错推定。《行政诉讼法》规定了被告对作出的具体行政行为负有举证责任，应当提供作出该具体行政行为的证据和所依据的规范性文件，事实上"民告官"案件中实行举证责任倒置已成为行政诉讼的最大特色。

② 刑事诉讼法的过错推定。《最高人民法院、最高人民检察院、公安部、国家安全部、司法部关于办理刑事案件排除非法证据若干问题的规定》规定，对被告人审判前供述的合法性，公诉人不提供证据加以证

明,或者已提供的证据不够确实、充分的,则该供述不能作为定案的根据。

③ 民事法律的过错推定。《民法典》列举了特殊侵权适用过错推定的若干情形,具体包括:无民事行为能力人在教育机构遭受人身损害的,推定教育机构具有过错;患者因下列情形之一遭受损害的,推定医疗机构具有过错:违反法律、行政法规、规章以及其他有关诊疗规范的规定,隐匿或者拒绝提供与纠纷有关的病历资料,伪造、篡改或者销毁病历资料;动物园饲养的动物致人损害的,推定动物园具有过错;建筑物、构筑物或者其他设施及其搁置物、悬挂物发生脱落、坠落致人损害的,推定其所有人、管理人或者使用人具有过错(建筑物倒塌适用无过错责任);堆放的物品倒塌致人损害的,推定堆放人具有过错;林木折断致人损害的,推定林木的所有人或者管理人具有过错;地下施工(包括窨井)致人损害的,推定施工人具有过错;此外还有非法占有高度危险物中所有人、管理人的过错推定责任。

(二) 结果意义的证明责任分配

结果意义上的举证义务,是法律规定在特定情况下当事人即使没有过错,也要承担不利后果的负担。区别于行为意义上的举证义务,结果意义上的义务,指的是在通向法律真实的事实推定上涉及的证明责任分配。这种责任分配会令人费解,立法者或司法者考虑证明责任的分配时,如果是面对行为意义的举证义务,至多是把逻辑和价值放在一起权衡,从程序上作出谁有举证义务的判断,不利一方仍然可以举证反驳,直到接近于事实真相,所以它还是可以被朴素的观念所接受的。但是,相对于行为意义上的证明责任只是从程序上把不利负担分配给过错方,结果意义的证明责任分配不论其是否有过错,就把实体的不利负担直接推定给其中一方。这一点会难理解得多,毕竟它从表面上就与朴素的观念有所抵触。

结果意义上的证明责任分配,最典型的莫过于无过错责任的法律规定。现实中特殊场合无过错的合法行为也会造成损害,而要证明过错与损害的关系往往又十分困难,为此,法律设定了某些情况下适用无过错责任的制度。所谓无过错责任,就是"责任认定的依据",不考虑行为人是否存在主观过错,即使行为人不存在任何主观过错,只要基于某些特殊情况下的损害事实的客观存在,就必须承担责任。(1)从性质上看,无过错责任是事实真伪不明最终仍未被打破时,才以不利裁判的现实形态落到一方当事人身上,它并不完全取决于当事人的举证活动,也不是对当事人举证不力的一种制裁,而是一种预先分配的不利负担。(2)从构成要件来看,无过错责任作为一种严格责任,需要同时满足三个条件:一是不考虑行为是否存在主观过错。这意味着责任认定时,受害人无须对行为具有过错提供证据,行为人也无须对自己没有过错提供证据,即使提供了,仍应承担责任。二是损害事实的客观存在。三是特殊侵权行为与损害事实之间存在因果关系。

■ 无过错责任

根据《民法典》的规定,无过错责任适用于以下情况:无民事行为能力人、限制民事行为能力人致人损害的,监护人承担无过错责任;用人单位的工作人员因执行工作任务致人损害的,用人单位承担无过错责任;提供个人劳务一方因劳务致人损害的,接受劳务一方承担无过错责任;饲养的动物致人损害的,动物饲养人或者管理人承担无过错责任(但动物园承担过错推定责任);机动车与行人、非机动车驾驶人之间发生道路交通事故的,机动车一方承担无过错责任;因环境污染致人损害的,污染者承担无过错责任;高度危险责任中,从事高度危险作业者、高度危险物品的经营者、占有人承担无过错责任;因产品存在缺陷造成他人损害的,生产者承担无过错责任;建筑物倒塌致人损害的,建设单位与施工单位承担无过错责任。

尽管行为意义上或结果意义上的证明责任的分配，解决的都是案件事实处于真伪不明状态引起的不利诉讼后果的归属问题，现实也极易混淆，但两者之间仍有很大差别：(1) 就主观而言，过错推定说到底是一种过错责任，而不是法律预先设定的无过错责任；(2) 从性质上讲，过错推定后的承责方如果能够证明自己没有过错即可免责，涉及的是证明责任的"程序"分配问题，无过错责任则是被认定的承责方都必须承担责任，涉及的是证明责任的"实体"分配问题；(3) 从适用范围看，无过错责任不像过错推定那样，能够适用于行政案件、刑事案件和民事案件，而是不适用刑事责任的认定，乃至在民事和行政案件中的适用也被严格控制在法定范围内，不得任意扩大或缩小。

第三节　法律真实与客观真实的权衡

一、完全依赖法律真实的缺点

法律毕竟不是类似于科学研究那样的单纯认知活动，其实质不只是单纯对事实的认知，而且还强调合法性评价；其目的不是追求事实之真，而是追求法律之善。所以，法律真实优先的思维让人面对一些情况时，即使没有查明客观真实，也需要作出结论；即使查明客观真实，有时也需要作出相反结论（比如超过诉讼时效的败诉、非法取证的证据排除等）。此外，还会限制对事实真相的查明，甚至于强调虚构的事实优位于客观的事实等。

■ **秘密收集视听资料的排除**

视听资料是随着科学技术的发展和司法实践的需要而诞生的；它以互联网、云计算、录音视频、雷达扫描等电磁记录作为技术载体；收集的过程无非有公开和秘密两种。以何种方式收集的视听资料才有法律效力，中国的诉讼法和其他法律一直未作具体规定。但从立法精神上理解，视听资料的收集一般应公开进行。但是，以秘密方式收集的视听资料，是否可以作为证据使用？

以秘密方式收集视听资料，就是制作的一方在对方不知道的情况下，针对特定的人制作的证据。比如，利用变焦电视摄像机、增敏传声器、微波装置、高灵敏度传感器等各式各样的窃听器，或通过电话搭线、破解网络密钥等进行监听等获得的证据材料。对于以此种方式取得的视听资料是否合法，各国看法不一，但总的来看，一般都采取了"原则否定"和"例外肯定"的做法。也就是说，原则上都不承认窃听等秘密方式收集视听资料证据的效力。换句话说，以偷录、窃听等非法手段取得的视听资料，即使能够反映案件事实的真相，一般也应当认定为无效。不过，中国民事诉讼同时吸纳了例外肯定的做法，规定以秘密方式取得的证据，只要不侵害他人的合法权益（如侵害隐私）或违反禁止性规定（如窃听），也可作为证据使用。当然，如果是通过侵犯他人隐私或窃听获取的能够反映客观事实的证据，仍然应当依法予以排除，而不能作为定案依据使用。

法律真实的事实推定机制，是在事实真伪不明的情况下，假设事实存在或不存在，并以此为基础，根据高度盖然性的标准作出相应的法律效力判断。假设本身肯定会隐含误判的风险。只是如果实现法律真实的事实推定是合理的，那么根据自由心证和证明责任的拟制，就是合理及正当的；反之，就等于是在法律没有充分理由的情况下，让一方当事人承担了不利后果，比如，证明责任之所在往往就是败诉之所在。

进一步而言，法律真实与法律公正的特殊品质相一致，能够符合法律之善，但不代表肯定可以被个人伦理所接受。通常而言，个人伦理的是非判断取决于已经发生了什么事实，一旦推定的事实与事实的真相差距甚远，个人伦理往往会发生禁令。可见，法律真实的事实推定，只是对事实状况的或然性所作的盖然性判断，或者是对事实状况之不可解释性的风险所作的分配。虽然它从整体上符合正义的目标,但仍然存在类似于特殊正义存在的合理性那样的情形。

二、寻求客观真实的补充

客观真实的学说源于苏联早期,是指案件事实认定符合客观的真实。它是把哲学认识论上的实事求是置于至高无上的地位,要求司法过程中的一切决定和结论都应服从客观真实的指引。在这种情况下,对于客观真实的服从是法官最重要的义务。如果服从法律会得出违背事实真相的结论,法官就应当放弃对于法律的服从,以保证司法决定与事实真相的一致性,也就是以寻求客观真实为目的。

一般而言,在法律真实与客观真实不可兼得的情况下,要作出一个违反法律而符合事实真相的结论,无非有两种可能情况:(1)作出决定的人认为,某一法律制度是不正义的,并且他也正是以此为背景来讨论司法公正,因而就不存在法律应当被服从这样的前提。所以,他期待正义的裁判者应当放弃对不义之法的服从,转而去实现那些被错误地排斥在法律之外的正义。(2)作出决定的人虽然承认所待援引的法律制度的正义,可并不认为一个正义的法律制度就应当被服从。因此,他对法律的态度是机会主义的,尽管法律制度在总体上合他的意,但他是否会服从法律,仍需看待决案件的处理结论是否与客观真实相一致。如果发现一致,他会作为法律的支持者出现;可是一旦发现不一致,他不是试图在制度和程序内谋求一般规则的改进,而是作为法律的反对者出现,为保证结论符合事实的真相而牺牲合法性。[①] 可以说,面对上述两种可能情况,无论是认为法律不正义而放弃服从法律,还是从机会的利己主义角度废法行事,都不符合实现法律之内正义的要求。

值得关注的是,客观真实虽然失去了王者之尊,但并不代表不该受到应有的关注。尤其是只要不与位阶较高的法律真实原则相抵触,它仍

---

① 参见郑成良:《法律之内的正义:一个关于司法公正的法律实证主义解读》,法律出版社 2002 年版,第 115—116 页。

不失为事实认定的一项重要原则。这种情况集中表现为两个方面：

1. 刑事诉讼中面对有罪判决时应当抱持客观真实的标准

因为有罪判决涉及人的生命和自由等重要价值，所以过度推崇法律真实可能导致冤假错案，产生不可逆转的严重后果。换言之，诉讼性质对于客观真实的要求，往往会因案件类型不同而有所差异。比如，中国刑事诉讼法规定，犯罪事实清楚，证据确实充分，才能作出有罪判决。该规定具体表现在有关事实认定的证据上，就是需要构成严密的排他性证据体系。所谓排他性，就是犯罪实施者是谁必须确证无误，而绝不可能是其他的人。从这个意义上来说，有罪认定必须是绝对真实的，可以经得起实践和历史的检验，能够成为"铁案"。

■ 影响较大的冤假错案

以下几起发生在当代中国的刑事冤假错案，虽然只是一个个刑事司法的片段，但都有深刻的历史和社会背景，以及无可争议的反面典型意义。毫无疑问，因为长期以来片面追求所谓的被告人口供作为最终认定有罪的主要标准，而不是努力让证据体系完全达到"排他性"标准，直接导致了一桩桩冤案的发生。到底如何解决冤假错案问题，已成为近年来中国司法改革的重中之重。

案例一：滕兴善，湖南人，捕前系农民。1987年，某地相继发现被肢解的六块女性尸块，当地警方认定被害人为石小荣。滕兴善被列为疑犯，因实在不堪逼供而认罪，随后被提起公诉，同年被判处死刑，后被执行枪决。1993年，"被杀害"的石小荣突然回到了贵州老家，并托人告知滕兴善妻子。出于惧怕对抗政府，以及其时一双子女尚小，滕兴善妻子直到十年后子女成人才相告实情。2005年，滕兴善女儿提起再审翻案，而此时距腾兴善被执行死刑已达16年之久。

案例二：佘祥林，湖北人，捕前系某派出所治安巡逻员。1994年，佘祥林的妻子张在玉失踪，张在玉的亲属怀疑她是被佘祥林杀害。同年，异地发现一具女尸，经张在玉的亲属辨认死者与张在玉特征相符。

随后，佘祥林因涉嫌故意杀人罪被逮捕，同样被逼供而认罪，一审被判处死刑。佘祥林提出上诉，二审法院发回重审，检察院也数次退回补充侦查。后一审法院改判15年有期徒刑，佘祥林再次上诉。此案前后历时5年，佘祥林仍被判决有罪。在监狱服刑11年后，已被认定死亡的妻子张在玉突然归来，佘祥林终获法院宣告无罪。

案例三：杜培武，云南人，捕前系某公安局干警。1998年，停在路边的车内一男一女被枪杀，死者分别为某公安机关领导和干警。此后，女性死者的丈夫杜培武被确定有嫌疑，仍然是被逼供而认罪，可对于枪杀凶器及死者身上物品去向始终"交代"不明。杜培武虽当庭翻供，一审仍判决其死刑。杜培武不服上诉后，二审法院因该案有疑点而改判死缓。两年后，某劫车杀人团伙案告破，供认上述枪杀案系他们所为。历时两年多，杜培武被无罪释放。

案例四：李久明，河北人，捕前系某监狱干部。2002年，一歹徒窜入某监狱家属楼，将宋某夫妇二人刺伤。后怀疑该案系李久明所为，因为他此前与宋某妹妹有两性关系。宋某妹妹要求李久明离婚不成，曾多次到李家闹事。诉讼中李久明被逼认罪，并因此住进了他无比熟悉的监狱。两年多后，浙江温州一名抢劫杀人犯在临刑前供认，上述入室伤人案系其所为。即使这样，直到中央有关领导直接干预，此案才得以平反。此时，李久明已蒙冤866个日夜。

案例五：赵作海，河南人，捕前系农民。1999年，赵振晌与邻居赵作海打架后失踪。一年后，有人在淘井时发现一具无头尸体，怀疑是失踪的赵振晌。随后，赵作海被传讯带走。审讯中，赵作海被逼供承认自己是在赵振晌持刀追打过程中，夺刀将其杀死。鉴于此，一审法院判决赵作海死缓，赵作海未上诉。十余年后，一直在外做生意的"被害人"赵振晌突然回村，使得此案掀起狂澜，赵作海终被洗刷罪名。

上面五起案件也许只是已发生的冤假错案的一个缩影，毕竟五起错案的被改判，都有概率极小的偶然性，要么是因为"被杀"的被害人重新出现，要么就是因为真凶出现和认罪。刑讯逼供是导致冤假错案产生的主要因素，正是刑讯逼供导致了假口供。虽然这几起案件中参与逼供的警察大都受到了法律制裁，但关键在于建立起预防刑讯逼供的机制。其中，针对有罪判决实施排他性的证据标准，不轻信被告人口供是关键。简言之，就是在刑事案件中要求实现更高程度的客观真实，对于被告人前后翻供、前后供词不一致以及供词存在疑问等情况，同时通过其他证据不能达到排他性标准的，应当推定无罪或罪轻，而不是用逼供证词作为达到法律真实标准以形成铁案的依据。

  当然，刑事诉讼证明具有一定的限度。比如，部分案件受条件限制，难以查明案件事实真相，导致不能确证被追诉者为有罪或无罪；已经侦破的案件查明了犯罪行为的实施者，但不可能把一切犯罪事实查清，有些与定罪量刑有关的情节也难以查清。此时，刑事诉讼中适用两种事实推定：一是有罪证据不足的推定为无罪（无罪推定）；二是罪轻、罪重查不清的推定为罪轻（罪轻推定）。显然，这两种推定都不是客观真实，而是法律真实。因此，在刑事诉讼中把客观真实绝对化是片面的。

  2. 行政诉讼中对于行政机关举证应当寻求客观真实的标准

  行政诉讼与民事诉讼的客体不同，使得它们在证明标准、举证责任等诉讼规则上有不同特点。民事诉讼要解决的是当事人财产权、名誉权等权利义务纠纷问题，如果一味追求客观真实，完全不考虑诉讼效率及其他的价值取向，就显得不符合诉讼的实际要求。但是，行政诉讼要解决的是政府行政行为对公民或单位的合法权利是否侵犯的问题。根据行政诉讼法规定，举证责任在被告政府一方，被告对公民或单位作出的处分或处理决定，应当以被证据证明的客观事实为根据，否则就应当加以纠正。也就是说，这里同样更为严格地适用了客观真实要求。因为在行政诉讼中强调法律真实，很容易导致行政机关没有完全查明事实真相就惩罚公民或单位，违背了行政诉讼法的立法宗旨。

■ 孙志刚案与废止行政收容遣送制度

2003年3月17日晚，被害人孙志刚因未携带任何证件外出，被执行清查任务的广州市某派出所民警收容送至广州市收容遣送中转站；3月18日，因孙志刚自报有心脏病，广州市收容遣送中转站将其送至广州市收容人员救治站治疗；3月19日晚，因孙志刚向到救治站认领被收容救治人员的家属大声喊叫求助，引起该救治站护工的不满。该名护工遂与其他护工商量，授意8名被收治人员殴打孙志刚；3月20日凌晨，被害人孙志刚遭受轮番殴打，并于3月20日上午经抢救无效死亡。后经法医鉴定，孙志刚系因背部遭受钝性暴力反复打击，造成大面积软组织损伤所致的创伤性休克死亡。

虽然此案不是行政诉讼案件，但涉及在中国实施了二十多年的行政收容遣送制度。此案经报道后，引起了举国民众的震惊和法学界的广泛关注。案发后两个月，五位法学家向全国人大常委会递交了对本案及收容遣送制度实施状况启动特别调查程序的建议书。2003年6月20日，国务院颁布施行《城市生活无着的流浪乞讨人员救助管理办法》。至此，中国施行了二十多年的收容遣送制度被废止，这在新中国法治史上是史无前例的。

假如没有孙志刚案件演变成为恶性的刑事案件这一契机，假如在案发之后没有知名法学家的强烈呼吁，发生在收容遣送中的行政违法还会反复持续发生。事实上，以往的收容遣送早已暴露出来不少问题，但即使政府在被提起行政诉讼时承担着举证责任倒置而来的举证义务，也由于达到法律真实的证明标准过低而屡屡轻易过关，许多涉及收容遣送的行政诉讼都不了了之。从法理上讲，当人们受到以国家机关的名义实施的侵害时，如果此时的侵害者又是裁判者，则被侵害者将被置于丧失一切防卫手段的危险境地。此时，面对既是侵害者又是裁判者的国家机关，只以法律的真实标准来决定它是否应当承担责任，显然就会使危险

的滑坡效应继续放大。其实,这也是造成收容遣送制度广受诟病,以及法学家呼吁予以废除的根本原因。

三、矛盾纠纷的源头治理

法律真实或客观真实,作为不同类型案件的事实认定目标,都有重要意义。面对两种真实之间最有争议的民事案件,作为一种现实主义的真实说,法律真实更能得到认同并成为主流。但是,基于法社会学的角度,还需要认真对待矛盾纠纷的源头治理。

社会学理论认为,整体社会可分为互动、组织和社会系统。世界范围内,从能源危机到金融风暴,从气候变化到粮食短缺,从信息安全到恐怖袭击等,已经出现贝克所说的"风险社会"。[①] 风险存在让人们充满不确定性,承受着较大压力,一旦矛盾纠纷超出预期,危机事件就可能发生。习近平总书记在阐释总体国家安全观时,重点提到"茉莉花革命"、法国黄马甲事件,并指出严防出现"灰犀牛"或"黑天鹅"。

处于风险社会这个具体语境,法律思维在固守既有核心价值的同时,开始更关注结果可接受性的实质判断,其本质是强调定分止争。毕竟只是在事实认定上指向法律真实或客观真实,实际上无法像万能钥匙一样解决许多矛盾纠纷。许多风险性问题依赖于整个社会的系统集成预防化解,"枫桥经验"就是一个典型。

---

① 乌尔里希·贝克,德国著名社会学家。慕尼黑大学和伦敦政治经济学院社会学教授。在代表作《风险社会》中,贝克提出了风险社会的突出特征有两个:一是具有不断扩散的人为不确定性逻辑;二是导致了现有社会结构、制度以及关系向更加复杂、偶然和分裂状态转变。所以,现在的风险与古代的风险不同,是现代化、现代性本身的结果。风险社会的风险包括经济的、政治的、生态的和技术的,如核技术的、化学的、生物的风险。这些风险是现代化的产物,是人为的风险,这种风险与以前的自然风险明显不同。从性质上讲,这种风险是网络型的、平面扩展的,不放过任何人;从根源上讲,风险是内生的,伴随着人类的决策与行为,是包括法律制度的各种社会制度运行的共同结果;而从应对方法上讲,现有的风险计算和补偿方法都难以从根本上解决问题,而是需要通过反思能力来建构应对风险的新机制。可以说,风险社会为理解现代社会提供了重要视角,为我们反思当代世界与社会发展提供了重要的理论工具。贝克风险社会的两本主题经典是:*Risk Society:Toward a New Modernity*,Sage Publications,1992;*World Risk Society*,Polity Press,1999。这两本书同时被翻译成中文:《风险社会》,何博闻译,译林出版社 2004 年版;《世界风险社会》,吴英姿、孙淑敏译,南京大学出版社 2004 年版。

当下的中国正处于社会转型期，尤其是随着改革进入攻坚期和深水区，原有的社会结构发生了深刻变化，社会矛盾呈现出类型多样化、主体多元化、内容复合化、矛盾易激化等特点，因循单一的司法救济渠道远远不能满足人民群众的多元解纷需求。为此，2019年1月，习近平总书记在中央政法工作会议上强调，坚持把非诉讼纠纷解决机制挺在前面，从源头上减少诉讼增量。2021年，中央全面深化改革委员会第十八次会议更是把这一矛源治理的重要思想上升为国家战略，强调"法治建设既要抓末端、治已病，更要抓前端、治未病，要坚持和发展新时代'枫桥经验'，把非诉讼纠纷解决机制挺在前面，推动更多法治力量向引导和疏导端用力，加强矛盾纠纷源头预防、前端化解、关口把控，完善预防性法律制度，从源头上减少诉讼增量"。

在这种时代背景下，标本兼治，既需采取多项措施妥善处理案件，更要从源头上防范诉讼的产生以达至"矛源治理"，把纠纷化解在萌芽状态。矛源治理是指复杂社会系统的个体、机构、行业等对矛盾纠纷的根本性预防，以及一体化解决所采取的措施、路径和方法，目标是让潜在矛盾纠纷不再产生，让已现矛盾纠纷的当事人冲突得以化解。

那么，法院又能否以其裁判的权威性引导矛源治理？现实中面对矛盾纠纷，固守事实认定目标的单一化，可能会与预防化解纠纷的目标相抵触。在这种情况下，裁判中的事实认定只是依靠法律真实或客观真实，都无法彻底解决问题，而是应走向值得当事人信赖的真实。

那么，裁判中让当事人信赖的事实如何获得？风险社会中的裁判如何获得当事人信赖，是需要认真对待的问题。一方面，那种单纯从社会利益出发的立场，可能会割裂当事人所处的具体情境，片面把社会利益视为一个抽象概念，而风险情境下的社会利益在每个案件中的具体指向都可能有所不同。相反，风险社会下的整体利益本身所包容的多元道德观念，反而会成为随意放大或缩小当事人所处情境理由强度的借口，造成得出的结果表面公平，但实质不公正。另一方面，拘泥于从当事人利益出发的观点，同时也难以从宽阔的视野上结合风险社会的复杂性作出恰当的判断。尤其是当现实的立法或司法陷入对当事人双方具体利益的细微衡量后，比较容易让利益取舍陷入"保护谁的利益可以或不保护谁也可以"的尴尬境地。显然，有关事实认定那种"绝对化"地从所谓的整体社会利益出发的权衡，抑或是围绕当事人的具体利益的权衡，都存在一些问题。于是，为了获取让当事人信赖的真实，需要作出更为周全的证明责任、具体情境乃至环境证据等方面的综合思量。

Famous Leading case

龚如心争夺遗产案让当事人信赖的真实 香港华懋集团主席龚如心是1990年遭绑架而失踪的香港地产商王德辉之妻。1999年9月，香港高等法院宣告王德辉在法律上死亡。王德辉曾于1960年、1968年各订有一份遗嘱。王德辉之父王廷歆要求法院确认王德辉在1968年所立的指明其为遗产唯一继承人及执行人的遗嘱。而龚如心则向法院提交了据称是王德辉1990年所立但从未公开的第三份遗嘱，声言将所有财产留给妻子龚如心，并有王家当时管家谢炳炎的见证签名，但谢炳炎在出具证言后不久即病逝。

2001年8月6日，争夺遗产案正式在香港高等法院开庭审理。根据法律，若死者生前先后订立遗嘱，则以后者为准。因此，这场争产案的关键即为确定龚如心所持1990年遗嘱是否真实。翁媳对王德辉遗产的争夺形成了两大"战场"：一场是争论遗嘱有效性的民事"争产案"，另一场则是司法部门对龚如心是否伪造文件的刑事调查。2002年11月，高等法院原审法庭判定龚如心所持1990年遗嘱为伪造；2004年6月，高等法院上诉法庭裁定龚如心上诉失败。然而，这场涉及绑架、隐私、遗产争夺的豪门恩怨最终峰回路转。2005年9月，终审法院法官对这场世纪争产案作出最终判决，出人意料地推翻了此前判决，一致裁定王德辉于1990年所立遗嘱为其生前最后遗嘱，宣告龚如心胜诉，为这位"亚洲最富有的女人"平添近400亿港元的遗产。

其实，龚如心只需证明 1990 年遗嘱乃王德辉订立即可。但是，一、二审法官却要求龚如心举证推翻其所持遗嘱的多项疑点，尤其是法官根据环境证据所作的不利推定。比如，法官认定龚如心所持 1990 年遗嘱为假的依据在于，王德辉在该份遗嘱第二、第三页表达了对自己父母、兄弟姐妹的"失望"，禁止龚如心将遗产分与他们；最后一页则仅有王德辉对龚如心的一句表白"one life one love"。一、二审法官认为，王德辉一向家庭观念很强，与家人关系很好，应该不会说出对家人"失望"的话；而且王德辉经商多年，生活缺乏情调也并不浪漫，不会写出这样情感过于直露的话。

而作为终审的三审法官，为了获取让当事人信赖的真实，转而对证明责任、具体情境乃至环境证据等方面进行了颇为周全的综合思量。(1) 从证明责任而言，龚如心只需证明 1990 年遗嘱乃王德辉订立即可，而王廷歆既然对儿媳龚如心所持遗嘱为假的诉讼主张证据不足，就应当承担举证不力的后果；(2) 应当综合考虑龚如心与丈夫婚后感情的情况，以及王德辉与王廷歆的关系变化情况，这对分析遗嘱发生逆变的原因、判断 1990 年遗嘱的真实性是有作用的。(3) 证人谢炳炎尽管未能出庭作证及接受质证，但其生前提供的证词前后一致，称自己曾亲见王德辉在 1990 年遗嘱上签字并要求自己作为见证人，证词清晰而无可置疑。

第六章

法律适用：内在事实/法律规则

> 存在着"协调难题",参与者都在多个方案中选择,直接后果不仅取决于自己的选择,而且取决于别人也有同样的认识会作出如此选择。所以,尽管每个人可以无条件地作出选择,但每个人的选择战略都是以对他人选择的期待为条件的。
>
> ——〔美〕大卫·刘易斯

阅读材料

Classic：《法律的概念》第五、六章和第七章第四部分

Leading cases：

- 罗伊诉韦德堕胎合法案
- 张柏芝诉远东公司侵犯肖像权案
- 里格斯诉帕尔默遗产继承案
- 半费之诉的悖论
- 许霆从银行取款机盗窃案
- 南京鼓楼房产经营公司等诉盛名公司侵犯建筑物区分所有权案
- 斯科特案和布朗案

Leading papers：

- 沈宗灵：《评介哈特〈法律的概念〉一书的"附录"——哈特与德沃金在法学理论上的主要分歧》，载《法学》1998年第10期。
- 曾莉：《包容性实证主义法学之承认规则类别研究》，载《法制与社会发展》2006年第2期。
- Ronald Dworkin, Hart and the Concepts of Law, *Harvard Law Review*, Vol. 119, No. 1, 2005.
- Ronald Dworkin, Hart's Postscript and the Character of Political Philosophy, *Oxford Journal of Legal Studies*, Vol. 24, No. 1, 2004.
- Andrei Marnor, Legal Conventionalism, in J. Coleman (ed.), *Hart's Postscript: Essays on the Postscript to the Concept of Law*, Oxford University Press, 2001.

第一节　从承认规则到内在事实

一、作为第二性规则之核心的承认规则

在哈特那里，如果说第一性规则是设定义务，那么第二性规则就是授予公权力或私权利。结合第一性规则和第二性规则的法律概念，能够解释义务与权利、效力和法源、立法和审判等重要的法律关系，以及其所具有的核心地位。在《法律的概念》一书的第五章中，哈特通过假设只有第一性规则的原初社会，而引申出来了第二性规则。毕竟如果一个社会只是依赖第一性规则，至少应当符合两个条件：第一性规则包括了对任意使用暴力、盗窃和欺骗等的限制；拒绝第一性规则的人只能是少数。简言之，需要认定一些关于人性和所生活世界的最明显公理为事实。但是，这种简单的、非官方的控制体系只存在于有着血亲关系、共同信念的初民小型社会里，并且存在不确定性、静态性和无效性三大缺陷。基于此，补救性引入第二性规则便成为必然，它包括承认规则、立法规则和审判规则，接下来将在本章和下一章分别阐述。

这里先讨论哈特列为第二性规则之核心的承认规则。承认规则所要解决的是，当第一性规则被提出质疑时，如何以适当方式消除这种怀疑。承认规则作为第二性规则之一，是用以确认第一性规则的基础性规则，说到底，就是被组织起来的一套识别义务规则效力的标准，它为法律效力这一概念提供了基石。不过，承认规则与自然法不同，它是以所施加的社会压力为后盾。比如，在国君一世的简单法律体系中，承认规则就是国君发布的法律；作为识别一条义务规则是否有效的承认规则，表达方式可以是成文的宪法、立法机构的法律（比如上位法、特殊法、准据法等）以及司法裁判的先例等。从根本上讲，承认规则提供了衡量法律体系内义务规则效力的标准，所以它具有终极性；同时它的识别标准不止一个，当不同的识别标准产生冲突时，承认规则还存在谁先谁后的顺序性，比如下位法服从上位法、一般法服从特殊法、冲突法服从准

据法等。当然,这种终极性和顺序性不代表法律体系背后一定有不受制约的主权者存在,承认规则仍然是一种社会规则,来源于社会事实而非主权者。

可见,哈特认为承认规则实际广泛存在于社会实践。不过,一旦抛弃了法律基础在于习惯服从法律上不受限制的主权者这一观点,代之以一个为法律体系提供效力标准的承认规则,必然会带来一连串新问题,比如,承认规则的分类问题,以及它本身是否存在问题等。《法律的概念》在第六章对这些问题已有明确阐述。

第一个要解决的新的问题是,承认规则的渊源有哪些?事实上,最终用来识别第一性的义务规则效力的承认规则,已超越用来描述法律制度的传统范畴。比如,"女王议会制定的就是法"是英国的承认规则,它不是习惯,因为法院用它来识别法律;它也不是制定法,因为后者要靠它被识别。显然,上述的承认规则不能归入这两个范畴中的任何一个。接着,哈特认为,承认规则之所以被称为法律,在于它毕竟是一个衡量其他规则是否有效的确认规则,具有法的确定性特征;同时,承认规则来源于事实,提供了规则为何有效的社会事实。所以,究其本质,承认规则是法律和事实的复合体。

第二个要解决的新的问题是,承认规则怎么才能够存在?从哈特第一性规则和第二性规则的角度,法律的存在起码符合两个条件:作为义务的第一性规则被普遍地服从;作为权力或权利的第二性规则被官方作为标准认可。现实生活中,虽然多数民众并不清晰地知道法律效力是什么,他们或许出于各种理由,服从所知仅仅是"法律"的东西,甚至只是简单相信这样做对他们最为有利,否则就要被扔进监狱或付出财产代价,但是局限于这种认识是远远不够的。因为从公民角度说,他们仍是外在地被压迫而服从,不是发自内心的真正服膺;从国家角度说,立法者或裁判者也只是从自己的立场单纯服从某种东西,不会严肃对待背离标准的偏差行为。对此,哈特继续从规则的内在方面提出,民众对第一性规则的普遍服从,要么是"独善其身",要么是真诚接受第一性规则作为行为标准;立法者或裁判者也是把作为第二性规则核心的承认规则作为公务行为的共同标准,批评性评价自己和相互之间的偏差。

■ 张柏芝诉远东公司侵犯肖像权案

被告远东公司擅自在其护肤产品的外包装上使用原告张柏芝的肖像，侵害了张柏芝的肖像权。此案审理中，面对原告张柏芝提出的200万元"天价"精神损害赔偿数额，法官参照张柏芝就同期类似产品曾有200余万元的许可使用费标准，并考虑到作为营利企业的远东公司明知侵犯演艺明星张柏芝肖像权会造成较大社会影响的主观过错，再结合张柏芝的知名度及其肖像本身与侵权护肤产品的紧密性，综合权衡该案证据仅证明侵权行为在无锡地域、使用方式只是平面广告等因素，最终判决张柏芝获赔100万元。[①] 另外，目前最高人民法院有关精神损害赔偿的司法解释过于原则，具体到如何确定肖像权损害的赔偿数额，没有法定的赔偿标准和明确的确定因素。显然，该案焦点在于确立肖像权损害有关精神赔偿数额的细节标准和尺度。

正是通过张柏芝一案对上述各种因素的精细化考量，改变了过去有关肖像侵权精神损害赔偿失之笼统的自由心证，不再是毫无标准的任意裁量，以及发号施令般给出一个赔偿数额。从常理上说，任何精神损害赔偿如果缺乏具体的裁量标准，都难以产生足够的说服力，不会让被告甘心接受，至多只是根据裁判结果被迫接受，即便是数额不大的赔偿结果；同时，也会让案件成为该案法官从个人立场出发的武断裁量，难以对今后法官办理类似案件产生示范效应。张柏芝一案中，法官主要以受害人是知名人士群体、侵权人是生产企业为基准进行权衡，认为知名度越大，受害人过去为此付出的代价也越大；侵权人作为营利性的生产企业所造成的损害后果，比非营利性的、个别性的侵权行为更为严重。同时，法官结合受害人就同类产品的较高许可使用标准、原告肖像本身的独特性等拉升赔偿数额的要素，此外也考虑到侵权地域的有限性、侵权方式的单一性等降低赔偿数额的因素，综合相应权重，作出了相对高额

[①] 参见最高人民法院中国应用法学研究所编：《人民法院案例选》（2006年·第4辑），人民法院出版社2007年版，第92页。

的赔偿裁决。可以说，该案所确定的一系列精细化考量指标合情入理、操作性强，不仅可以作为第一性规则意义上的类似案件的个人行为参照标准，而且从第二性规则意义上讲，借助这些精细化的指标形成的裁判规则，初步构建了法官处理类似案件的共同标准体系，至少可以让处理类似案件的法官参照，防止出现过度的偏差判断。事实上，该案中法官裁判所确立的肖像侵权精神赔偿的细节标准和尺度，究其本质就是一种承认规则。

二、承认规则的困境与德沃金的反驳

在哈特对法律的概念所进行的阐述里，他那闻名遐迩的规则理论的核心，就是处于法律基础地位的承认规则。承认规则是哈特整个法律理论的根基。可以说，作为识别其他法律的效力标准，承认规则保证了整个法律体系的存在；作为必须是来源于社会事实的社会规则，承认规则保证了法律实证主义的社会论和分离论；作为认可一个规则成为法律体系成员的条件，承认规则是让民众、国家都从内心认同的共同标准。随之而来的是三个致命性的问题：承认规则真的可以识别其他法律的效力吗？承认规则是社会规则吗？承认规则是否存在？如果不能很好地解答这三个问题，哈特构筑的法律实证主义华丽堡垒就会轰然倒塌。

对哈特承认规则的发难，最先来自哈特在牛津大学讲座教席的继任者德沃金。德沃金的攻击从主张承认规则不是唯一的效力识别标准开始，提出有的案件在法律适用过程中所使用的，并不是承认"规则"意义上的识别标准，而是作为"原则"意义上的权衡标准，尤其在疑难案件中这一点十分明显。当然，规则和原则有关联，一般来说，如果原则在法律制度上得到的支持越多，或者被类似案例重复援引越多，那么它的分量就越厚重。不过，两者的差异性也显而易见：（1）规则的识别标准，仍然是作为一种规则存在，被加以适用时，要么完全有效，要么完全无效；而原则并非如此，它存在一个程度的判断余地，并不是非此即彼。（2）原则具有规则所没有的分量和深度，案件的法律适用过程中一个原则可以被另一个原则所胜过，而不会失去其效力。（3）原则不像规则那样源于立法或裁判，而是一种相当长时间内在法律职业共同体和公众心目中所形成的妥当性。① 显然，德沃金对于原则与规则所作的区分，撼动了哈特提出的承认规则才是识别法律效力唯一标准的基石。

Famous Leading case

里格斯诉帕尔默遗产继承案 德沃金为了论证有些案件不是规则发挥作用，而是原则在起作用，特地举了两个案例：一个是里格斯诉帕尔默案，另一个是亨宁森诉布洛姆菲尔德汽车制造厂案。鉴于后一个案例在前面的第二章第三节中已有介绍，这里只介绍前一个案例。

1882年，帕尔默因担忧祖父续弦而改变留给他大笔遗产的遗嘱，遂毒死祖父。帕尔默因杀人罪被处以监禁，可对于帕尔默能否享有继承其祖父遗产权利的问题，却争议不休。帕尔默的姑姑们主张，既然帕尔默杀死了被继承人，那么法律就不应当继续赋予帕尔默继承遗产的任何权利。不过，纽约州的法律并未明确规定如果继承人杀死被继承人，就当然丧失继承权；此外，帕尔默祖父生前所立遗嘱完全符合法律规定的有效条件。因此，帕尔默的律师争辩说，既然这份遗嘱在法律上是有效的，既然帕尔默被一份有效遗嘱指定为继承人，那么他就应当享有继承遗产的合法权利。如果法院剥夺帕尔默的继承权，那么法院就是在更改法律，就是用自己的道德信仰来取代法律。

审判这一案件的格雷法官支持律师的说法，他认为：（1）如果帕尔默的祖父早知道帕尔默要杀害他，他或许愿意将遗产留给别的什么人；但法院也不能排除相反的可能，即祖父认为即使帕尔默杀了人（甚至就是祖父自己），他也仍然是最好的遗产继承人选。（2）法律的含义是由法律文本自身所使用的文字来界定的，而纽约州的遗嘱法清晰且确定，因而没有理由弃之不用。（3）如果帕尔默因杀死被继承人而丧失继承权，那就是对帕尔默在判处监禁之外又加上一种额外的惩罚。这是有违"罪行法定"原则的，即对某一罪行的惩罚，必须由立法机构事先作出规定，法官不能在判决之后对该罪行另加处罚。

---

① 参见〔美〕罗纳德·德沃金：《认真对待权利》，信春鹰、吴玉章译，中国大百科全书出版社2002年版，第45—46、62—63页。

> 与此同时，审理该案的另一位法官厄尔却认为：(1) 法规的真实含义不仅取决于法规文本，而且取决于文本之外的立法者意图，立法者的真实意图显然不会让杀人犯去继承遗产。(2) 理解法律的真实含义不能仅以处于历史孤立状态中的法律文本为依据，法官应当创造性地构思出一种与普遍渗透于法律之中的正义原则最为接近的法律，从而维护整个法律体系的统一性。厄尔法官最后援引了一条古老的法律原则，即任何人不能从其自身的过错中受益，来说明遗嘱法应被理解为否认以杀死继承人的方式来获取继承权。
>
> 最终，厄尔法官的意见占了优势，有四位法官支持他；而格雷法官只有一位支持者。于是，纽约州最高法院判决剥夺了帕尔默的继承权。显然，本案在判断作为第一性规则的纽约州法律是否适用时，不是依据承认规则，而是运用原则作出的判断。[①]

如果德沃金的批评到此为止，那么已经荣退的哈特也不会忧心忡忡。事实上，德沃金后来已不再局限于借助疑难案件的原则适用性挑战承认规则，而是干脆直接否定承认规则的存在，这就让哈特的整个法律大厦基石面临崩溃的危险。德沃金指出，哈特承认规则的存在前提是有一个规律模式。当规律无从可找时，承认规则意义上的识别标准也就达到了它的边界，没有为争议留下空间。与之相反，社会规则却是可能有争议性的，此时争议的双方会出于道德、悖论和政策等因素的考量，对法律加以妥当适用，这会让承认规则显得苍白乏力甚至无从着手。德沃金由此否定了承认规则的存在。此外，至于承认规则是否为社会规则，德沃金也是通过彻底否定社会规则完成的。他提出，社会规则只是对某种实际事态发生时的描述，不含有任何内在方面的评价因素。但是，哈特意义的规范规则（包括承认规则）是含有内在方面和外在方面的，所以两者根本就不是同一逻辑的概念。因此，德沃金认为哈特的社会规则之说应被抛弃，承认规则自然也不复存在。

[①] 参见〔美〕罗纳德·德沃金：《认真对待权利》，信春鹰、吴玉章译，中国大百科全书出版社 2002 年版。

■ 古希腊半费之诉的悖论

　　古希腊有一著名的雄辩家叫普罗塔哥拉，素以"智辩"著称。为了让更多的人学得"辩论之术"，普罗塔哥拉招收了很多学生。其中有一个学生叫爱瓦特尔，由于他家境贫寒，凑不足学费，因此普罗塔哥拉就与他签订了一份协议，规定："爱瓦特尔先交一半学费给普罗塔哥拉，余下一半待爱瓦特尔学成毕业后第一次官司打赢了再付清。"三年后，爱瓦特尔毕业了，却始终未进行任何诉讼代理，因而剩余的一半学费就一直没有付清。普罗塔哥拉为此催促了好几次，但爱瓦特尔声称必须按双方先前所签的协议办事，等他打赢了第一场官司以后才能付。无奈之下，普罗塔哥拉便一纸诉状将爱瓦特尔告上了法院。

　　普罗塔哥拉不愧是精通"辩术"的雄辩家，在法庭上只说了一句话，就把所有在场的人震住了。只见他胸有成竹地对爱瓦特尔说："如果这场官司你输了，根据法官的判决你得付给我那一半学费；如果这场官司你赢了，根据协议你也得付给我那一半学费。总之，不管你是输是赢，都得付给我另一半学费。"很多在场的人都倒吸了一口气，觉得爱瓦特尔这下肯定输了。没想到爱瓦特尔从容地走到辩护席的前端，彬彬有礼地对普罗塔哥拉说："亲爱的老师，如果这场官司我赢了，根据法庭判决我不必付给你学费；如果我输了，根据协议我也不必付给你学费。因此，这场官司不论我赢还是我输，我都不必付给你那一半学费。"

　　可见，德沃金对哈特的承认规则进攻是全面和致命的，让承认规则陷入极大困境。于是，晚年的哈特不得不穷尽最后三十年，回应这种挑战和否定。

三、晚年哈特对德沃金的回应

　　德沃金对哈特的承认规则的挑战和否定，至少反映了承认规则本身存在的一个问题：即使承认规则存在，那么它为什么要被公民和官员适用呢？哈特原来并没有解答这一点，这就出现一个漏洞。对此，哈特死前数十年都在苦思冥想如何回应德沃金的批判，其成果被附在《法律的概念》第二版书后的"附文"中。

附文中哈特指出，承认规则实际上是具有规律模式的习惯性规则，只有在被官方加以接受和实践、用以识别和适用法律时才是存在的。此时的习惯性规则就是"成规"。换句话说，哈特对于承认规则的认识向后退了一步，附加条件认为，承认规则只有被接受和付诸实践时才存在。显然，附加这个条件转向了成规主义的哈特，添加了一个社会规则形成的关键性理由，就是效力识别的标准不仅来源于社会事实，而且来自其他人也接受和遵守它的事实，即所谓的"内在事实"。

在哈特提出这一主张八年后，美国著名哲学家刘易斯对这一问题的挖掘又做出了创造性贡献。刘易斯认为，在一个特定的环境里，如果参与者面对的是在法律适用的多数备选项中择一优选，那么他会倾向于以他对其他人选择的期待为条件。一旦他相信其他所有人都会作出同样选择，那么他自然会作出同一选择，问题就很容易被解决。但是，如果同样选择很难达成，上面那种形成社会规则的内在事实就会作为替代选择的解决方案出现。当然，与承认规则一样，这种内在事实不是以压迫性制裁为后盾的，而是以参与者期待获得法律适用的统一性为基础的。一旦参与者认为其他人不会遵守成规，那么他就没有理由去遵守这些内在事实。这就揭示了规则被遵守的理由，取决于其他人也遵守它的事实。

可见，无论是哈特提出的承认规则还是德沃金的反驳，抑或是后来哈特对承认规则修正提出的形成社会规则的内在事实，都强调法律思维在法律适用问题上的自我反思，其核心是主张怀疑性思考，随时准备放弃自己的论点。尤其是修正后的内在事实，它的什么理由最能站得住脚，最能说服其他人共同接受及实践，以保证行为的统一性，这个作为内在事实的理由就可作为裁判的规则，优于勉强且被过度形式化适用的法律规则。否则，就会陷入类似于帕尔默杀死祖父，却仍然可以大摇大摆地继承祖父遗产的怪圈，陷入两条独立的法律规则合理存在，放在一起却出现了悖论的困境。

■ **立法者的悖论**

悖论的一种定义，是指一种论证方式，从真的前提开始，经过有效的推理过程，但是得到了与前提矛盾的结论。比如：

（1）"不受限制"，字面上的含义是指做任何事的能力；

（2）立法者的立法权是不受限制的；

（3）立法者可以变更（立、改、废）任何法律（从1和2推出）；

（4）立法者可以创造一条他无法变更的法律（从3推出）；

（5）一个不能变更某个法条的立法者，立法权不是不受限制的（出现了悖论）。

因此，哈特的承认规则，德沃金反驳提出的法律原则，以及哈特进一步修正后形成社会规则的内在事实，都是批判性反思的结果。两人各自的批判性反思过程逻辑严密，结论却不一致，实际上又形成了一个理论上的悖论。

四、罗伊诉韦德"堕胎禁令"违宪案

Famous Leading case

罗伊诉韦德关于"堕胎禁令"违宪 1969年8月，美国得克萨斯州的女服务生麦考伊声称遭到强暴，以没有能力生育和抚养孩子为由，要求医生为她堕胎。但是，该州刑法规定，"保护怀孕妇女的生命"以外的堕胎行为是犯罪行为，没有医生愿意为她实施堕胎。事实上，该案发生前，麦考伊已经结束了一段婚姻，有一名五岁的女儿，由她的父母抚养。同时，1969年她又刚刚失业，显然当时的状况根本不允许她再有一个孩子。麦考伊原本希望合法地放弃这个孩子，但因为州法律的禁令而无法遂愿。无奈之下，她以罗伊的名义，将执行得州禁止堕胎法律的一位县检察长韦德告上法庭，指控得州禁止堕胎的法律违反美国宪法，侵犯了她的隐私权。而被告主张，胎儿的生命是受宪法保护的，在妇女怀孕的整个过程中是有生命权存在的，非经正当法律程序而剥夺胎儿生命，是为第十四修正案所禁止的行为，孩子的生命权高于妇女的隐私权。其实，麦考伊意识到本案终结前孩子可能已经降生了，对她来说即使胜诉也没有什么实际意义，但她仍决定进行这场诉讼。所以，这个案件是一个宪法实验，一开始就具有希望确认一项州法律违宪的特定意义。

审判过程 地方法院判决，得州的"堕胎禁令"侵犯了原告受美国《宪法》第九修正案所保障的权利，不过地方法院最终没有判决叫停得州的堕胎禁令。于是，麦考伊化名罗伊，继续向美国联邦最高法院上诉，联邦最高法院于1973年以7∶2的比数，认定得州刑法限制妇女堕胎权的规定，违反《宪法》第十四修正案"正当法律程序"条款。判决结果如下：(1) 宪法保护的隐私权包括妇女自行决定是否终止妊娠的权利，法律过分宽泛地禁止堕胎，侵犯了妇女隐私权；(2) 三阶段标准——应根据胎儿存活性划分妇女堕胎权和政府干预的界限：在妊娠3个月之前，妇女堕胎权不受干预；在3个月后、6个月前，政府干预目的以保障妇女健康为限；6个月之后，政府可以为保护潜在生命而禁止堕胎。

罗伊一案确定的裁判规则，后来在1992年宾夕法尼亚州诉凯西案中得到了维持，不过这次联邦最高法院是以5∶4的比数作出裁判的，表明有关这一问题的力量对比发生了重要变化。事实上，直到今天，联邦最高法院九名法官就罗伊判例又向前分化为了遵循先例、限制先例和推翻先例三派，他们在某些争议的焦点上僵持对立，始终无法形成多数意见。

美国宪法链接 第四修正案：人民保护其身体、住所、文件与财产不受无理搜查与扣押的权利，不可侵犯；亦不得颁发搜查证、拘捕证或扣押证，但有可信的理由，有宣誓或郑重声明确保并且具体指定搜查地点、拘捕之人或拘押之物的除外。

第九修正案：宪法列举某些权利，不得被解释为否认或轻视人民所保留的其他权利。

第十四修正案：凡出生或归化于合众国并受其管辖之人，皆为合

> 众国及其所居州之公民。无论何州，不得制定或施行剥夺合众国公民之特权及特免的法律；非经正当法律程序，不得剥夺任何人的生命、自由和财产；不得在其管辖范围之内否定任何人享有平等的法律保护。①

罗伊一案要解决的主要问题是，妇女的堕胎自由受不受宪法保护？这是一个典型的法律适用问题。从该案所能援引的各种法律规则的文义来看，麦考伊所在的得克萨斯州刑法明文规定堕胎违法，基本上没有什么可以争论的余地。但是，当把关注点转向得州的这一刑法规定是否合宪，问题就变得有些复杂起来。

那种坚持认为堕胎违法的主要论据是：美国《宪法》第九、十四修正案中都未明确将堕胎权列为受宪法保护的自由权。所以，对罗伊案的观点，不宜建立在对宪法起草者而言"一无所知"的堕胎自由这种假设权利之上。显然，联邦最高法院在罗伊一案中宣告得州刑法禁止堕胎的规定违宪，从法律规则的文义上透支了违宪审查权。

不过，上述论点的一条软肋在于，法律适用的思维难道仅是适用法律规则的文义吗？晚年哈特修正了承认规则，转向社会规则形成的内在事实表明，识别法律规则的效力，除了承认规则意义上的原初理由，还有赖于国家的接受和实践，以及其他人也接受和遵守它的事实。所以，不是仅从字面解释，就可以识别作为权力行使依据的法律规则效力。例如，美国宪法写明的保护范围，肯定不是对所有权利的详细列举，而是传达宪法创造者的一种信念和意图，就像《宪法》第九修正案那样。此外，立法宗旨就是宜粗不宜细的美国宪法，寥寥数条，根本无法开出穷尽所有权利的清单，客观上也不可能做到。相反，倒是应当从具体条款更广阔的背景来认识宪法规定的效力。当然，这一背景不是单纯的规则意义上的，而是从历史和目的出发的内在事实理由。像《宪法》第十四修正案中的"自由"，应被理解为一个所有人都相信会被赋予的理性之

---

① 参见任东来等：《美国宪政历程：影响美国的 25 个司法大案》，中国法制出版社 2004 年版。

物,它泛指公民可以免受所有实际上专断的不公平负担和无益的限制,而且包括对各州用来证明其正当限制之时所应进行的特别慎重的审查。或许,这才是宪法的规定被国家和其他人共同接受和实践的平衡点所在。

接下来,根据哈特关于社会规则形成的内在事实,结合罗伊一案进行分析。这种分析围绕识别法律效力的内在事实是什么,它以何种方式被官方接受而存在,以及它又是如何来源于其他人也接受和遵守的事实三个问题展开。

1. 罗伊案中对于法律效力的识别,涉及对于美国《宪法》第四、九、十四修正案中的"未列举的权利"的判断

作为堕胎权依据的隐私权是否包含在"未列举的权利"之中?罗伊一案的判决对此予以肯定回答。(1)承认堕胎权是宪法保护的隐私权,它从内在事实的角度分析,就是认为自由的中心是人们对生命存在、生命意义、宇宙万物以及人类生命的神秘性等概念作出自我界定的权利。显然,堕胎作为人的一生中所做的最隐秘、最私人性的选择,应当被视为妇女的一项基本权利,就像宪法明确保护的言论自由那样。(2)堕胎权作为隐私权受保护这一内在事实被官方接受而存在,至少建立在数起影响极大的类似案件确定的习惯性规则基础上。罗伊案之前,发生过一起格里斯沃德诉康涅狄格州案,该案认为隐私权足以广到包括堕胎的决定在内,它是受宪法保护的。罗伊案中隐私权在主审法官对自由的解释中再次被明确,就是每个人可以选择结婚、离婚、生育和避孕。此外,罗伊案发生之后,前述凯西案对堕胎隐私权应受保护的认定维持,被视为再次印证了这一内在事实被官方接受而存在,延续了对美国今后类似案件处理的法律拘束力。(3)包括孕妇在内的任何人享有身体不受限制的自由,可以按其所愿处置自己的身体,照顾自己的健康和人身的自由。同样,任何人可以选择符合自己意愿的基本生活方式,以及自主控制自己的智力和人格的发展和表达,这也是多数美国人合理接受和认为应受保护而不受侵犯的自由,其中就包括堕胎自由。显然,为其他人所

接受的这些事实,对罗伊案裁判的作出起到了至关重要的作用。①

2. 罗伊案中对于胎儿是不是人的甄别,涉及《宪法》第十四修正案"凡出生或归化于合众国并受其管辖之人,皆为合众国及其所居州之公民"的判断

胎儿是宪法意义上的人吗?对此,罗伊案提出了三阶段标准:(1)胎儿是否是人的甄别有多元化标准。天主教认为,生命始于受精,所以胎儿就是人。但是,美国绝大多数人的道德观认为,出生才是称之为人的标准。当然,罗伊判例允许怀孕后期以维护妇女健康为由限制堕胎。原因在于,既然生存是人类的共同目标,那么就不允许个人随意、不负责任地处置自己的身体。所以,随着怀孕时间的增加,堕胎危险逐渐增大,因而以维护妇女的生命权为对抗利益来限制堕胎。简言之,不认可宗教的生命始于受精之说而允许堕胎,以及借助怀孕风险的增加来限制堕胎,这是罗伊案以孕期的三个阶段作为标准形成规则的内在事实。(2)胎儿不是法律意义上的人的官方认可,最为直接的就是根据美国《宪法》第十四修正案的规定,出生才是美国的公民。所以,胎儿不是宪法意义上的人,因而堕胎就不是杀人。因此,宪法暗含的胎儿只有出生后才能称为人,构成了罗伊判例中的内在事实被官方接受的直接依据。(3)罗伊判例根据道德观和宪法暗指之意,认定胎儿不是人,与宗教的生命始于受精之说之间存在冲突,使得该案所确认的三阶段标准至今仍被质疑和反对。也就是说,胎儿不是人的内在事实还未被其他所有人接受和遵守。但是,不少人认为罗伊判例是对笃信生命从受孕开始的宗教的亵渎。当法院宣布胎儿不是人的时候,一个世俗权威侵入了宗教权威的传统领地,所以,至今反对罗伊判例的呼声仍然十分激烈。概括地说,司法和宗教的结怨影响了罗伊判例的内在事实被所有人接受和遵守,造成了判例的反复,反过来也证明了哈特认为内在事实必须被其他人接受和遵守的关键意义。

---

① 值得注意的是,2022 年 6 月 24 日,美国联邦法院正式作出判决,推翻在堕胎权问题上具有里程碑意义的"罗伊诉韦德案"。也就是说,美国各州可以自行制定关于堕胎的法律,堕胎权不再受宪法保护。

3. 罗伊案中令人信服的州的利益是否构成禁止堕胎的理由，涉及对得州刑法认为堕胎是犯罪的合理性判断

所谓令人信服的州的利益，就是维护胎儿的生命权吗？罗伊一案对此予以否定。（1）这一角度的内在事实在于，得州是否在管制堕胎方面拥有令人信服的利益。如上所述，堕胎权的性质是一项基本权利，因此不适用功利主义的标准。为了保护该权利，州政府对个人隐私任何不正当的侵犯，不论采用什么方法，都被认为是违反宪法，不能以此否定妇女所拥有的堕胎决定权。（2）不能随意以州的利益管制堕胎的内在事实，被国家的接受有些复杂。因为这里的国家接受，除了联邦最高法院之外，实际还包括州法院的认可。事实上，罗伊案之前的格里斯沃德诉康涅狄格州案，除了认可堕胎的隐私权受宪法保护外，同时认为只有涉及特定的权利，州政府才能管制，而结合该案的争论过程，堕胎权显然不在管制的特定权利之列。可以说，罗伊案的形成为这一内在事实被官方接受提供了强证。退一步讲，如果一个州对有关伦理和宗教的根本性观点形成一种官方的、集体性的信念，就是要坚决维护胎儿的生命权而禁止妇女堕胎，情况会是怎样的呢？需要指出的是，州政府的功能，只是在于可以对妇女堕胎这种具有深远而持久意义的决定过程提供合理的指导纲要，比如，保护她的健康权和怀孕后期的胎儿潜在生命权，这是让内在事实借助官方接受而存在的折中。但是，这种折中不代表可以为了追求大多数人的利益和信念，而把禁止堕胎的规定强加给妇女个体，毕竟堕胎的隐私权是宪法规定的一项基本权利，而不是公权可以随意干预的其他权利。（3）在堕胎问题仍有争议的情况下，让内在事实获得其他人接受和遵守的办法，就是让准备实施堕胎的妇女，至少应该知道社会中其他人关于反堕胎的具有说服力的不同意见。这样，根据罗伊判例，面对妊娠早期的怀孕妇女，州政府可以制定规则，以鼓励她们了解这些较有分量的其他人观点。这些观点可能会导致妇女偏向于妊娠的继续，最大程度地从形成社会规则的内在事实意义上，促使其他人接受和遵守。当然，让怀孕妇女了解其他人观点，只是让她们作出的决定更为明智而慎重，绝对不是以州的利益为依据来强行钳制她们的最终抉择，以满足于以立法者为代表的多数人暴政。

第二节　如何获得内在事实——以疑难案件为例

一、什么是利益衡量方法

上面哈特的内在事实理论，以及对相关经典案例的详细阐述，反复揭示一个内核：案件中的法律适用尤其是疑难案件中的法律适用，反思裁判形成的内在事实理由，比直接适用法律规则更重要。虽然作为内在事实的裁判规则被国家接受而存在，但这种裁判规则成立终究基于这样一个事实：其他人也遵循它。所以，如果一个代表了内在事实的裁判规则并未为相关的共同体所认同，就会让人觉得遵循它没有意义。可见，内在事实的全部意义就是在许多人所进行的行为里获得统一性。

相对于简单案件，借助内在事实形成裁判在疑难案件中表现得更为复杂、更富有挑战性。所以本章以下几节，将围绕司法过程中的疑案形成裁判规则的内在事实讨论。

"诉讼中的法官对疑难案件的裁判，往往成为检验不同主张是否成立的基础。"[①] 一般而言，法官面对疑难案件的法律论证，多数是从逻辑推理、解释技术和程序公正角度展开，昭示了疑难案件的裁判是一种融合了许多"前见"的领域。这种前见包括：面对规范的一般认识、固定的知识储备，以及将在后几章述及的程序正义优先、形式理性优先等。不过，此处体现的更多是法官在相对封闭、自治的空间里解决纠纷，它侧重于法律适用的文义解释，缺乏开放的社会性基础。其实对法律思维的前见，即使是强调严格论证的拉伦茨教授也认为："及于各种社会脉络，包括各种利益情境及法规范指涉之生活关系的结构。"[②] 换句话说，法律思维下的法律适用前见，不仅包括直接作为论证对象的社会生活关系，而且还应包括对该社会生活关系所涉的社会主流价值观、

---

① Mark Tebbit, *Philosopgy of Law: An Introduction*, Routledge Press, 2000, pp. 52-53.
② 〔德〕卡尔·拉伦茨：《法学方法论》，陈爱娥译，商务印书馆2003年版，第91页。

社会公益及一般广大民众的真实意图的把握,以使得裁判规则所依赖的内在事实,尽可能广泛地得到其他人的遵守。

为了弥补缺乏相对开放的社会基础这一缺陷,当代现实主义法学提出:"许多情况下法律之外的理由才是决定疑难案件裁判的关键所在。"① 这恰恰与获取内在事实有赖于其他人遵守的立场不谋而合。

从现实主义来看,一起案件裁判规则的内在事实获取包括两个阶段:当事人为证明自身行为的恰当性而寻找和出示不同的情境化理由,以及法官面对不同的情境化理由加以简单处理,固化形成压倒其他理由的决定性裁判理由。但是,面对疑难案件的裁判,法律之外的各种情境化理由可能相互冲突,而又都具有一定的正当性,因而需要对不同的情境化理由进行强度判断,从"强度"比较中选取作出裁判的更强理由。然而,"抽象理由之间的强度比较并没有太大意义,疑难案件争议说到底乃是各方利益的妥当性分配。"② 所以,获取内在事实必须结合恰当的利益分配才能作出正确判断。

进一步而言,疑难案件中的每个主体反映的利益要求可能都有一定合理性,当这些利益要求相互冲突时,每个主体或许都能找出支撑自己主张的理由。那么,一旦无法产生其他人均获益的"最优效应",甚或难以形成其他部分人获益的"次优效应",疑难案件中的法官就必须判断和比较不同当事人利益的优劣与多寡,这就是疑难案件中寻找内在事实的利益衡量方法。③

一般认为,利益衡量方法的核心是:当法律规则存在疑难问题时,也就是某一问题有数个内在事实的理由而难以判断,可以先行借助利益衡量加以比较,暂时对既存法规及法律构成不予考虑。④ 从论证进路

---

① Steven J. Burton, *Judging in Good Faith*, Cambridge University Press, 1992, pp. 3-6.
② 〔美〕詹姆斯·安修:《美国宪法解释与判例》,黎建飞译,中国政法大学出版社1994年版,第149页。
③ 相关的法学方法论著作包括:〔德〕卡尔·拉伦茨:《法学方法论》,陈爱娥译,商务印书馆2003年版;〔德〕马克斯·韦伯:《社会科学方法论》,李秋零、田薇译,中国人民大学出版社1999年版;〔法〕E. 迪尔凯姆:《社会学方法的准则》,狄玉明译,商务印书馆1995年版。
④ 参见梁慧星:《民法解释学》,中国政法大学出版社1995年版,第317页。

上，该方法是先有结论后找规范依据，以便使结论正当化或合理化，追求的是让法律条文为结论服务，而不是从法律条文中引出结论。

■ 许霆案从结果出发的利益衡量

2006年某日晚上10时左右，许霆来到某银行的ATM取款机取款，结果取出1000元，随后发现他的银行账户只被扣款1元。狂喜之下他反复操作连续取款171笔，共计取出17.5万元。事发后，许霆携赃款潜逃一年后落网。广州市中级人民法院一审依照法律规定的盗窃金融机构的法定起刑点为无期徒刑，判决许霆无期徒刑。此案经许霆上诉后被发回重审，广州中院又改判减轻为法定起刑点以下的五年有期徒刑。[①]

该案一审是从法律条文出发，依据刑法规定的文义解释方法，直接适用盗窃金融机构的最低刑无期徒刑，没有构成错判。但是，为何被发回重审后又改判为五年有期徒刑呢？除了众说纷纭的舆论和上级法院的施压，最关键的是该案被发回重审后，法官转从结果的正当化或合理化出发，采用利益衡量方法获取了为其他人所接受的内在事实。许霆一案之所以引起争议，主要包括两个问题：利用ATM取款机出错而"公然"取款，尚难以严格认定就是属于刑法规定的以"秘密"方式盗窃金融机构；法律的惩罚本意在于以较小的司法成本实现刑罚目的，对于许霆这样介于法律模糊地带的行为，加上他主观恶性不大且不是惯犯，有无必要施以如此严重乃至可能让他难以翻身的刑罚。事实上，该案被发回重审后一审法院转换思路，改从判决的结果出发进行权衡，乃是把处理本案的关键放在了如何实现案件的惩戒效应上，即告知人们利用ATM取款机出错公然取款，也属于犯罪行为。这是一个明智的判断。显然，该案更重要的意义是对类似行为树立样板而以惩效尤，并不是科以重刑而实现对个案当事人的重罚，这可以说是抓住了本案的关键性内在事实。

所以，从这个内在事实优先的法律思维，再结合以上案件的复杂性加以利益衡量，对于许霆施以法定刑以下的减轻量刑就是适当的。从哈

[①] 参见广州市中级人民法院（2008）穗中法刑二重字第2号刑事判决书。

特的内在事实形成来看，广州中院重审后改判五年的结果，已足以产生让其他人遵守本案施以儆戒效应的裁判规则，此为本案法律适用的思维内核所在。

二、疑案裁判衡量中的内在事实

由于对于利益衡量方法的研究尚不够深入，加之全球化风险社会错综复杂的利益格局，因此该方法在法律适用中难免出现了一些困境，以至于不少人对于这一方法仍然抱有很强的怀疑态度。

"案例中之所以出现疑难问题，正是因为不同的当事人及其律师在我们所谓的相关性、解释和分类问题上持有不同的立场造成的。"[1] 当然，立场的不同可以求助于德沃金的"原则论辩"加以解决，但是，现实主义进路基于法律之外理由的论辩却是相当复杂的。其中，始终饱受争议也是最关键的问题在于：疑难案件裁判中的现实主义利益衡量，从内在事实有赖于获得其他人遵守的角度，是否就能足以承载和超越法律之外集合性的潜在期待或要求，形成可以获得普遍认同的裁判规则，以及对今后类似案件产生预测和指导作用。如果这一问题得不到解决，寻找法律之外理由的利益衡量，因为不同情境化理由的千差万别，肯定会使裁判结果难以一致，让疑难案件的审理结果仅仅具有个案意义，很难指导性地重复适用，甚至会让司法走向"去统一性"而出现碎片化的局面。这不仅有违司法的核心特征，也是与借助于利益衡量寻找内在事实的初衷背道而驰的。

那么，疑难案件审理中为了形成让其他人遵守的内在事实而运用利益衡量方法时，究竟会遭遇哪些具体的困境呢？归纳而言，主要集中在三个方面：（1）利益衡量涉及法律之外社会中的多元道德观念，所以可能会随意放大或缩小具体案件中内在事实的强度；（2）反过来，利益衡

---

[1] 〔英〕尼尔·麦考密克：《法律推理与法律理论》，姜峰译，法律出版社2005年版，第208页。

量一旦过度偏向于具体案件当事人，其内在事实也难以针对整体社会的多元复杂性作出恰当的判断；（3）可是，如果仅是简单地将整体社会与当事人之外的"其他人"当作理由之一进行利益衡量，其结果或许是让当事人及整体社会都难以信服，以至于似乎表面恰当的内在事实，恰好成为引发社会冲突的理由。可以说，假如这些问题不能解决，疑难案件裁判的利益衡量将很难达致让当事人乃至其他人遵守的内在事实，形成具有预测和指导意义的裁判规则。

■ 南京市鼓楼房产经营公司等诉盛名公司侵犯建筑物区分所有权案 ──

2001 年，原告江苏省南京市鼓楼房产经营公司及 19 户居民，起诉所住商住楼的底层所有人被告盛名公司。案情是：盛名公司报市建委和规划部门批准，将地面部分下挖准备增建夹层；此举获得过市安全鉴定处鉴定，认为增建工程符合安全标准。原告以侵犯相邻权为由，诉请盛名公司恢复原状。该案一审判决驳回了原告诉请。但是，二审认为，盛名公司所增建夹层系原共有区域，原告等按其专有部分比例享有共有权，盛名公司未经共有人同意，擅自开发共有部分地下空间，构成侵权，改判支持原告诉请。①

这是一个引入建筑物区分所有权理论作出判决的案例。该案发生时，中国没有相应法律规定。二审法院展开利益衡量，考虑到了所有业主作为区分共有人的共同利益，形成的裁判规则是，建筑物有关权利的行使，必将受到全体区分所有权人"共有关系"的限制，而不是像单一所有权关系那样可以任意行使。客观地说，该案利益衡量是成功的。它把其他人遵守的内在事实获得，控制在区分共有人这一相关的共同体之内，不是无限放大到社会利益，也不是局限于本案 19 户居民的当事人的狭窄范围内，宽窄适当。不过，该案的一个技术问题在于，它所形成的裁判规则，不是法官解释而是立法性质的，它创立了区分所有权中的新的权利义务关系，因为直到 2007 年颁布实施的《中华人民共和国物权法》才正式确立了建筑物区分所有权关系。而法官通过利益衡量的造法肯定

---

① 参见最高人民法院中国应用法学研究所编：《人民法院案例选》（2014 年·第 4 辑），人民法院出版社 2014 年版，第 80 页。

与立法的利益衡量有所差别,毕竟法院无法像立法机构那样,调查、收集和研究所有利益群体的意见,难以对牵涉的权利人、社会公众、政府政策乃至国际利益等问题通盘考虑,订立平衡的法律制度。所以,中国法院的利益衡量应当极为谨慎,否则将会受到"法官造法"的指责。

试图走出疑难案件利益衡量所存在的困境,整体思路应是:为了获得利益衡量的内在事实,需要先确定相对固定的衡量标准,以实现把复杂情境作简单化处理,使得产生的"一般意义的内在事实"得以多次重复而成为惯常性的判断,便于让类似案件当事人无须重新考量即可直接援引,避免多元化的内在事实被随意放大或缩小;同时,对于可能出现的更复杂情况,利益衡量还应当具有加以简约处理的特殊能力,以寻找出具有"更强理由的内在事实",特别是通过特征之附加烙上接近规则的特征,当烙上接近规则特征的内在事实与千变万化的待决案件指向当事人的个性化因素并存时,就可以规则的一般性从容应对社会的复杂性。当然,以上"一般意义的内在事实"或者"更强理由的内在事实",能否真正让其他人遵守而产生合意性,为普适化的裁判规则形成奠定基础,还有赖于内在事实获得的具体机制。此外不可忽视也是极其重要的是,所有的利益衡量在获得法律之外的内在事实后及形成裁判规则前,肯定必须经受法律之内合法与否的检验,以推动内在事实的结构格式化,指引类似行为只能以该内在事实为基础,进而使得其他人遵守的预测性大大提高。

第三节 一般意义的内在事实

一、利益:寻找内在事实的切入口

为了让案件审理中的裁判规则承载和超越法律之外潜在的让其他人遵守的集合性期待,疑难案件衡量需要先确立一个如何评价"比较利益"优劣与多寡的基本标准,以获取裁判规则赖以形成的"一般意义的内在事实"，避免现实主义的利益衡量陷入复杂化和随意性。

现实主义进路下疑难案件衡量的内在事实获取标准，是一个需要认真对待的问题。从以上论及利益衡量所陷入的困境分析，一方面，那种单纯从社会利益出发的立场，会异化疑难案件裁判中某些内在事实的强度。因为过于强调结合社会利益，会割裂当事人所处的具体情境，片面地把社会利益视为一个抽象概念。事实上，社会利益在每个案件中的具体指向都可能有所不同。所以，社会利益本身所包容的多元化利益和观念，反而会成为随意放大或缩小当事人所处情境的内在事实理由强度的借口，造成裁判结果表面公平但实质不公正。另一方面，拘泥于从当事人利益出发的观点，也难以从宽阔的视野上结合社会结构的复杂性作出恰当的判断。尤其是当现实的司法陷入对当事人双方具体利益的细微衡量后，极易导致利益的取舍陷入两难的尴尬境地。

显然，疑难案件审理中那种"绝对化"地从所谓的整体社会利益出发的衡量，抑或是围绕当事人具体利益的衡量，都存在一些问题。于是，为了获取一般意义的内在事实，衡量标准应转向在当事人利益与社会利益之间的相对考察，建立起疑难案件衡量的获取内在事实的基本标准。当然，这不是简单将零散的、模糊的"其他人"视为内在事实可以完成的，毕竟这样也还是很难实现借助于利益衡量让其他人遵守的互动认同。作为疑难案件衡量获取一般意义的内在事实的基本标准，其实质就是着眼于结合现实社会结构的特征，从当事人和社会两种不同利益出发，通过放大当事人利益以及涵摄于社会利益，把两者相互博弈所依赖的复杂情境作简单化处理，为利益衡量产生裁判规则提供稳定的、可预见的内在事实。

二、群体利益：寻找内在事实的进路

接下来，疑难案件衡量又如何确立内在事实的基准？现代社会结构的核心是群体化，各个群体的边界和位序相对确立，且不会有太大变化；同时，群体特征的行为、文化及生活模式也较为固定。因此，面对群体化趋势客观上让利益更加多元化，法律作为让所有人遵守的一般意义的重要规范，对此也应有所回应。

■ 现代社会群体与法律秩序的形成

现代社会结构变化是社会变迁的基础所在，而社会群体又是社会结构的核心领域。识别现代的社会群体可以充分掌握代表不同利益的各个群体之间的摩擦、矛盾和冲突，建立起群体之间利益的整合机制、矛盾冲突的化解机制以及社会秩序的稳定机制。

① 群体基础与法律秩序。作为群体基础的资源配置关系，导致了不同群体之间的分化，从而形成了各自的人格特征、权利要求和行为方式；同时，也导致了法律秩序的实践形态呈现出复杂性，比如，资源配置中的权力资源、经济资源和文化资源谁处于支配地位，使得法律秩序呈现为压制型、自由型或回应型三种型态。

② 群体结构与法律秩序。整体群体分布的状况影响着不同成员是否愿意在现存法律秩序下共融共存；而群体结构的开放程度，又影响了利益受损较大群体的社会成员对法律秩序的认同。

③ 群体意识与法律秩序。群体意识就是各个群体对分层现象的认知、评价、心态和期待行为模式的汇总。在立法上，它具有价值导向、评价校正和补白功能；在执法上，它具有推动法律实现的创造解释功能。

疑难案件衡量的内在事实基准，需要对于社会结构的群体化趋向有所回应。究其本质，就是一般意义的内在事实获得，需要满足多元化的不同群体利益。事实上，当代中国以当事人与社会之间的群体利益实现，作为内在事实的获取标准，已经逐渐为人们所意识到并加以运用，形成了一些具有预测和指导意义的内在事实及相应的裁判规则，甚至对成文的法律规则和中国的司法解释出台产生了重要影响。

■ 农民工欠薪与利益衡量的成规范例

为了解决农民工起诉承包人追讨欠薪难以实现的问题，相当数量的法官审理案件时，不拘泥于劳动或雇佣合同的相对性，而是向农民工当事人释明，可以从债的请求权角度，将发包人、转包人和承包人列为共同债务人。其中，法官们进行利益衡量的内在事实就是，目前农民工当事人作为困难群体成员的权益较易受到侵犯，且难以获得有效救济；同时，相对一方往往凭借优势地位制造权利不平等，加深对困难群体权利的挤出效应，导致了社会整体利益极有可能陷入群体之间的紧张与冲突。所以，面对此类疑难案件加以利益衡量的不少法官认为，法律之外恢复权利失衡以实现特殊正义的理由，远比形式理性上较为有利于发包人和转包人的合同相对制度更为重要。

这一利益衡量所形成的裁判规则逐步为各界所接受，乃至为推出《最高人民法院关于审理建设工程施工合同纠纷案件适用法律问题的解释》提供了经验基础。该解释明确承认了上述以实现农民工群体特殊正义为目标展开利益衡量所形成的裁判规则，规定农民工讨薪可起诉未有劳动合同关系的工程发包人，发包人在欠付工程价款范围内对实际施工人承担责任。

同时，《最高人民法院关于审理劳动争议案件适用法律若干问题的解释（二）》规定，劳动者以用人单位的工资欠条为证据，直接向人民法院起诉，诉讼请求不涉及劳动关系其他争议的，应当视为拖欠劳动报酬争议，按照普通民事纠纷受理。同样原理，这一规定也是许多类似案件中的法官为了群体指向的特殊正义实现而进行利益衡量后，形成从程序上简化农民工追讨欠薪过程的裁判规则，终而上升为有规范拘束力的司法解释。

2021年实施的《民法典》第807条规定了发包人未支付工程价款的责任有关内容。明确了发包人未按照约定支付价款的，承包人可以催告发包人在合理期限内支付价款；明确了发包人逾期不支付价款的处理规则，建设工程的价款在工程折价或者拍卖后的优先受偿权，即建设工程的价款就该工程折价或者拍卖的价值优先受偿。这一规定的根本目的在于解决"讨薪难"问题。

三、当事人所在群体利益：内在事实的获取标准

面对现代社会结构趋于群体化的深刻变迁，当事人与社会的利益衡量标准，应该成为一种导向合理安排不同群体利益，乃至彰显司法民主化的符号。借此产生基本的内在事实，以期形成广泛的让其他人遵守的裁判规则。

有鉴于此，从现实主义的"社会性"角度来看，为了实现风险社会群体化造成复杂情境的简单化，疑难案件法律适用中对于当事人与社会利益的利益衡量，可以"当事人所在群体的利益"作为基本的成规标准。它的主要理由包括：

1. 现代法治发展的非模式化，为不同群体特征的内在事实获取提供了基础

法治的发展既有统一性的整体趋向，也必然有多样性的特征，过于理想的模式化设计和实施，不仅很难带来预期效果，而且会出现不少难题。基于全球风险社会群体分化逐步固定，以当事人所在群体利益作为疑难案件衡量的获取内在事实的标准，就是真切考量那些与当事人处于同一群体的其他人所拥有的共同的经验、角色和相似的属性、态度，以及与别的群体之间的相互制衡与博弈的情形。事实上，根据"接近性理论"，通常具有相似特征的人们有着基本一致的想法：他们对某些社会事件的评价具有相似性；他们对某种社会政策执行结果的感知具有相似性；他们对某一社会演化结果的欲求也具有相似性。[1] 因此，疑难案件中带有不同群体特征的内在事实获得，不再只是局限于个性化的当事人，也不再是空洞地谈论整体社会利益，而是为作为社会结构核心的群体之间的利益调适提供了可能。它的意义在于，不仅可以通过对当事人所处群体利益的考量惠及个案中的具体当事人利益，而且有利于逐渐形成整体社会意义上的对称与比例均势，使得让其他人遵守的内在事实获取，变得现实可及。

---

[1] See Richard Centers, *Psychology of Social Class: A Study of Class Consciousness*, Princeton University Press, 1949, p. 43.

2. 当代正义分配的理念转向，强化了这种带有不同群体特征的内在事实获取基准

过去传统的均码正义分配理论，着力于强调司法应为所有当事人提供相同正义。不过，面对风险社会结构变迁，因为立法的相对滞后性不可避免存在，往往难以提供一条绝对标准化尺度，尤其对于疑难案件的裁判，需要将公平正义置于特定的社会结构中，这样每起疑难案件裁判都有改进的余地。应当讲，将当事人所在群体利益作为衡量标准，就是出于对让其他人遵守的内在事实考虑。为了获得更易被接受的裁判结果，需要引入群体之间的相对剥夺感和不公正感这个诱发社会冲突的决定性因素加以考量，将当事人的具体心理感受与其所在的群体之接受程度联系起来，不是狭隘地实现个案纠纷解决，而是把个案的公平正义扩张到让其他人认同，以获得高质量的内在事实上去。

3. 现实权利均衡状态的差强人意，倒逼内在事实的获取应带有更多的不同群体特征

整个社会如果是处于权利的高水平均衡状态，无论强势群体还是困难群体的正当权益都会受到保护，非法的利益侵犯也都应当得到制止。可是，如果现实中不同群体权利实际处于相对的低水平均衡状态，这一状态反过来会迫使对于疑难案件进行利益衡量时，必须具有强烈的问题意识，积极将内在事实的获得标准从个案情境，放大到当事人所代表的群体维护自身利益的权利状况加以考察。可以说，法官面对群体问题进行利益衡量，寻找内在事实及产生裁判规则，应当既来源于实际个案，又超越实际个案，因为正是这种与个案审理有着紧密关联的方式，使得司法较易获得解释所需要的必要信息和知识，把案情、论理和结论融合在一起，较之依赖于立法的问题解决，更易被人理解其目的和内涵是什么，适用于什么样的情形。所以，以当事人所处群体为标准的疑案衡量，实际上是基于理论允许变通的前提，也是在法律框架内积极参与公共政策的推进。

第四节　更强理由的内在事实

一、类型思维：获取更强理由的切入口

以上相对性标准的提出，只是为疑难案件提供了一般意义的内在事实。其实作为当代社会结构变迁核心的群体化引发的社会矛盾纠纷，早已开始在更细化的群体之间过去被忽略的层面爆发。其中，最为突出的就是客观群体、认同群体和行动群体的错位引起的变化。认同群体和行动群体的出现，让传统的客观群体不能完全揭示和描述群体之间的真实逻辑。显然，疑案衡量需要继续针对客观与行动群体出现的新变化，进一步获取"更强理由的内在事实"。

可以肯定，如果疑难案件衡量是以当事人所在客观群体的利益作为内在事实的唯一标准，那么所拥有的接近性特征、所欲实现的特殊正义等一般容易把握。相应地，也容易从现有法律规则的框架内直接获得合理的内在事实。

■ 以客观群体为内在事实标准的把握

现代社会中，事实上的群体分化已不拘泥于传统指标产生的"客观群体"分野，不少人是通过对社会生活的亲身参与及彼此互动，感受、体验赖以生存的群体秩序，形成"认同群体"。同样，社会结构中切身感到利益受损的人们，可能产生对自己当前生活的不满，形成有强烈诉愿的"行动群体"。可以肯定，客观群体不完全重叠于认同群体和行动群体，现实生活中的实践者有时也不完全从所在客观群体的立场展开活动。① 以劳动争议案件的劳动者群体为例，在疑难案件的衡量中，人们一般会主张对劳动者群体利益加以倾斜性保护。比如，针对用人单位合并、兼并、合资及性质变更等原因改变工作单位的劳动者，认定其在原用人

---

① 参见张翼：《中国城市社会阶层冲突意识研究》，载《中国社会科学》2005 年第 4 期。

单位的工龄应计入改变后单位的工龄；对于用人单位无故不提供工作岗位、不发放工资，且要求劳动者提前解除合同的，视为用人单位违约提前解除合同等。其实，这种情况下疑难案件利益衡量所体现的实质正义，接近于劳动合同法为保护劳动者这一客观群体利益所蕴含的理念，法官以当事人群体利益为内在事实标准进行利益衡量后，通常可以直接从法律规则中获得合理解释，以形成让其他人认同和遵守的裁判规则。

不过，现实中更多情况下某些疑难案件的当事人所在群体，呈现为客观、认同及行动群体交错的情形，实质上就是局部性意志与妥协的意志结晶物纵横交错，甚至互为前提。这时，以群体利益作为获取一般意义的内在事实标准衡量后，就还需要进一步通过"类型化思维"，寻找到具有"更强理由的内在事实"。

现有主流的类型理论认为，类型作为一种"相对的普遍"，并无固定的组成特征，它是在各式各样的特征组合中形成一个类型，而其每一个事例内部的众多特征是有机的、相互依存的，共同形成一个意义性。从本质上讲，现实中需要构建各种类型的原因在于，即使类型的要素具有可变性，而且类型之间可能存在过渡和流动，但是"类型"毕竟是从极为繁复的特征组合中抽象出一些整体镜像，其所内含的"相对的普遍"具有把复杂情境加以简单化的功能。与此同时，源于类型的归纳除了一般特征的描述之外，通常人们还往往会以程度的差异、元素的比较、价值的权衡以及例示的方式提示不同的重要性。所以，强调类型的这种比较功能的意义在于，类型理论的确可以"在系列类型里指定各个类型的适当位置，可以通过顺序之安排彰显其异同"[①]。

可以说，面对客观、认同与行动群体出现的新变化，疑难案件衡量除了把当事人所在群体利益作为基本的内在事实标准之外，为了获取"更强理由的内在事实"，还特别需要"类型思维"。换言之，就是进一

---

① 〔德〕亚当·考夫曼：《类推与"事物本质"——兼论类型理论》，吴从周译，学林文化事业有限公司1999年版，第12页。

步甄别新格局下的客观、认同与行动群体的社会态度及社会行动，借入类型思维，通过预设各个类型的位置顺序性排列，轻重有序地寻找出现实针对性较强，且可以普适化为裁判规则而实现重复适用的更强内在事实，进而避免单纯以客观群体作为标准可能造成的失灵。

二、从具体化到一般化：寻找更强理由的进路

诚如上述，基于矛盾纠纷的复杂性，需要进一步借助类型思维寻找出具有更强理由的内在事实。那么，类型思维的核心功能是什么？类型一般具有"一般化"与"具体化"的双向功能，使其成为价值向事实具体化、暨事实向价值类型化的重要一环。据此，类型思维是一个比一般条款具体、比狭义的法律概念一般的范畴。在疑难案件的衡量中，如果作为情境化理由所体现的实质正义与法律规则蕴涵的理念接近重叠，法官一般是从"概念"出发寻找内在事实，就像前面对客观群体上的劳动者进行倾斜性保护的利益衡量后，直接借用"视同""预期违约"等概念在法律框架内作出妥当解释，无须加入类型思维。但是，如果是面对具有共同意义而其要素又有可变性，以及类型间的过渡也有所流动的认同群体和行动群体，情境化理由所指向的实质正义将会使得内在事实复杂起来，一旦无法直接从概念中寻找到合理解释，此时的法官就需要借助类型思维，以完成从个案情境的"具体化"，朝向内在事实是让其他人也遵守的"一般化"过渡。

当然，类型思维推动从具体化向一般化的过渡，实质上是要使得疑案衡量所体现的实质正义，能够成为形成裁判规则的"更强理由的内在事实"。为了完成这一使命，法官进行类型思维的最重要任务，就是以现实中的变迁社会结构为基础，逐步建构起一些可以把复杂情境加以简单化的衡量类型，并且根据它们对当下社会冲突的影响程度，以及未来可能产生的潜在效应，加以轻重有序的排列，使得面对客观、认同与行动群体的复杂情境下的类似案件衡量，能够超越逐一个案的现实特征取舍，唯以类似指导性案件的类型思维产生更强理由的内在事实，进而形成裁判规则，作出可预见及统一性的裁判。

此外，旨在将更为复杂的情境加以简单化的类型构建，除了来源于

现实的特征取舍，仍然需要考虑规范意义的"特征之附加"以建立类型，这种被拉伦茨称为"法律上的构造类型"[①]，正是获得更强理由的内在事实，乃至产生裁判规则的基础。比如，作为法学产物的人格权、支配权、形成权等主观权利类型，以及产生于法律交易中的债权合同类型，历史上都是在法律生活中先发现它们，掌握其类型的现实特征，然后完成规范意义的特征之附加，赋予其事实或法律上的拘束力。

■ 动物人格权的立法博弈

许多领域在价值上可能有法律规范的必要，不过存在许多技术限制，所以，现实中往往是先在现实生活中探索其被加以调整的最佳方式，掌握调整类型化的附加特征，然后赋予其法律效力。例如，有关动物人格问题，有人从动物保护和环境伦理的角度出发，提出应当加强动物权利的法律保护。但是，技术上存在以下两种类型：

① 直接赋予动物权利。换句话说，让动物具有法律人格权，也就是使得动物在法律上成为像人那样享有权利承担义务的主体。动物一旦受到侵害，可以作为原告起诉。然而，这一路线存在许多棘手问题，比如，如果赋予动物权利，那么姑且不论我们的饭桌上不会再见到任何荤腥，甚至"除四害"（蚊子、苍蝇、老鼠、麻雀）也是非法的，吃抗生素杀死细菌也是非法的，甚至还会引发植物作为生命的权利是否也应保护等一连串的问题。

② 对人的行为加以限制。就是通过对部分猎杀、虐待、残忍对待动物的人的行为加以限制，来达到动物权保护的目的，比如，德国杀鱼先喂药，不少国家杀猪需要先电昏，禁止活杀动物，等等。近年来，中国有关禽畜活宰、活取熊胆、活剥羊皮等情况时有报道，影响了自身的国际形象。因此，美国、欧盟等国家通过人道屠宰法案，限制中国肉类产品出口，结果是，中国的新鲜冻猪肉基本上没有出口欧美国家。中国商务部对此高度重视，着手制定人道屠宰技术标准。研究表明，当猪恐慌后会分泌不好的物质，出现肌肉发白的现象。所以，人道屠宰还会让

[①] 〔德〕卡尔·拉伦茨：《法学方法论》，陈爱娥译，商务印书馆2003年版，第341页。

猪肉的品质更好。

显然，出于动物保护和商业利益的双重目的，第二种对人的行为加以限制的类型，相对于第一种直接赋予动物权利的类型，更为可行及让其他人接受，从而为涉及动物权利的疑案衡量提供了更强理由的内在事实。

第五节　内在事实的共识达成

一、为什么需要协商司法

面对疑难案件的衡量，以当事人所处群体利益为标准，获得了一般意义的内在事实；以类型思维为方式，可以获得更强理由的内在事实。接下来的问题是，内在事实又是如何真正被其他人也遵守达成共识，终而形成了裁判规则的呢？

借入群体利益标准和类型思维，目的在于减少分歧。但彻底消除对于内在事实的不同意见，至少在疑案案件中不太现实，只能是消除和减少分歧。所以，需要通过协商达成共识，以形成持续地压倒其他理由的内在事实。

无论是一般理由还是更强理由的获得，疑案衡量都需要解答这样的问题："为何受这个裁判规则约束"或"为何该案裁判对我有影响力"。对此，恐怕只有这个回答才能令人满意："那是你自己参与制定的规则"或"那是经过充分交涉及合意后的裁判"。就此而言，如果过分强调严格执行法律规则，以限制疑案衡量的内在事实获取，与社会缺乏亲和力，无法有效调动个人采取有效行动，促成相互间的合作、形成和发展，那么就很难对不断变化的社会作出灵活反应。因此，强调"协商司法"，就是主张法院与当事人之间以"对话性"达成共识的协同机制。换句话说，协商司法不是让对立的当事人相互隔离，而是借助于法官释明权、赋加有分量的信息传递、司法知识竞争以及当事人充分论辩等方式，推动消除和减少分歧。

协商司法中商谈的"对话性"，从内涵上表现为法院及当事人之间的互动过程，核心在于让他们进行没有任何强制性和压制性的交流，形成共识产生合意性。① 可以说，在错综复杂的群体格局下，协商对于内在事实的获得极为关键。因为这会让我们关注处于不同角色的群体之间的差异，有效展开反思衡量。换言之，就是让利益衡量过程中提出要求的人，用恰如其分的论证来说服其他人，只有在他说服了其他人的时候，他有根有据的论证力量才会对别人的行为发生作用，哈特意义上的内在事实才能成立。

■ 走出明希豪森的三重困境

18世纪德国汉诺威有一乡绅名叫明希豪森，退役后为家乡父老讲述其当兵、狩猎和运动时的逸闻趣事，名噪一时。之后，他又出版了一部故事集《明希豪森男爵的奇遇》，其中有一则故事讲到：他有一次游历时不幸掉进泥潭，四周无所依，于是他用力抓住自己辫子，把自己从泥潭中拉了出来。这个故事被用来批判理性主义和经验主义。

事实上，疑案裁判衡量中的任何内在事实，都可能遇到"为什么"这一无穷追问的挑战。也就是说，假如所产生的内在事实是另外一个是否成为规则的论证命题，那么这个命题就会相应地接受其他人的不断发问。这个过程将一直进行下去，直到出现三种结果：无穷倒退，以至于无法确立任何论证的根基；在相互支持的论点和论据之间进行循环论证；在某个主观选择的点上断然以权威终结。这就是所谓明希豪森的三重困境。面对这三重困境，人们发现无论是理性主义还是经验主义，都不再能担保知识的绝对确定性；更何况受人的认识能力和时间的限制，许多决定是在时间压力下作出的，实际上也不允许所谓的理性结果被无限延伸验证。所以，理性主义或经验主义至多只是揭示了理论或实践理

---

① 参见〔德〕尤尔根·哈贝马斯：《对话伦理学与真理的问题》，沈清楷译，中国人民大学出版社2005年版，第2页。

性的认识标准，但对于像法律实践这一类实践的活动如何以"实践方式"来达到理性结果，却并没有提供更有说服力、更有实践可能性的标准或规则。尤其是法官的实务更像是一门技艺，而不像是一种纯粹科学的事业。于是，法律框架内的实践论辩成为必然。①

二、协商司法如何进行

简单地说，疑案衡量里的协商司法，就是对错综复杂的群体格局下商谈各方的利益都加以考虑，各方提出的不同要求都能进行有效的讨论；同时，各方试图获得的也都可以在群体利益标准及随后的类型思维中被重新认识。这样，协商机制就具备了让内在事实达成共识的基础。

那么，协商司法如何进行呢？它的主要步骤包括：（1）协商是否基于"参与"而产生，也就是通过与拥有不同立场的其他人实施对话反省评价的依据，使它趋于客观化和透明化。（2）协商中现实衡量的一般和更强理由是否能够经受连续评价，亦即在充分吸收当事人所在群体的期待及价值观基础上获得保障。（3）协商的过程是否具有"证明的透彻性"，即论据一直追溯到无须进一步作出论证。（4）协商的结论是否违背"事物之本性"，通过这种对话性的商谈，使得形成规则的实践对于所有人都是同等友好的，"彼此冲突的利益状况和价值取向，与一个共同体的主体间共享的生活形式非常密切地交织在一起"②。换句话说，就是将当事人所在群体利益与明确的目的相联系，以及根据作为基础的准则，对各种可选择的内在事实理由作出判断。可以说，正是在这种协商里，疑难案件衡量所产生的内在事实理由得到了反思，使得以平衡不同群体利益的裁判规则产生成为可能。

值得注意的是，协商应当是在"相对比较"的意义上，达成让其他人遵守的共识。可以说，面对分歧的协商过程中那些使得某一内在事实

---

① 参见舒国滢：《走出"明希豪森困境"》，载〔德〕罗伯特·阿列克西：《法律论证理论》，舒国滢译，中国法制出版社 2002 年版，"译序"。

② 〔德〕哈贝马斯：《在事实与规范之间：关于法律和民主法治国的商谈理论》，童世骏译，生活·读书·新知三联书店 2003 年版，第 196 页。

趋于更强的因素，也常常在以同样方式影响着参与协商者列举其他内在事实的特性和强度。所以，许多场合下达成共识的内在事实，并不是协商各方理由争辩后此消彼长的结果，而是更多表现为各种理由在比较意义上的相对优势所得出的结论。因为无论协商所达成的共识是多么严谨有创意，所谓的合意性共识抑或是相应形成的裁判规则都是不完美的。因此，疑案衡量借入协商机制达成共识，只能是寻求让各方的一般理由和更强理由之间加以比较，对于它们的相对价值进行反思性衡量后作出明智选择。比如，协商所形成的结论会随着协商人数和复杂性的增加而趋于失灵，此时就应探求该结论产生的制度化背景，以确定是否具有可比性。因为如果把人数少、复杂性低的情境中得出的协商结论，去跟一个在人数多和复杂性高的情境中获得的协商结论进行比较，恐怕会使内在事实失去意义。

第六节 内在事实的正当限制

一、正当限制的两个角度

既然利益衡量是先有结论后找规范依据，那么无论一般或更强的内在事实获得，都无法回避限制法官的自由裁量权问题，以防止可能产生的恣意裁判，以及所形成裁判规则的四分五裂。

基于司法权力之特性，法官裁量的特质毕竟在于"依法裁判"。承认疑案审理中的法官可以通过利益衡量行使自由裁量权，就是认为法官不能拒绝裁判，或者只是机械适用法律。可是，不加约束的裁量必定会摧毁这种依法裁判的立场，最终把法律适用过程转变为裁判者自由作出独立判断的过程。因此，对于疑案衡量需要附加一定的限制条件，把较强的自由裁量转化成较弱的自由裁量，使得利益衡量与依法裁判能够保持一致。更为重要的是，从规范意义上附加限制条件后，可以使衡量后产生的裁判规则得以预测而普遍推广，为今后类似案件相同处理提供正当的内在事实。正是这种合法性论证，保障了疑难案件获取的内在事实被限制在合法边界内。

那么,依法裁判立场下获得内在事实的限度具体如何把握?现在主要有两大方向:(1)借助于法律解释技术,从规则与事实之间的循环诠释、穷尽化规则后求助于原则的说明、对立法进行利益评价和衡量、借助于遵循先例捍卫一致性、聚焦个性化案件的共识等方面来限制自由裁量。但是,疑案衡量的复杂性使得穷尽规则、逻辑推演等制约的功能相当有限;同时,实现个案正义的目标又只能是以个别化案件而不是普遍化案件作为前提,甚至连何为个别化案件有时也难以界定。(2)以法律程序限制自由裁量,即让当事人、社会通过正当程序参与裁判,制约法官的裁量权,以此增强法官形成裁判规则的说服力。可是,不仅法官所处的权威地位使其掌握着案件结果的最终决定权,仍可能导致程序约束力被降低至忽略不计,而且自由裁量权的存在本身,就会让法官即使受到约束,也依然拥有某种形式的自由选择空间,难以彻底实现以正当的内在事实限制自由裁量的目的。

二、正当限制的一般规则

现实表明,上述正当限制的两个角度,虽然都不同程度地存在问题,但它们至少提供了疑案衡量确认权利或进行谴责,以获取正当内在事实的一般规则。

归纳而言,前面的一般和更强理由和协商共识的讨论,都是在践行这样一种把利益衡量视为实践理性的努力,它们的目的都是在于找到限制、击败甚至超越那种仅用法律规则作为理由表达方式的话语。但是,仅止于此是不够的,因为即使是获取一般和更强理由,让内在事实走向共识,仍然都还是对局限于在个人或群体偏好和判断之间的分歧加以利益衡量,而不能确保这种内在事实是否对于实现社会共存目标来说是明显必需的。此时,就需要进行"二次证明"[①],即设定合法性论证的一般规则,哪怕它们可能会从一定程度上降低衡量方法的效能,也应当被

---

① 参见〔英〕尼尔·麦考密克:《法律推理与法律理论》,姜峰译,法律出版社 2005 年版,第 95 页。

认为是正当的,因为案件的裁判及形成的裁判规则,毕竟都是权威性和制度性的规范形式。

利益衡量中合法性论证的一般规则,通常应当具有这样几个维度:

(1)评价性维度。现实主义的利益衡量是先有结论,也就是对裁判规则形成的一般和更强理由进行辨别,尤其是考察内在事实可能引发的裁判结论及后续效应,来权衡选取内在事实。从这个角度来看,利益衡量关注的是后果的可接受性和不可接受性,所以,一般和更强理由实际上都代表的是被不同的评价指标确定了的不同权重指标。这样评价性维度就构成合法性论证的第一个维度,法官采纳或拒绝某一理由会导致何种程度的不公正感,或者带来多大的效用,将是合法性论证的重要考量因素。

(2)一致性维度。利益衡量的后果是产生裁判规则,而不只是权衡利益后陈述事实。可见,利益衡量的后果要件,是要制定关于给定条件下会产生何种后果的裁判规则。因此,疑难案件的审理中法官们的内在事实获取,不仅仅是对不同的行为模式加以评价后作出选择,而且还需要考虑是否与一些生效的和具有拘束力的制度或判例相抵触。当然,面对表面上与待决案件看似抵触的制度或前例,能够通过"解释""区别"来避免冲突,可是,如果这种谋求和谐的努力失败了,那么即使是同样有道理的裁判规则,只要是与既定的有效规则之间存在无法调和的冲突,根据一致性的要求,也需要予以排除。

(3)协调性维度。内在事实体系是由一套应对各种事态的有效规则构成的,作为确立社会秩序的方式,在很多场合里,协商达成的共识虽然符合一致性要求,但从整体的体系上未必协调。从这个意义上讲,无论利益衡量的内在事实是什么,或者协商达成的共识被理解为什么,或者这种理由和共识所涵盖的具体情形如何复杂,裁判规则都需要实现某种程度的协调。一旦解释问题、分类问题或相关性问题随着今后类似案例不断出现而纷至沓来,那些利益衡量产生的内在事实,只有在与既存的一般性法律原则体系不相矛盾的情况下,才会不失其与整个制度的协调性。

三、正当限制的主要方式

从法社会学角度，疑难案件自由裁量的合法性论证至少包括三种方式，即评价性的后果合理论辩、一致性的制度利益反思、协调性的体系解释检验。

（1）疑案衡量的后果合理论辩。毕竟利益衡量在论证进路上是先有结论后找规范依据，以便使结论正当化或合理化，所以，后果主义论辩先要考量所形成的内在事实在当下情境中是否合理，特别是通过考察内在事实对类似案件的连贯性后果来检验它的实践蕴涵，以界定出疑难案件衡量的边界。理由是，面对分歧，无法找到一个无可挑剔的答案，而是只能给出现实可行的解决方案。当然，这个解决方案不能只是满足于解决手头疑难案件，而是必须以可能产生的连续后果，衡量与当事人类似的所在群体成员下一步会怎样行动，以及整体社会怎样才能变得更为合理。

后果合理论辩的一个重要支点，就是让参与疑难案件审理的各方，都有充分的机会知晓法官利益衡量背后的内在事实是什么，即便这样会违反他们自己的偏好和审慎判断。否则，在裁判规则与参与人的个人偏好和判断之间的分歧达到极致之时，那些知晓法律的人也会选择不遵守法律，而是借口利益衡量废除那些他们认为专断的法律制度或既定的内在事实。

（2）疑案衡量的制度利益反思。疑难案件的衡量是从检视裁决结论的妥当性，而不是从规范本身开始的。所以，期望通过衡量产生的一般和更强理由能够始终压倒其他所有理由，以实现内在事实的重复适用，归根到底，就是让所形成的内在事实应具备"制度利益"的特性。一般而言，如果疑难案件审理中适用的法律过于刚性，就比较容易引发反弹和抵抗而遭遇正当性的质疑。此时需要让法律适用经常发生变化，具有针对当事人所在不同群体反应而调整自我的临机应变，这样就可以经过反复互动形成更具现实可行性和可接受性的柔性规范。

现实中疑难案件的司法过程，就是刚性规范与柔性规范不断组合调整，形成一系列不同的内在事实选项，其中最能为各方面接受认同的解决方案就成为裁判结果。简言之，所适用的刚性规范在不断分解、重组以及反复寻找平衡点的过程中被加以合法性解释，形成具有注疏性的柔性规范，它为裁判规则的产生提供了正当性依据。基于此，所谓制度利益，就是将当事人所在群体利益与刚性、柔性规范不断"等置"之后所形成的，且对案件裁决起决定性影响的利益。

应当说，制度利益是一种"决策"利益，其最终形成除了要从事实出发进行衡量外，还需要完成从规范出发的考量，也就是必须经过"宪法性价值""一般人标准""法律基本原理原则""不偏离以前的解释范型"等一般性规范的反省与评价，以及经受证明责任如何分配、程序是否正当、制度利益有无瑕疵等具体规范的检验与考量。

（3）疑案衡量的体系解释检验。在疑难案件衡量后的合法性论证中，时常会发生内在事实代表的制度利益造成形式合理性被过度牺牲而不协调的现象。可以想象，一系列衡量后果之间会产生相互抵触的内容，不过，即使这些被集合起来的衡量后果，也未必就能体现出某种体系解释的价值取向。因此，如果说上述的后果合理论辩与制度比较考量是一种"事先考量"，那么这里的体系解释检验就是一种制度利益形成后的"事后衡平"。

毕竟，法官无权对他们自认为理想的社会公正模式进行立法，哪怕是经过了严格的内在事实筛选，以及商谈后达成了共识，法官所要做的是需要保证那些既定的重要目标以明晰可见的方式得以实现。所以，尽管这不能被简单地理解为法官只能依法演绎作出裁判，但这的确意味着无论一个判决在后果主义论辩看来多么令人向往、制度利益的反思看来是多么易于接受，都必须从整个法律体系解释的角度找到法律上的目的、原则和前例加以说明或佐证。当然，这些目的、原则和前例的含义不一定完全局限于已经确立的规则所体现的那些内容，它们本身也可以成为充足的内在事实，使得某个新创生的内在事实以及据此作出的疑案裁判结果得以正当化。

■ 斯科特案和布朗案

裁决语句要"指向处在相应情境中的其他人，内容亦应具有普遍性"。其中的关键环节在于，以裁判规则为载体的理性共通的获取，必须经历从当事人所在群体出发的道德及文化的批判性检视,方能使裁决形成具有广泛影响力的客观认同,从而为内在事实的获得提供条件。在这种批判性检视的商谈中,决定结果的是这样一些论据:能够表明体现在裁判规则中的那些内在事实是无条件地可普遍化的。在商谈中,当事人所在群体的中心视角扩展为一个无限交往共同体的无所不包视角。利益衡量产生裁判规则的内在事实,当且仅当所有人都可以在可比情境中认为它应被每个人所遵守时,才获得制度构建的正当性基础。

早期美国联邦最高法院所审理的1857年斯科特诉桑福德案及1954年布朗诉教育委员会案,就为这种"规范批判生成理论"的证立提供了精彩的正反例证。(1) 在斯科特案里,黑奴斯科特依据国会通过的"密苏里妥协",进入准州就应成为公民。① 然而,联邦最高法院认为该妥协因禁止将奴隶视为财产违宪而无效。从利益衡量的角度,联邦最高法院立足南方人立场,否认国会有废奴权,进而宣告斯科特行为不具有合法性。但是,联邦最高法院却未扩展到一个共同体的视角,从斯科特所在黑人群体的利益出发,对"自由黑人能否成为公民"这一更为根本的问题进行批判性检视,使得该案裁决所确立的国会无权废奴的理念难以获得认同,也未形成一种制度安排,反而将南北对峙推向白热化。(2) 与之相反,在声誉卓著的布朗诉教育委员会案中,联邦最高法院对公共教育领域的"隔离但平等"学说展开利益衡量②,彻底改变了过去种族主义的"单边"立场,就原告布朗所属的有色人种权利是否平等,进行了宪政乃至人权层面的批判性检视,使得该案裁决获得一致通过,并最终促成公民权平等成为一项正式制度安排。

---

① See Walker Lewis, *Without Fear or Favor: A Biography of Chief Justice Roger Brooke Taney*, Houghton Mifflin Company, 1965, p. 112.

② See Richard Kluger, *Simple Justice: The History of Brown v. Board of Education and Black America's Struggle for Equality*, Vintage, 1975, p. 46.

第七章

实施过程：正当程序/实体公正

> 正义不仅应得到实现，而且要以人们看得见的方式加以实现，而程序正义就是"看得见的正义"。
>
> ——法谚

阅读材料

Classic：《法律的概念》第五章第三部分

Leading cases：

- 前橄榄球明星辛普森杀妻案
- 张向阳诉南大拒授学位案

Leading papers：

- 〔英〕丹宁勋爵：《法律的正当程序》，李克强等译，法律出版社1999年版。
- 〔美〕迈克尔·D.贝勒斯：《程序正义——两个人的分配》，邓海平译，高等教育出版社2005年版。
- 季卫东：《法律程序的意义——对中国法制建设的另一种思考》，载《中国社会科学》1993年第1期。
- 季卫东：《法制重构的新程序主义进路——怎样在价值冲突中实现共和》，中国法学创新论坛第4期主题报告。
- 陈瑞华：《刑事审判原理论》（第二版），北京大学出版社2003年版，"第2章"。
- 姜明安：《正当法律程序：扼制腐败的屏障》，载《中国法学》2008年第3期。
- Wietholter, Materialization and Proceduratlization of Law, in G. Teubner (ed.), *Dilemmas of Law in Welfare State*, Walter de Gruyter, 1985.
- Richard Lempter, The Dynamics of Informal Procedure: The Case of a Public Housing Eviction Board, *Law and Society Review*, Vol. 23, No. 3, 1989.

第一节　正当程序何以重要

一、第二性规则中的改变和审判规则

哈特在法律概念的构筑中只是对作为第二性规则之核心的承认规则浓墨重彩地加以论述，而对第二性规则中的另外两条规则，即改变规则和审判规则，只是轻描淡写地带过。但是，他把这两条与立法和司法分别相关的规则列入第二性规则的举动本身，以及他对第一性和第二性规则的结合就是法律制度中心的推崇，仍然足以显示改变规则、审判规则在他的法律概念中不可或缺的重要地位。

根据改变规则，并不是因为以威胁为后盾的命令或指令，立法的制定或撤销才得以成立；根据审判规则，当第一性规则遭到破坏的时候，被授权的人可以作出权威性的"谁是谁非"宣告。从本质上讲，哈特所指的这两种规则都是法律程序问题。值得一提的是，有关法律程序的分类，光是按照法律行为的内容及性质，就可以分为立法程序、行政程序、审判程序、调解程序、仲裁程序等。其实，虽然这里哈特只是把权威性的宣告指向司法领域内的审判规则，但它对其他所有的程序同样适用。

■ 《湖南省行政程序规定》的里程碑意义 ──────────

中国行政立法经历过三次浪潮：法典化的《行政诉讼法》出台，以及"零售式"地作为行政程序单行法的《中华人民共和国行政处罚法》和《中华人民共和国行政许可法》的先后颁布。可以说，"批发式"的行政程序法，已成为行政法律体系的重要建设内容。尤其值得一提的是，2008年湖南省推出的《湖南省行政程序规定》，作为第一部系统规范行政程序的地方性规章，填补了一个空白。

《湖南省行政程序规定》把此前一些停留于理论层面探讨的理念和原则纳入，予以制度化、细则化和可操作化。该部地方立法共十章一百

七十八条，在立法目的上以公民享有更多程序权利、政府承担更多义务为主线，贯穿了公开、参与、高效便民、信赖保护这四大原则，实现了从权力保障向权力监督的重大转变。比如，在行政公开原则上，该法规定，行政机关召开涉及公众切身利益、需要公众广泛知晓和参与的行政会议，可以公开举行，允许公民、法人或者其他组织出席旁听；在此基础上，还第一次以立法形式确定，所有的政府红头文件必须统一编号、统一登记、统一公布，没有公布的信息不得作为政府行政管理的依据，也对行政相对人不具有约束力。又如，在行政参与上，该法辟专章规定了行政听证，分一般规定、行政决策听证会、行政执法听证会，其新颖之处在于明确规定了行政机关对听证意见的合理考虑义务，以及在未采纳情况下的说明理由义务和行政公开义务，让公众意见有了真正得到尊重与采纳的可能。

通过出台这些具有里程碑意义的地方立法，湖南省行政程序的规范化程度大幅提升，特别是行政公开和公众参与的水平更是全国领先。湖南省的规定绝不止于组织重大决策的行政听证、文件统一登记和自动失效等贡献，还在于特别规定了公众意见未被采纳时，政府所应负担的理由说明义务，真正使得以往听证只是流于形式成为历史，减少了政府决策的恣意。

法律程序，无论是立法程序还是审判程序，都是进行法律行为所必须依据的法定时间和空间上的实施过程。美国学者罗尔斯在其著名的《正义论》中举了较易被理解的分蛋糕例子：两个人分一个蛋糕，最公平也最能够为双方接受的办法是，由其中一方将蛋糕切为两份，同时给另一方优先选择蛋糕的权利。事实上，蛋糕最终切开的两个部分在实质上不可能达到"完全相等"的分量。但是，这种分法之所以能为利益冲突双方所接受，关键在于其分配过程的合理性。这种分配过程实质上是一种"程序"。

现代程序理念强调法律程序不是实体法律规范的附庸或辅助手段，而是一个具有独立价值的范畴。一方面，对于法律程序的评价，可以独立于对实体或者结果的评价。例如,程序的正当过程本身就是一把尺度,"它的最低标准是:公民的权利义务将因为决定而受到影响时,在决定之前他必须有行使陈述权和知情权的公正的机会"[①]。另一方面,存在着不同于强求统一的特定价值判断,以及维护某种个人主观偏好的程序价值。例如,通过平等对话的过程达成合意及共识、确保判断和决定不偏不倚、容许价值的多元主义等。总之,程序的独立价值和独立的程序价值结合起来,构成了现代程序理念的两大基石。

事实上,追溯历史,正当程序作为正式概念,在西方出现始于英国的自然正义概念。英国的自然正义概念最早起源于罗马法。但是,到了中世纪开始实行纠问式审判,法官集控、审为一体,根本谈不上什么自然正义。诺曼征服从欧洲大陆带了"两个客人"到英国落地生根,一个是陪审团制度,另一个是司法决斗制度。与之相随的还有一套观念,就是自然正义观念。所谓自然正义,就是实在法必须服从自然存在的正义。这套观念经历演变,成为英国乃至整个欧洲大陆几个世纪以来的程序标准。之后,这一理念又延续到了美国,美国《宪法》第十四修正案规定,没有经过正当程序,任何人不得被剥夺财产、生命、自由。它强调的是正当的程序或过程,包括两层含义:一是立法程序的公正,二是司法过程的公正,相对于英国的自然正义只强调司法过程的公正,又增加了一层含义。其实,只有"法律适用面前人人平等"的司法公正是不够的,"立法面前人人平等"的立法公正,不仅是法律公正本身的要求,也是市场经济的法权要求。

二、法律程序正当的优越性

但凡介绍法律的正当程序,常会提及美国学者赫伯特·帕克关于刑事诉讼的正当程序模式和犯罪控制模式之分类的伟大设想。根据帕克的观点,在正当程序模式和犯罪控制模式之间存在一场意识形态的拔河比赛。

[①] 季卫东:《法治秩序的建构》,中国政法大学出版社 1999 年版,第 24 页。

1. 正当程序模式主要考虑防止无辜者被宣告有罪

帕克将正当程序模式比喻成一条布满荆棘的道路。刑事司法制度在宣告有罪的道路上设置了许多程序障碍，每个案件必须清除每一处障碍。遇到每一处障碍，法院必须决定是否有充分的证据，以及证据是否能证明将案件推至下一阶段，即下一个程序障碍。正当诉讼模式将个人权利置于效益之上。按照正当程序模式，如果法院忽视了个人的权利和宣告无辜者有罪，法院的合法性将受到最大的威胁。正当程序规则被认为是确保法院诉讼程序可视性和对公众负责的一种手段。

2. 犯罪控制模式基于对犯罪行为的控制，是至今为止刑事诉讼程序最重要的职能理论

如果罪犯逍遥法外，遵守法律的公民则成为在自己家里受惊吓的囚犯。因此，司法制度越能有效地起诉犯罪分子，就越能有效地控制犯罪。犯罪控制模式认为刑事司法官员在诉讼开始阶段就能审查出无罪者，没有被审查出来则可能有罪并可以继续迅速诉讼。没有不必要的延误程序而作出最终判决，是提高效益的一种方法。这种模式认为，处罚一些无辜者，抵得上社会为防止市民免受掠夺性犯罪所付出的代价。只要这些错误并不阻碍惩治犯罪，市民就可以忍受。犯罪控制模式强调有效地处理案件，所以它又被称为"装配线司法"，每个案件就像是一条装配线上的产品。根据犯罪控制模式，如果法院被认为纵容罪犯，或不能有效地镇压犯罪，则构成对刑事法院最大的威胁。①

帕克的两大模式，刻画了法律的实施过程中实体公正与程序公正的分野。

所谓实体公正，就是从结果上判断法律的实施合理与否。一般而言，法律思维如果是强调实体公正优先，那么程序只是意图获得理想中结果的工具和手段，亦即结果公正就是目的本身。当手段与目的发生冲突时，目的优先是合理的。换句话说，程序作为实体公正的附随物，是可以忍痛放弃的东西。

---

① 参见〔美〕爱伦·豪切斯、泰勒·斯黛丽、南希·弗兰克：《美国刑事法院诉讼程序》，陈卫东、徐美君译，中国人民大学出版社2002年版，第22—23页。

■ **流氓罪、"严打"运动与"实体公正"**

　　实体本位主义在中国具有极大的影响力，这在中国 1979 年《刑法》流氓罪的实施中体现得尤为明显。该法第 160 条规定："聚众斗殴，寻衅滋事，侮辱妇女或者进行其他流氓活动，破坏公共秩序，情节恶劣的，处七年以下有期徒刑、拘役或者管制。流氓集团的首要分子，处七年以上有期徒刑。"但是，该规定在 1983 年"严打"中变成可处以死刑、内容急剧扩大化的"口袋罪"。"严打"为了追求实体公正，"从重从快"成为法律实施的基调，程序则被置于次要的位置。以流氓罪为例，实体意义上的"从重"，表现为有些今天看来纯粹是生活作风的问题，当年则会被科罪量刑，比如，西安的家庭舞会组织者马燕秦被枪决；程序意义上的"从快"，突出的是政法委牵头公安司法机关联合办案，地方高级人民法院被授权核准死刑等。1997 年《刑法》取消了流氓罪。

　　所谓程序公正，就是强调法律实施的过程本身的独立价值，不附属于实体公正。法律思维如果主张程序公正优先，则表明它不能仅仅为了结果的实体公正而被牺牲。事实上，现代程序理念尤其反对把与程序有关的价值还原为社会固有的道德规范、国家的实质性平衡和游移不定的群众舆论对结果的主观评价，更加拒绝把实质正义置于程序正义之上。"正是那种打着实质正义的旗号、占领了所谓道德高地的意识形态语言编码最容易导致人们发言能力的非对称化。这样的特定价值观一旦获得超越于程序性要件的话语霸权，势必使整个公共性话语空间逐步变得一锤定音、鸦雀无声。"[①] 可以说，法律程序在法律发展史中占有极为重要的位置，甚至国外有些法学家认为程序法比实体法产生得更早。但是，有了法律程序不等于就有了正当程序，并非一切法律程序都是正当的，这里还包含着价值判断问题。因此，今天主张要重视法律程序时的

---

①. 季卫东：《法律程序的形式性与实质性——以对程序理论的批判和批判理论的程序化为线索》，载《北京大学学报》2006 年第 1 期。

话语语义，其实不是笼统地指一般的法律程序，而是指法律的正当程序。

■ 张向阳诉南大拒授学位案的程序正当

1989年，原告张向阳取得南京农业大学学士学位；1993年，又参加南京大学的法律本科自考，之后申请学士学位，考试科目包括合同法、企业法、学位英语。原告的两门法律专业考试合格，但考虑自己已有南京农业大学的学士学位，就未参加学位英语考试。南京大学遂以原告缺考英语为由，拒绝授予其学位。万不得已，原告取得毕业证书后又参加了学位英语考试，但南大以该成绩并非在学校期间取得，仍旧拒绝授予学位。原告不服诉至法院。

一审法院认为，原告未按南京大学规定参加英语考试，不具备英语免试条件，故以重考成绩申请学位，依据不足，判决驳回原告诉请。原告不服上诉后，二审法院认为：① 学位是行政机关颁发的学业荣誉。原告虽自认完成学业、符合学位申请条件，但并不意味着原告就一定能取得学位，而是还要借助于南京大学的积极承认，南京大学可以拒绝授予其学位。② 南京大学经过行政授权而授予学位。在学位授予关系中，南京大学是以行政主体身份出现，其与原告形成的不是平等的民事法律关系，而是行政法律关系，故本案不属于法院受理民事诉讼范围，判决撤销一审判决，驳回原告诉请。①

本案焦点为：① 程序上的民事案件受理范围。根据《中华人民共和国教育法》和《中华人民共和国学位条例》的授权，高校可以授予学位。因此，高校在授予学位时是以行政主体身份出现的，其与申请人并不是平等的民事关系，而是具有隶属性的行政法律关系，高校完全有权决定是否授予学位。② 实体上的学位定性。学位作为一种学业荣誉，其取得必须具备主客观两方面的条件，即主观上本人完成学业，客观上学校还要认可，两者缺一不可。因此，该案诉争的最大瑕疵在于诉讼程

---

① 参见国家法官学院、中国人民大学法学院编：《中国审判案例要览》（1999年民事审判案例卷），中国人民大学出版社2002年版，第515页。

序选择不当,这是讨论学校拒授学位是否合法的前提。本案中,双方在学位授权中的地位不平等,指向的是授予学位这一具体行政行为,并且申请人对是否授予学位无处分权,而完全由高校决定。因此,它不属民事纠纷,而是行政纠纷,其救济途径包括两种方式:一是先向校内学位评定委员会提出异议,对处理决定不服的,可向省学位委员会申请复议;二是直接向人民法院提起行政诉讼。

三、新程序主义的兴起

不过兴起的新程序主义,很大程度上修正了原来的正当程序优先立场,使得现代正当程序成为程序公正与实体公正的反思理性产物。新程序主义的正当性标准与传统的程序正义理念不同,它已不拘泥于过程的控制和程序公正的一般性判断指标(比如当事人在法律武装上的平等、判断者的中立性、决定的参与、直观的公正以及恣意的防范等),而是更加关注程序正义普遍化的社会心理(比如,结果的满足度和程序正义本身的妥当性问题,被纳入考察范围;同时,程序结果的执行力、对违背的威慑效果以及异议的容纳和适当处理,成为程序设计改进的核心要素)。[①] 实际上,谈判、调解、立法、民会式裁判、仲裁、审判,它们所蕴含的新程序主义,都正在抛弃掉那些只与个人权利有关的传统观点,转向主张对于程序公正判断的集体认同,更加强调程序价值的社会化。这样,程序公正的意义就不只是供应那种为排除偶然性干扰而加以程序限制的形式合理性,而是还包括从行动与社会结构互动关系的角度,去接近正义的实质合理性。

---

① 参见季卫东:《法制重构的新程序主义进路——怎样在价值冲突中实现共和》,中国法学创新讲坛第4期主题报告。

■ ADR 与新程序正义

ADR（Alternative Dispute Resolution）是替代性纠纷解决机制的总称，具有纠纷解决程序的非正式性（辩诉交易、小额诉讼、简易程序等）、解决依据的非法律化（行会规则、村落族规、单位制度、民间习惯等）、解决主体的非职业化（地方官僚、村落长老、家庭族长等）、解决形式的民间化和多样化（信访、仲裁、行政复议、行政调解、人民调解、自行和解等）、解决后果的互利性和非对抗性（调解书、重新达成民事合同等）等特点。

当下中国以多元纠纷解决机制为核心的 ADR，与新程序主义的理念有相通之处，不过仍然存在一些问题：所有纠纷解决机制一律以"依法调解"为宗旨，对自治性、协商性纠纷解决的正当性并未给予应有的尊重；就整个社会而言，协商机制和诚信氛围尚未形成，当事人自主协商与和解在运作方面存在较大问题；现行纠纷解决机制的司法资源配置与 ADR 的分工和衔接不够合理，不服劳动仲裁或不履行人民调解协议的，仍可到法院起诉；在法院尽力简化诉讼程序的情况下，ADR 自身的程序利益和价值未得到充分的重视。

根据这一理路，没有共识的地方可通过程序来达成共识，于是"怎样作出决定"的程序共识，走向了"共同承认这样作出决定"的实体共识，并使这种作为民主决定和司法决定结果的共识（而不是先验的共同体道德）具有了强制执行的力量。从纯粹的程序性共识，到通过正当程序达成实体性共识，这是新程序主义的主要贡献。不过，面对类似传统与现代交错而断裂的不同情境，机会平等与结果公正如何达成社会所接受的均衡，成文制度与习惯规则的非对称化如何平滑地解决，多元、动态化的弹性结构与制度的刚性面相之间如何有机结合等，仍然需要作深入细致的讨论。

四、前橄榄球明星辛普森杀妻案

Famous Leading case

美国辛普森杀妻初审无罪的教训 1994年，O.J.辛普森前妻妮克及其男友晚上在洛杉矶家中被人割喉杀死。案发后，四名警察来到辛普森家，发现其汽车上的少量血迹和车道上的明显血迹，按铃无人回应后，翻墙进入。当发现没有紧急危险后，四名警察在没有授权情况下大肆搜查，其中，福尔曼警官发现一只血手套及其他证据。另外，电话预约接辛普森去机场的司机称，当晚十时左右，他到辛普森家按铃，无人应答。接近十一点时，他发现一高大黑人匆匆跑回，再按门铃，辛普森回应，出来说他睡着了，然后乘车到机场去芝加哥。案发后凌晨，辛普森在芝加哥接到警方通知前妻死讯，赶回洛杉矶接受警方问话。其间，他声称自己身上有伤，系接到前妻死讯过于激动打破镜子所致。几天后，警方锁定辛普森为疑犯，并在他企图潜逃时将之逮捕。

该世纪大案由美籍日裔法官主审，控辩双方都有黑人律师，陪审团成员也多数是黑人，以避免种族歧视之嫌。开庭后，控方诉称辛普森是出于嫉妒心和占有欲而预谋杀人，且在法医鉴定的杀人期间内，辛普森没有不在场证据。遗憾的是，控方证据全部为间接证据，尤其是在遵守美国证据规则与否的问题上破绽百出，导致证据本身存在重大疑点：

(1)控方呈庭的血迹化验和DNA检验结果表明，凶杀现场发现的两处血迹、毛发、血手套以及辛普森的汽车和车道上发现的血迹，都是辛普森和被害人的。辩方认为：① 现场发现的一只袜子，两边的血迹竟然完全相同。可是，只有血迹从袜子左侧直接浸透到右侧时，两边的血迹才会相同，亦即血迹很可能是被人涂上去的。② 现场勘验表明，男性死者生前曾与凶犯激烈搏斗，被刺中30多刀后死亡，据此推断，凶犯必定浑身血迹。可是，疑犯汽车上只有少量血迹。③ 无论是袜子上还是疑犯家中发现的部分血迹，都发现了与警察提取疑犯血样时一致的防腐剂;同时,警察曾携此血样到过现场,且检验前的血样剂量相对当时提取的血样剂量确实有所减少。所以,不排除警察栽赃的可能。

(2)控方呈庭的疑犯家中发现的血手套检验结果表明,其与在凶案现场发现的另一只血手套配成一对,且上面都有疑犯和两名被害人的血迹。辩方认为:①庭审中疑犯折腾很久而难以戴上血手套,即使对于手套沾血是否会缩小存在争议,该手套也毕竟太小而不会属于疑犯。②福尔曼警官称发现血手套时外面的血迹是湿的。可是,距凶案发生七个小时后,在案发当夜20℃的气候条件下,手套上的血迹肯定已干。

(3)控方发现血手套这一关键性证据的福尔曼警官,被证明存在种族歧视,且曾处理过辛普森与被害人之间的家庭纠纷。因此,不排除他将凶杀现场发现的血迹未干的手套,放入随身携带的警用证据保护袋之中,然后进入辛普森住宅趁人不备伪造证据的可能。这也可解释为何7个小时之后血迹仍然是湿的。换言之,现场警察可能存在故意栽赃的动机。

(4)更为重要的是,福尔曼警官甚至当庭违反法定义务而拒绝回答辩方的合理质疑,导致他的证词实际上已失去法律效力。

经过马拉松式的审理,本案终于在1995年10月宣判。当天,美国可谓万人空巷。当时的克林顿总统推掉了军机国务;时任国务卿贝克推迟了演讲;华尔街股市交易清淡;长途电话线路寂静无声。数千名警察全副武装,遍布洛杉矶市街头巷尾。CNN统计数字表明,大约有1亿4千万美国人收看或收听了这场世纪审判的最后裁决。

陪审团裁决结果:辛普森无罪。①

---

① 参见〔美〕亚伦·德肖维茨:《合理的怀疑:从辛普森案批判美国司法体系》,高忠义、侯荷婷译,法律出版社2010年版。

从实体公正的角度,辛普森一案控方呈交法庭的上述所有证据,都指向辛普森极有可能杀人。但是,辩方除了就证据本身提出质疑外,特别还对控方程序上的许多问题死死抓住不放,使得本案的胜利天平倒向了辛普森。具体包括:(1)正是进入过凶杀现场的警察而不是其他警察,又受命来到疑犯家中搜查,导致两处的血迹可能交叉沾染,存在携带凶杀现场血迹到疑犯住宅栽赃的可能。显然,警察违反了取证规则,导致自身无法除疑。(2)警察提取了辛普森的血样后,竟然没有将它立即送交一步之遥的化验室,反而携带血样回到 32 公里以外的凶杀现场,并在血迹遍地的现场溜达三小时后才移交。这一举动违反了证据保存规则,更加导致自身存在栽赃嫌疑。(3)案发后四名警察来到辛普森家,因为发现汽车和车道上的血迹翻墙而入。但是,在进入住宅后并未发现迫在眉睫的危险的情况下,警察没有停止搜查,或者从容地申请批准后再做搜查。遗憾的是,事后被证明抱有种族歧视的福尔曼警官,独自一人迫不及待地在疑犯住宅内继续搜查,严重违反证据收集的规定,也为此给他涉嫌借机伪造证据以及栽赃嫁祸疑犯留下了口实。

可见,正是警察行为违反相应的取证程序,使得控方最终未能提供确凿可信的证据,无法让陪审团成员从内心确信现有的证据已达到"超越合理怀疑"的程度。其实,即使是十多年后此案重新组织证据,改判辛普森罪名成立,也不能否定当年陪审团所作决定的正确性。这是因为,如果反过来假设陪审团当年采信了控方破绽百出的呈庭证据和福尔曼警官所作的伪证,将会丧失司法恪守程序正义的底线,这是不能被接受的。

虽然辛普森案初审与再审结论的是非,至今仍饱受争议,但辛普森案可以给出的启示是,正是正当程序决定了法律思维下的法治与随心所欲及反复无常的人治之间的大部分差异。就辛普森案件而言,当初作出辛普森无罪的判决,背后隐藏的要义,就是认为政府违反正当程序而滥用权力对国家和社会造成的整体危害,远远超过了迁就警察违法取证行使公权一味追求事实真相,甚至放纵普通犯罪分子所造成的危害。显而易见,该案的结论及意义指出,法治的核心和重心绝非不择手段地实现实体公正、打击罪犯,因为那可能导致出现国家专政机器随心所欲、胡作非为的危险。

第二节 正当程序的内涵、结构和功能

一、基本的构成要素

无论是从理论还是从实践角度分析,程序是否公正的主观体验,都被认为是决定对结果是否满意的态度的主要因素。整体而言,现代正当程序应具备以下基本要素:

1. 分化在正当程序中占据重要位置

程序本身的首要因素就是完成角色分化,把一定的结构或功能分解成两个以上的角色,将集中于决定者的权力分解于程序的不同角色和各个过程。程序参与人在角色定位后,依据程序规定各司其职,互相配合又互相牵制,这是程序的核心意义所在。比如,诉讼过程中法官、公诉人、辩护人、代理人、书记员、鉴定人、证人、原告、被告(犯罪嫌疑人)等都参与决定的过程,而不是由作为决定者的法官一人决定。程序中的角色分化后,每个角色都以一个符号的形式存在。从法律职业主义来看,程序的分立正是按照法律职业主义的原理形成的,专业训练和经验积累使程序的不同参与角色更为专业和规范化。

2. 有意识的思维阻隔

程序的设置是为了有意识地阻隔对结果、法外目标的过早考虑和把握。这样做除了可以防止恣意,还可以在结果未知状态下保障程序中的选择自由。程序的对立物是恣意,正当程序要求决定者有意识地暂时忘却真正关心的实质性问题。程序从某种意义上讲,是决定者对自己观点的抛弃,是对实体内容结论方面的故意忽略,是对案件当事人实际自然身份的置若罔闻。只有在这样的情况下,程序才能凸显具有超越个人意思和具体案件处理的特性,从而把纠纷的解决和决定的作出,建立在"结构化"和"一般化"的制度之上。在程序中,法律的行家里手考虑的都是法律问题,即使有必要对于道德、经济等事实方面加以考虑,也都要严格限制在程序之中,不允许决定者个人离开程序来作道义和功利

方面的斟酌。显然，这就带来两个效果：决定过程中的道德论证被淡化，以及先入为主的真理观和正义观被束之高阁。

3. 直观的公正

法律的正当程序通过直观的公正，间接地支持结果的妥当性。程序的设置中包含了这样一些要素：对立面、决定者、信息、对话、结果。隐含在这些要素中必然有对立面的设置，它存在复数的利益对立或竞争的主体；多数情况下，决定者是指解决纠纷的第三者或程序的指挥者，对决定者最重要的程序要求是"中立性"；信息是指与待决事项相关的事实、知识、资料、根据等，对于一个事项的决定者来说，足够的信息是十分重要的；对话是指程序主体（特别是在对立面）之间为达成合意，针对争论点所开展的意见交涉方式；结果是指程序中产生的根据事实和正当理由作出的最终决定。这五个要素构成了程序这种"看得见的公正"，即直观的公正。

4. 对立意见的交涉

纠纷主体之间为达成合意会对争议点展开沟通与互动，这种对话成为主体之间调整事实与规范之间的张力的重要方式。但是，这种沟通与互动既有利益的妥协，也有对于正义的博弈。那种与社会利益脱节的正义追求，很容易流于玄谈；而与社会正义脱节的利益妥协，也很容易滑向市侩。为此，必须通过价值多元化、决断者中立化的程序，把权利设定与互惠性交涉等结合起来。这种双轨制的主体之间的程式化协商过程，构成了一种具有反思理性的现代程序主义的法律范式，进而成为正确决断的保障。

■ 起诉状一本主义

我国《刑事诉讼法》以往修订的一大亮点，就是起诉方式从过去的"全案移送"到目前的"移送证据目录、证人名单和主要证据的复印件"。它的意义在于，鉴于全案移送有着不容忽视的缺陷，它导致了法官庭前预断、庭审形式化、侦查中心主义、审判不中立等诸多弊端，所以，只移送简要的材料，可以破除法官与检察官的一体化（角色的分化），阻断公诉程序与审判程序的"接力赛式"的连接（有意识的思维阻隔），同时还保障了庭审对抗制的实现（对立意见的交涉）。但是，修订后的主要证据复印件移送制度仍然存在弊端，集中在它并不能彻底地阻断公诉和审判的连接，反而使得律师庭前证据的先悉权因此而名存实亡。对此，许多人提出借鉴日本的"起诉状一本主义"，也就是除了向法院庭前提交起诉状，其他任何的材料都不提供，从根本上阻断两个司法机关之间的接力连接。而对于律师先悉权，则可以配套建立证据开示制度（直观的公正）加以解决。

此外，司法的符号化，其实也是正当程序的重要元素。比如，中国的法官服饰由过去的军警式制服改成了法袍，至少象征着法官应当走向职业化，而不是等级服从的所谓干警；法官的席位上多了个法槌道具，平添了不少权威距离之感；等等。事实上，服饰道具的变化会产生双向的心理作用，它提醒法律职业人、当事人及民众有关程序的特殊性，形成了对司法行为的有效制约；穿上袍子的人不大方便走街串巷、交际应酬，相对司法权的中立性就能得到更有力保障；法袍、律师袍等以其古老的样式向世人显示，法官在决策时需要尊重传统，他们是维系社会秩序的稳健的保守主义者；同样，法院建筑以及法庭内景的肃穆庄严也很重要，设想在一个穷巷陋室、弊车羸马的国家里，良好的法治是难以实现的。

二、底线正义的原则

现代正当程序至少遵循以下四个底线正义的原则：

1. 决断中立原则

即决断者应在发生争议的各方参与者之间保持一种超然和无偏袒的态度和地位，不得对任何一方存在偏见和歧视，给予各方参与者以平等参与的机会，对各方主张、意见和证据予以同等的尊重和关注。这一原则旨在通过抑制决断者的偏见和给予各方平等参与的机会，使各方受到公正的待遇，不至于产生预断和偏执而作出错误决断。它具体表现为：

决断者不应是与案件结果或争议各方有任何利益或其他牵连的人；决断者主观上不应存有任何支持或反对某一方参与者的偏见；各方参与者在争议处理过程中拥有平等的机会、便利和手段；决断者对各方意见和证据给予平等的关注。

■ 回避制度

回避制度是指为了保证案件的公正审判，要求与案件有一定利害关系的人员或其他有关人员，不得参与本案的审理活动或诉讼活动的审判制度。例如，《中华人民共和国民事诉讼法》第44条规定，审判人员以及书记员、翻译人员、鉴定人、勘验人有下列情形之一的，必须回避，当事人有权用口头或者书面方式申请他们回避：是本案当事人或者当事人、诉讼代理人的近亲属；与本案有利害关系；与本案当事人或诉讼代理人有其他关系，可能影响对案件公正审理的。同时，第45条规定，当事人提出回避申请，应当说明理由，在案件开始审理时提出；回避事由在案件开始审理后知道的，也可以在法庭辩论终结前提出。被申请回避的人员在人民法院作出是否回避的决定前，应当暂停参与本案的工作，但案件需要采取紧急措施的除外。

2. 过程正当原则

即决断者在争议处理过程中，必须符合合法性和合理性的基本要求，而不能是任意和随机的。这一原则能使各方参与者有机会获知程序的进程、决断的结论及其形成的理由和依据，从而让人确信受到了公正对待。它具体表现为：决断者据以裁判的事实必须经过合法、合理的证明；决断者在裁判前必须进行冷静、详细和适当的评议；决断者的裁判必须以法庭调查和采纳的所有证据为根据；决断者应明确陈述其据以制作裁判的根据和理由；当决断者并非一个人时，即使是少数意见，也应当明确告知争议各方。

■ 判决公布少数意见

对于判决书中是否载入参加案件合议法官的少数意见，两大法系的做法不一。英美法系中，反对意见大多随多数意见一起公布，甚至与多数意见结论一致而理由有异的意见，也同样如此。理由在于：出现少数意见的分歧才能谨防多数人的局限；少数意见代表法官不受包括其他法官在内影响的心证独立；借助对立意见冲突的透明化赢得对判决慎重的尊重；等等。大陆法系则与之相左，主张判决须以法院整体的名义发布，泄露少数意见被视为泄密。理由包括：评议结果公开会影响法官不受外界干扰地作出独立判断；掩饰少数不同意见是为了维护法院的整体权威；可以促使法官比较不同意见而深思熟虑地进行判断；等等。

3. 程序参与原则

即权益可能受到决断影响的人应有充分机会参与争议处理过程，并对决断结果发挥有效作用。一个人在对自己的利益有影响的决断形成之前，如果没有机会提出自己的主张和证据，不能与其他各方及决断者展开有意义的辩论、证明和说服，就会产生强烈的不公正感。因此，没有这一原则的保障，程序正当性也无从谈起。它的具体要求是：程序参与人应在决断作出过程中始终到场；程序参与人应富有意义地参与裁判的制作过程；程序参与人有充分机会参与决断过程并有效影响其结果；程序参与人应在参与过程中具有人格尊严，并受到人道对待。

■ 刑事辩护制度的不同起源

英国中世纪，辩护制度被保留及发展。此时的辩护人仅是协助当事人诉讼，而且几乎全是当事人的亲友。约翰国王时期，辩护人作为一种职业初显端倪。及至亨利三世时期，聘用职业律师参加法庭辩护开始普及。爱德华一世时起，职业法官开始从精通法律知识和司法经验丰富的辩护律师中选任。到14世纪初，法官必须从职业辩护律师中任命，已成为一条不成文的习惯法原则。而大陆法系近代的刑事辩护制度出现略晚，是在 18 世纪以后随着启蒙思想家的呼吁而建立的。法国大革命时期的《人权宣言》规定了无罪推定原则，从而为刑事辩护制度的确立提供了根据。此后的法国刑事诉讼法典又确认了被告人享有辩护权的刑事诉讼原则。当今世界各国无不把辩护权视为被指控人的最重要权利，从而建立相应的刑事辩护制度。可以说，刑事辩护制度成为保障当事人程序参与权的重要保障。

4. 决断理性原则

即所作出的决断必须因循理性和审慎，结论对于争议处理具有唯一的决定性作用。这一原则有助于决断者严格依照法律确定的程序，对争议各方所提出的主张和依据给予全面审查，并按照法定次序进行优选，从而准确发现案件的事实真相。它的基本要求有：决断须产生于所有审查活动全部结束之后，而不能在审查之前或审查过程中形成；决断须建立在他们在审查过程中对争议事实和法律适用问题所形成的理性认识基础之上，而不是他们在审查活动之外产生的预断、偏见或传闻的基础上；决断须以各方程序参与者在审查过程中提出的有效意见、主张和证据为根据，而不能任意地将一方或多方参与者的观点和论据排除于决断之外。

■ 非法证据排除规则

我国《刑事诉讼法》规定，严禁刑讯逼供和以威胁、引诱、欺骗或其他非法方式收集证据。但对非法取得的证据能否作为定案依据，却不置可否。所以，有必要在立法上确立"非法证据的排除规则"。对于非法证据是否能作为定案依据，有两种不同的观点：一是绝对排除，就是非法取得的言词证据和实物证据一律不得作为定案依据。它的理论基础就是美国的"毒树之果"理论，即程序违法就像有毒的树，它结出的果子也一定是有毒的。二是相对排除，就是虽然言词证据是非法取得的，但如果据此提供的线索能找到其他证据与之相印证，则仍然可以作为证据使用。

三、功能的要件及其反思

从近代正当程序理念被提出以来，法律程序的正当性逐步成为法律中有关程序的最高原则，它表现出许多独特的作用：

1. 正当程序是权利平等的前提

英美法中有"程序优于权利"的原则，亦即权利基于程序而产生，权利保障主要依靠程序。那么，程序是如何保证平等的呢？现代生活中具体的人和事，与抽象的法律规则之间存在差异和距离，这给法律的实施造成一定的难度。事实上，法律的实施就是对抽象规则与具体行为的认同过程，这个过程的高度同一性有赖于正当程序的保证。

2. 正当程序是权力制衡的机制

法治社会的国家权力应当受到法律的严格约束，而法律程序是其中不可或缺的一种约束机制。正当程序的抑制、分工、间隔等功能对权力进行制约。在社会经济生活要求国家自由裁量权相对扩大的今天，实体法规则的控权功能有所缩减，因而程序控权的功能大为增长。正当程序以其特有的功能补充了实体法规则的不足，达到了权力与权利的平衡、效率与自由的协调、形式合理性与实体合理性的结合。

3. 正当程序是解纷效率的保证

正当程序总是能够使纠纷及时、有效、公正、合理得以解决。相反，偏私或不合理的法律程序往往使纠纷的解决出现这样那样的情况：当事人在程序中就感到有不公正因素；当事人在程序过程中尚未消除暴力的直接冲突；当事人为纠纷解决花费了不必要的时间、金钱和精力，当事人在处理结果面前仍有遗留的纠纷或由处理结果引起的新的冲突和矛盾。因此，正当程序能够保证纠纷真正得到解决，从而实现实体公正。

4. 正当程序是权利实现的手段

正当程序是权利义务实现的合法方式或必要条件，它能促使权利被实际接受，义务被切实履行；同时，正当程序通过对权力的约束和控制来保障人权，它是以权力制约和权利本位为特征的，通过权力制约实现实体权利。此外，正当程序是纠纷解决的重要途径，它对于权利又是一种有效的补救手段。

5. 正当程序是法律权威的保障

法律权威固然需要国家强制力来保证，但是这种强制力有可能使法律权威异化为粗暴的武力。正当程序的意义就在于通过法律执行的各种程序过程，使人们体会到法的公正而神圣的尊严。正当程序给人以油然而生的对法律的好感、敬意和信心；相反，不正当的程序却引起人们对法律的厌恶、轻蔑和怀疑。人们对公正的理解和对法律权威的体验，最早是从"能够看得见的"程序形式开始的。

事实上，当正当程序的意义被引入中国后，引起过一场影响深远的大讨论，许多人从不同角度对这一问题或给予声援、论证，或进行质疑、反诘。但不容申辩的是，这场讨论客观上有力推动了中国的法治发展进程，在立法、司法和行政等各个层面引起了持续性效果，甚至革命性的影响。程序正义不仅成为国家机关号召的一部分，而且有关程序的重要性也已达成跨越理论与实务的共识。不过，现实中法律程序接受公众评价时仍不断陷于迟疑和晦涩，在规范动员乃至实践施行中，常常被有所保留或附带前设条件，而且不乏随意践踏明文规定的情形。所以，法律的正当程序是一个值得反复讨论的问题。

第三节　如何实现程序正义

一、有关程序正义的不同看法

现代意义上的程序不是花瓶中的摆设，而是一种有价值倾向的法律实施过程。所谓正当程序，不光有赖于具备上述的基本要素、原则和功能，更重要的是有对程序正义的价值共识。20世纪中期以来，对于程序正义的价值，有着不同的看法：先前是对程序工具主义的回应，把外在价值作为评价法律实施过程的标准；到了后来，正当程序开始被赋予独立的与结果无关的内在价值。

（一）只有外在价值的程序正义

程序正义相对于实体正义具有外在价值。持这一观点的学者又可分为经济理论、权利理论、契约理论及道德理论四种立场。

（1）经济理论是法经济学将"效益—成本"思维运用于法律程序提出的。代表人物波斯纳认为，最大限度地减少法律实施过程中的耗费，是法律程序所应考虑的重要价值。[①] 尽管波斯纳本人坚信自己跳出了实体正义的窠臼，不过他的分析维持了程序工具主义。因为他将程序正义定位在实现某一外在价值，只不过这里的外在价值不再是实体法，而是节约司法成本。

（2）权利理论是诺齐克的极端自由放任主义生出的一个果实。他紧紧抓住个人对持有物拥有权利这个关键，排除一切干涉个人的分配。[②] 诺齐克坚定站在个人权利的基石上，反对国家对个人权利的任意干涉，无疑在引入权利观念问题上超越了波斯纳。可他着眼于将程序正义放在个人权利免受国家干涉这一外在价值上，仍然未能触及程序本身的内在价值。

（3）契约理论的代表人物布坎南认为，程序正义的实质在于利益分配是否正义，其源于分配前利益各方就如何分配是否达成一致同意的契约。[③] 布坎南的思想实质是强调起点的机会均等，开始涉及程序的内在价值，可惜这种关怀困难群体的人道主义视角，依旧没有摆脱程序工具

[①] 理查德·波斯纳，美国著名法经济学家。他曾担任联邦最高法院大法官布伦南助手，后任斯坦福大学和芝加哥大学法学院教授，联邦上诉法院法官。他不仅是美国上诉审法院中撰写上诉审判决意见最多的法官，而且是生前出版学术著作最多的学者。他撰写的判决书和学术著作，引证率都极其之高。他在代表作《法律的经济分析》一书中，把人们从互相交换中各自获得利益的简明经济理论，以及与经济效率有关的市场经济原理，应用于法律制度的研究，强调法律应该在任何行为领域引导人们从事有效率的活动，为法律经济学的研究奠定了基础。以上可参见〔美〕理查德·A.波斯纳：《法律的经济分析》，蒋兆康译，中国大百科全书出版社 2003 年版。

[②] 罗伯特·诺齐克，美国著名法哲学家。曾任哈佛大学教授。他所撰写的《无政府、国家与乌托邦》一书，提出个人在哲学上应被视为一种"目标"，而不只是一种"手段"。正是以这种自由意志主义观点，他反驳了同系教授罗尔斯的《正义论》，即罗尔斯所主张的收入的分配者要正义便必须至少照顾到最贫穷的人，而主张强迫分配收入就好像将人们视为只是一种财富来源一般。以上可参见〔美〕罗伯特·诺齐克：《无政府、国家与乌托邦》，何怀宏等译，中国社会科学出版社 1991 年版。

[③] 詹姆斯·布坎南，美国著名政治学家、经济学家。曾任教于乔治·梅森大学，获诺贝尔经济学奖。他的突出贡献是把政治决策的分析同经济理论结合起来，使经济分析扩大和应用到社会、政治法规的选择。参见〔美〕詹姆斯·M.布坎南：《自由、市场和国家——20 世纪 80 年代的政治经济学》，吴良健、桑伍、曾获译，北京经济学院出版社 1988 年版。

主义的影响，指涉的不过是尽量让出发点接近相等，使得分配结果能达到正义。

（4）道德理论是由德沃金提出的，该理论主张在设计法律程序时，应当最大限度减少法律实施过程中的道德成本。道德成本是指错误惩罚无辜者带来的不正义，它的产生源于人的权利受到剥夺，因为剥夺一个人应得的权利就是不公正地对待他。道德成本所引入的权利观念与诺齐克的观点具有相似之处，但它所指是要享有实体权利，即须求助于程序权利。这样，德沃金的结论是，离开实体权利，程序保障基本上是一种政策而不是原则，因为任何有关特定程序保障的要求在这时都微弱得可以忽略不计。①

无论以上什么立场，正当程序均被视为用以实现某种外在价值的手段，它只是在能否形成好结果的能力上被证明。虽然某些理论给予程序内在价值以一定关注，但并没有摆脱实体公正的影子，因而被冠以"相对程序工具主义"。

（二）具有内在价值的程序正义

英美法系开拓程序正义先河以来，一直强调法律程序具有独立于结果的内在价值。英美法系之所以强调程序超过实体，源于英美法律机制中的陪审裁判、当事人主义、先例拘束原则以及衡平法的发展等。该传统的历史沿革始终伴随着相应理论的逐渐发达，其中，最具代表性的就是马修的"尊严价值理论"，它在论证程序正义的内在价值上具有里程碑意义。该理论通过对行政案件正当程序的解释，提出评判裁决的正统性时，不仅要考虑实体结论的合理性，而且要考虑过程对参与者的影响，尤其把能否保护程序的内在价值，作为衡量法律实施过程是否正当的标志。②

---

① 参见〔美〕罗纳德·德沃金：《认真对待权利》，信春鹰、吴玉章译，中国大百科全书出版社2002年版，第97页。

② 参见陈瑞华：《程序正义的理论基础——评马修的"尊严价值理论"》，载《中国法学》2000年第3期。

■ 陪审团制度

陪审制一向被誉为是民众参与司法的重要方式。陪审团早在希腊城邦时期已确立和流行,每起案件的陪审团由数百人组成(聆讯苏格拉底案件的陪审团包括501人),每个陪审员持"有罪"和"无罪"两个牌子,听证后根据判断把一个牌子放进罐里,最后以点算牌子数量决定罪名是否成立。英国亨利二世时期开始出现近现代意义的西方陪审团,其定额一般不超过12人,皆由随机选出的普通市民组成,因而构筑起避免司法腐败的堤坝;通常他们是宣誓后,负责听审及作出事实认定,而法官则主持庭审及法律适用;与此同时,鉴于刑案的严格审判标准,须全体一致才能作出有罪认定,而民案责任承担只要绝对多数的认同即可。

不过,陪审团的最大特点在于"让法律外行认定事实",其制度设计目的是,案件中的事实认定并不依赖法律训练,因为它一般不涉及复杂深奥、令人费解的法律和法理,而是相信一个从未受过任何法律训练的外行,凭借普通人的简单逻辑、社会经验和天地良心,就完全可以得出自己的判断和结论。所以,不依赖结果的正当程序的独立内在价值被凸显出来。不过,辛普森案件却是一个让正当程序的内在价值走向极端的例子。为了避免这种外行审判可能发生的谬误,国内外学术和实务界关于陪审制存废之争,长期以来未有间断。[①] 饱受质疑的理由在于陪审人员缺乏足够的审判专业性,判断时容易受偏见和外界的影响。比如,英美法系的"陪审团制"(jury system)素来被认为是"法盲的审判",事实审是完全交由临时拼凑的陪审团完成,专业化的法官至多事前指导或事后补救。[②] 同时,大陆法系

[①] "废除论"的代表包括:Henry J. Abraham, *The Judicial Process*, Oxford University Press, 1968, pp. 116-118; Sara Sun Beale, *Grand Jury Law and Practice* (2nd edition), West Group Inc., 1997. pp. 1-2;〔美〕理查德·波斯纳:《联邦法院:挑战与改革》,邓海平译,中国政法大学出版社2002年版,第203页;苏永钦:《司法改革的再改革》,月旦出版社1998年版,第84—90页;汪建成:《非驴非马的"河南陪审团"改革当慎行》,载《法学》2009年第5期。

[②] 之所以如此,是因为至少包括两大原理:(1)案件中的事实认定需要与法律适用分开,前者不宜交给法律精英来完成,因为那样会让案件事实被训练后的专业思维、倾向性的证据规则以及来自外部的干预左右。所以,应依赖临时组成的外行们简单的逻辑、社会的经验和内在的良心等人民性因素,以民主的方式决策。(2)现代政治不仅需要司法与立法、行政的分权,而且需要司法内部法官与陪审团之间的权力分离。陪审团作出的事实认定,法官不得轻易推翻;上级法院的职权,只是限于对上诉案件进行法律审查,而非事实审理,其作用仅在于监督下级法院对法律的解释和适用是否正确。因此,即使英美陪审团的正当性受到质疑,仍被视为是司法民主的象征。

"参审制"（attending system）中的参审员（schoffe），即使不像陪审团那样大权在握，不一定享有提出相左意见以钳制法官专断之权，但他们所拥有的"一厘米自主权"（one centimeter autonomy）①，仍是借助于法律以外游移不定的良知审判。

然而，从整体上认同外行审判的内心裁量可靠性，以及认为过度强调专业化程序的审判反而会产生偏见，这是陪审制之所以虽然屡遭质疑仍然长盛不衰的根本理由。② 说到底，那种只是把陪审制看成一种司法制度的观点过于狭隘，其实它首先是一种政治制度。③ 既然它从性质上还属于政治制度，那为了把政治民主化落实到司法权的民主化，承认让普通民众参与司法的陪审制，即在情理之中。

图 7-1　电影《十二怒汉》中的陪审团

马修"尊严理论"的哲学基础，实质上就是英美法系传统的进化理性思想。最先清楚表达这种进化理性思想的是培根的经验论，他认为形式逻辑的前提、定义和概念都是假定的抽象，所进行的逻辑推理是不顾

---

① 20世纪末柏林墙推倒后，一位东德警察因曾开枪射杀翻墙奔向西德的青年而被指控。这名警察的辩护律师认为，开枪是服从和执行当时政府法令和上级指令，罪不在己。但法官指出，作为警察，不执行上级命令是有罪的，但打不准是无罪的。作为一个心智健全的人，此时此刻，你有把枪口抬高一厘米的自主权（即只开枪而故意不打中对方），这是你应主动承担的良心义务。任何人都不能以服从命令为借口而超越一定的道德伦理底线。参见杨涛：《不妥协的陪审团与"一厘米自主权"》，载《人民检察》2011年第1期。

② 比如，德国"参审法院之父"的撒克逊邦检察总长舒瓦茨（Schwartz）极力实行参审制，认为民众参审使司法生气蓬勃、面目一新。参见张卫平：《大陆法系民事诉讼与英美法系民事诉讼——两种诉讼体制的比较分析（下）》，载《法学评论》1996年第5期。

③ 参见〔美〕托克维尔：《论美国的民主》（上卷），董果良译，商务印书馆1991年版，"第八章"。

存在事实的虚构。因此,他倡导要以经验内容为依据,从客观事实中归纳出事物的本质和规律,由此他创立出与"演绎法"相对立的"归纳法"。这一点在休谟那里得到了进一步发展。休谟认为,经验是知觉的来源,我们是从经验中获得因果概念及必然联系的。时间上前后相继的顺序即程序才是最可靠的,因果关系和必然性就是时间上前后相继的程序,没有正确的程序,就没有正确的结果,只要程序是正确的,结果就必然是正确的。至此,法律程序具有了独立的内在价值,它的哲学基础不是后现代,而恰是古老的经验论,或称进化理性主义。

二、迈向程序正义的第三条道路

马克思在《关于林木盗窃法的辩论》中指出:"诉讼和法二者之间的联系如此密切,就像植物外形和植物本身的联系,动物外形和动物血肉的联系一样。使诉讼和法律获得生命的应该是同一种精神,因为诉讼只不过是法律的生命形式,因而也是法律的内部生命的表现。"[①] 在马克思看来,法具有本身特有的必要的诉讼形式,即自由的公开审判程序,是那种本质上公开的、受自由支配而不受私人支配的内容所具有的必然属性。程序作为实现实体正义必不可少的手段被保存下来,但又在长期的适用过程中反复实现着实体正义。因此,程序正义本身也包含着无限的实体正义,人们对有限实体正义的追求,也就转为对无限实体正义即程序正义的追求。从这个意义上,所谓法的生命形式,理所当然指的是对程序正义的追求。

根据马克思主义法学理论,正当程序的上述两种看法之间的选择,需要确立一种话语方式。任何人都拥有一定的话语权,于是当每个人运用积累的智慧和经验去诠释各自的程序正义的时候,表述不一致是应当被预见的。但当我们眼前隐约浮现正义这个抽象、先验的概念时,为何又让它一定要像"浮世绘"那样被突显出来呢?

要知道程序正义只不过是思想维度的一种结果,这个结果也许有着强烈的道德指向。但不管怎样,在一个可以意会的合理限度内,它是一

---

① 《马克思恩格斯全集》(第一卷),人民出版社 1995 年版,第 287 页。

种意念的存在。因此，对正当程序问题的讨论，就要确立这样一种话语方式：放开胸怀去接纳程序正义这个抽象概念，每个人都可以在合理限度内自由发挥。从现实层面讲，程序正义的存在更多是语词上的存在或有幸是客观事实的反映。人类天生的认识缺陷是不可能精确把握那么有深度的程序正义理念的，人们对于程序正义的把握，也会随着岁月的增加而更为正确，因而当下身处在有限理性下，对程序正义有着大致不偏向的把握就可以了。基于这种话语方式，就不是在分歧的两种观点之间择一而用，而是建立"综合性程序正义"的理念。

综合性程序正义的理念承袭了新程序主义的合理元素，撷取各派程序正义的优长。换言之，对于波斯纳的经济理论、诺齐克的权利理论、布坎南的契约理论和德沃金的道德理论，它都不是持简单的反对或批判的态度，而是在分析其局限性的前提下，创造性地将其中合理的成分，吸收到一个综合性程序正义的理论体系之中。具体包括：（1）根据波斯纳的"经济理论"，没有正当理由人们不应增加程序中的经济成本，这体现了法律实施过程中与市场经济规律不相悖离的效益价值，在所有其他方面都相同的情况下，任何关心财富状况的人都有正当理由欢迎经济成本的降低而不是增加。现代法律的实施必然包含着以有利于提高效益的方式分配资源，并以权利义务规定保障资源的优化配置和高效使用的价值内涵。（2）诺齐克突出个人权利对正当程序的重要意义，而权利本身就是一个与正义休戚相关的东西，罗尔斯甚至将人们在"无知之幕"中的权利享受所反映出的平等自由视为正义的第一原则。（3）布坎南的"契约理论"除了提出机会均等原则外，还将程序视为一种契约也是一种创新，程序与契约有异曲同工之妙，它也是既可千变万化，又可不离其宗。它使无限的未来可能尽归于一己，从而提供了在社会变迁中法律的实施过程所需要的开放性结构、适应能力和可塑性，因而程序也可以被理解成迪尔凯姆所说的契约的非契约基础，它在控制自由的前提下保障了自由，从而使自由从意识形态变成了物质形态。（4）德沃金的"道德理论"创设了纯粹损害、纯粹成本、道德损害、道德成本等概念，实际上提出了一个多重价值选择体系，像对比两种错误成本，德沃金认为惩罚无罪者要比放纵有罪者更加不可接受，不论它们所带来的纯粹成本或经济损害如何。

图 7-2 波斯纳

图 7-3 诺齐克

图 7-4 布坎南

图 7-5 德沃金

图 7-6 马修

所以,波斯纳等人的相对程序工具主义,虽然没有完全摆脱正当程序从属结果正义的附庸地位,但他们理论中所体现出来的注重效益、权利平等、契约精神和多重价值选择,仍是积极可取且符合市场经济的要求。而对于正当程序的内在价值,马修的"尊严理论"无疑作出了诠释。① 这一理论核心是认为需要把程序正义与注重人的尊严的自由主义传统联结起来,才能为正当程序的内在价值提供坚实的理论基础。但是,诸如参与、平等、理性、自愿、和平、及时、终结等这些正当程序

---

① 杰里·马修,美国著名法学家。现任耶鲁大学法学教授。1981 年,他在《波士顿大学法律评论》上发表了题为《行政性正当程序:对尊严理论的探求》的论文,后又出版《行政国的正当程序》一书。他的主要理论贡献是对程序正义价值的理论基础进行了思考,提出了著名的"尊严理论",对美国宪法上的"正当法律程序"原则赖以存在的基础作出了崭新的分析和论证,尤其是强调行政性正当程序独立价值的观点。他认为,在对公共裁决活动的正统性作出评判时,不仅要考虑实体结论的合理性,而且要考虑过程本身对参与者的影响,而考察过程本身正当性的标准就是它使人的尊严获得维护的程度。See Jerry Mashaw, Administrative Due Process: The Quest for a Dignitary Theory, *Boston University Law Review*, Vol. 61, No. 4, 1981; Jerry Mashaw, *Due Process in the Administrative State*, Yale University Press, 1985.

的独立内在价值也同样不应被偏执一端,因为任何理论都只是在某一点上发现或者论证了真理,而完全没有必要排斥别人从另一不同角度进行的论证。面对学派林立的程序价值研究局面,实在需要从不同的角度和更高的层次进行理论的融合。这种综合性理论,就是新程序主义下现代正当程序实现的第三条道路。

三、程序正义与法治发展

现代法律的实施本身就是面对不断变革的社会推进法治实现的过程。综合性程序正义正是针对变革社会中各种不同的区域、时域和对象,从多重价值中作出的最优价值抉择,目的是让法定主体在行使权力或权利过程中遵循法律预先设定的方式、方法和步骤,实现法的预定性和法定性。当这一进程实现了规范化、标准化及正当化,也就限制了程序义务人的随意性。这种限制虽然也规制人们依法行使权利,但它主要是规制国家正确行使权力,防止权力异化。就像罗尔斯所说的那样,公正的法治秩序是正义的基本要求,而法治取决于一定形式的正当过程,正当过程又主要通过程序来体现。具体地说,综合性程序正义是通过以下功能来体现法治的生命形式。

一方面,综合性程序正义是保障实体内容或促进实体正义实现的前提。谷口安平曾言:"正当性实际上包含了结果的正确性和实现结果的过程本身的正确性,而后者显得更为重要。"[①] 实现结果正当,必须保证真实的发现是在正当的程序上进行。所以,应该强调综合性程序的正当性。以诉讼程序为例,首先,综合性程序应该得到正确的操作,即综合性程序应该按诉讼法等程序法的规定来进行,因而法院及实际运行程序的法官必须遵循程序法的规定,在法律范围内严格推进程序;其次,参与程序的当事人及其他诉讼参与人必须获得充分的程序参与时间和机会,尤其是双方当事人的主张和证明的机会应该得到切实保护。由此可以概括地说,程序规则得到遵守、程序的主体得到尊重,是程序保障的

---

① 〔日〕谷口安平:《程序的正义与诉讼》,王亚新、刘荣军译,中国政法大学出版社1996年版,第52页。

根基所在。显然,综合性程序保障的关键在于是否能充分地保障双方当事人之间的实质性平等。

另一方面,综合性程序正义是程序自身独立价值实现的表现形式。综合性程序正义是程序本身内在的优秀品质(比如参与性、中立性、对待性、合理性、自治性和及时终结性等)的外在化,是程序独立价值的实现。在这种正当合理的程序中,正义不仅要得到实现,而且要以一种看得见的方式得到实现。它通过确保权利主体平等参与程序以及对程序结果施加的积极影响,使他们的人格尊严和自主意志得到了保障,使那些即使受到不利裁判结果的权利主体,也会由于程序中被公正合理对待而认同和接受这一不利结果,真正使公众因程序的正当而切实感受到"看得见的正义",形成对法律制度的普遍信仰和尊重,促进纠纷的彻底解决。所以,这种具有正当合理性的现代综合性程序对法治来说,不只是法治根本性的衡量尺度,也不只是法治的实现形式,更是法治实实在在的过程本身。

■ 死刑执行与看得见的程序正义

从严打到宽严相济,从枪决到注射死刑,从放权死刑复核到收回死刑复核,从粗疏的刑诉法到出台枪下留人的专门规定,中国的死刑程序和政策绝不仅仅是正在走向人道,而是的确正在走向看得见的正义。死刑是最严厉的极刑,执行后没有回旋的余地,丝毫不能出半点差错。为此,除了实体公正和审判中的程序正义,即使是面对走向终点的死刑执行及停止死刑执行的任何细节,都应周全地加以考量。为此,2008年最高人民法院专门颁布了停止执行死刑程序的规定——《最高人民法院关于适用停止执行死刑程序有关问题的规定》,又一次向世人展示了努力走向实现看得见的正义的积极姿态。根据该规定,最高人民法院在下级人民法院执行死刑前,出现法定情形时有权暂时叫停死刑。可以说,它是一种专为慎杀而设的特殊救济程序。当然,中国的死刑程序和环境与部分国家相比仍有差距,比如,对照于联合国规定,尚未在法律中规定什么是"不人道或侮辱性的待遇或刑罚",以及废除死刑的时机还不成熟等。但是，逐步采取更为人道的死刑执行方式、将死刑复核权收回最高人民法院、实施宽严相济的刑事政策以及依据法定程序叫停死刑，都是基于综合性程序正义的背景下走向法治的一个个坚实的足印。

总之，正当程序所实现的正义，既有利于防止国家权力的滥用，避免人治在立法、行政、司法过程中的膨胀，又有利于对立法、司法活动中的民主和人权保障。此外，还体现了国家法律制度的公正，成为衡量国家法治程度的标准。正是在这些意义上，寻求正当程序被颂为通向现代法治的必由之路。

第八章

决策思路：法律论证/获取结论

> 要完整地理解法律，最先必须了解法典中的全部规则和判例汇编中的案例，然后了解规则背后隐藏的原则和价值是什么，继而对初始而粗疏的规则理解加以修正。基于此，对原则和价值进行重新的诠释，直到达到反思性平衡。当然进入这一境界时，法律将继续发生新的变化，我们又不得不开始新的理解过程，虽然不必完全从零开始，不过仍要向反思性平衡方向努力。
>
> ——〔美〕罗尔斯

阅读材料

Classic：《法律的概念》第六章第三部分、第七章第一、二、三部分

Leading cases：

- 冠华公司诉市管委会等土地出让案
- 河南郑州葛锐同案不同判案
- 李萍等诉五月花公司人身伤害赔偿案

Leading papers：

- 舒国滢：《从司法的广场化到司法的剧场化——一个符号学的视角》，载《政法论坛》1999年第3期。
- 舒国滢：《寻访法学的问题立场——兼谈"论题学法学"的思考方式》，载《法学研究》2005年第3期。
- 〔英〕尼尔·麦考密克：《法律推理与法律理论》，姜峰译，法律出版社2005年版，第8章。
- 杨力：《最高法院的政治决策过程——以中国农村土地流转问题为视角》，载《政法论坛》2010年第1期。
- 胡云腾、于同志：《案例指导制度若干重大疑难争议问题研究》，载《法学研究》2008年第6期。
- 杨力：《中国案例指导运作研究》，载《法律科学》2007年第6期。
- Neil MacCormick, On Legal Decisions and Their Consequence: From Dewey to Dworkin, *N.Y.U. Law Review*, Vol. 58, No. 2, 1983.
- H. Hammer Hill, H. L. A. Hart's Hermeneutic Positivism: On Some Methodological Difficulties in The Concept of Law, *Canadian Journal of Law and Jurisprudence*, Vol. 3, No. 1, 1990.

第一节　法律的病状与法的空缺结构

一、为什么出现"法律的病状"

指向法律适用和实施过程的第一性规则和第二性规则的结合，成为哈特构筑法律概念的核心，但还不是全部。换句话说，虽然本书第六、七章对内在事实与法律规则、正当程序与实体公正进行了充分阐述，但不代表已完全释明哈特对法律概念界定的全部内涵。

其实，哈特在《法律的概念》第六章的最后一节就已经埋下伏笔，作为法律的病状："当我们把特殊情况纳入一般规则时，任何东西都不能消除这种确定性核心和非确定性边缘的两重性。这样，所有的规则都伴有含糊或空缺结构的阴影，而且这如同影响特定规则一样，也可能影响在确认法律时使用的确定最终标准的承认规则。"① 法律的病状说明，第一性和第二性的两种规则结合本身还不能解决每一个问题。就像亚里士多德所说，法律只是一般的陈述，但有些事情不可能只靠一般陈述解决问题。错误不在于法律，不在于立法者，而在于人的行为的性质。而人的行为的内容永远是无法精确地说明的。所以，法律每制定一条规则就会有一种例外。当法律规定过于简单而存在缺陷和错误时，即由例外来纠正这种缺陷和错误。② 有鉴于此，哈特在接下来的第七章伊始，就把法律规则设定为一个开放结构，亦即"法必须主要地指向多类人、多类行为、事物和情况；法对广泛社会领域的成功运作取决于把个别行为、事物和情况认定为法所作的一般分类的实例这样一种广泛扩散的能力"③。

---

① 〔英〕哈特：《法律的概念》，张文显等译，中国大百科全书出版社 1996 年版，第 123 页。
② 参见〔古希腊〕亚里士多德：《尼各马可伦理学》，廖申白译，商务印书馆 2003 年版，第 161 页。
③ 〔英〕哈特：《法律的概念》，张文显等译，中国大百科全书出版社 1996 年版，第 124 页。

现实中常见的情况是，法律只具有指向一般的普遍性，不具有指向任何个人的特定性。正如哈特所说，人类的立法无法摆脱两种困境：对事实的相对无知，以及对目的的相对模糊。立法者根本不可能具有未来各种情况的所有结合方式的知识，预测未来能力的缺乏又引起关于目的的相对模糊。所以，法律旨在传递的普遍性，难免会在特定的具体案件里遭遇不确定性。可见，那种把法律规则的意义固定起来，试图通过格式化而无例外的形式主义，虽出于获取法律预测性的良好初衷，但不过是停留于概念层面而无法实现的天方夜谭。因此，全面周到的法律概念为了应对不确定性的例外情况，还应开放性地包容执法者在案件特定情况下行使的自由裁量权。

二、法的空缺结构的几种情况

法律规则的开放性，意味着的确存在一些留给执法者去裁量的"空缺结构"，可以让他们根据具体的情况，介于各种复杂的利益之间进行权衡，以获得理性的决策。现实中，这种空缺结构至少包括以下几种情况：

1. 法律语言上的修辞局限

这是最简单的法的空缺结构情况，一般而言，法律的用语在中心地带必定是明确的，往往是在边缘地带出现了模糊。以哈特在第七章中所举"照我做的样子去做"为例，即使这样的一般性口头指示，仍会留下一大堆可能性。可见，即使再精确的法律规则语言，也存在所能提供的指引上的限度，这是语言本身所固有的局限。类似的例子在前几章中已有涉及，比如，对德国民法典上的"禁猎"理解，日本大审院对"狸貉异同"案中的"捕获"解释，哈特对英国遗嘱法中的"签署"诠释，等等。

2. 极为特殊的事实让法律左右为难

经常会有这样的情况，表面上一条法律规则可以信誓旦旦地被指出适用与否的界线在哪里，但它一旦进入实质上没有定论的领域，有关对该规则的常见解释和理解就会陷入巨大的困境。比如，关于犯罪主体之争，中国刑法规定受贿罪的主体必须是国家工作人员或受托管理国有资产的人员。绝大多数情况下,涉罪身份的确定是一件有如家常便饭的极简之事。但假设某人与国有单位签订了内部承包合同,其作为项目负责人与单位虽有组织上的任命关系,所承包的项目却完全由个人投资,财务上独立核算,而且盈亏责任完全自负,也就是经常碰到的"挂靠"现象。这种情况下,承包人在商业活动中收取礼金,其行为的性质是国家工作人员受贿还是商业受贿,对此加以区别的意义在于,两个罪名的量刑幅度差别很大。

3. 法律的滞后与统一解释难以穷尽的缺陷

作为产生空缺的原因,法律规定的滞后不可避免,早已被视为共识。对之弥补的手段,多以法官解释为主。诚然,解释最浅显的功用是使法律规定更少歧义、更好理解,从而更便于实施。不过,经验表明这是一厢情愿,现实中作为"准法律"使用的统一解释(比如中国的司法解释),即使是作为"名义上的最后解释",待到运用于待决案件时,仍然可能存在模糊和歧义,进而需要"再解释"。其实,即使是不断更新的统一解释,也仍然概括不了每起案件在经过基本事实、背景材料、论证过程等细节铺垫后,臻于"精确化"的情境考量。所以,问题不在于法律的缺位,而在于解释路线与技术的改变和提升。比如,刑法明文规定非法持有枪支构成犯罪,而没有规定"非法持有大炮"构成犯罪,那么持有大炮只是因为法无明文规定是否就不构成犯罪?显然,即使统一解释将大炮纳入罪名的描述范畴,又会冒出持有原子弹、生化武器等新的问题。

4. 法律之内允许自由裁量的边界摇摆性

在法律体系内部,存在法律明文规定的自由裁量领域,它们处在归入界限内和须排除在外的两可之间,往往很难划出绝对精确的边界。比如法律上的"合理注意",假设某游泳健将携情人于极冷冬季驾车外出,行至结了厚冰的湖边,据他所称是为了抄近路而驾车驶上冰面,结果至湖面中心因冰薄而陷入湖底,游泳健将自己破冰上岸未施任何呼救而离开,数年后其情人的沉尸被打捞起来,那么本案中那位游泳健将决定驾车驶上结冰湖面之前,是否"合理注意"在结冰湖面上驾车的危险?结合案件的其他个性特征,可能会引起构成过失杀人还是故意杀人的争论。又如法律上的"显失公平",假设某大型商铺的赁方受托人,在较短时间内分阶段把商铺以前期极低、后期极高的价格赁出,那么前后赁价的巨大落差,抑或是前期相对同类商铺的价格洼地,对于作为商铺所有人的赁方而言,是否构成主张前期低价"显失公平"而申请撤销租赁合同的理由?此时对前期价差如何理解,客观上需要回到对市场培育、出租策略等情境问题的判断上,而不是像法律规定或纸面约定那样显而易见。

5. 停留于法律元素常识性理解引起的偏差

现实中的每个人都有一定的喜好偏向,面对权利、义务、推理、责任、程序这些构成法律的基本元素,人们也有各自的理解。法律不怕争议,而是担心陷入视为公理的常识误区,它会让人走入死角。最典型的就是权利与义务当作常理被视为存在对应关系,即所谓的"没有无权利的义务,也没有无义务的权利"。可是,正是这种对应性的表象造成它们有的时候极易混淆。比如,假设开发商与销售商所签订的售房代理合同约定:销售商如果在指定期限内未能销完所有房产,则有义务按约定价格全部收购。合同履行过程中,该房产价格连连上涨,翻了数倍。期限届满后,销售商只售出了二分之一,便主动诉至法院,要求判令依约定价格收购剩余房产,以便于其倒手转卖获利。从合同文义看,销售商自愿依约承担收购义务,并无不当。可易让人忽视该约定只是销售商的收购义务,而非权利;同时,开发商也没有按约定价格向销售商出卖房产的义务。所以,销售商无权自行主张要求按约定价格进行收购。更何况,房价上涨后仍允许销售商按照约定的相对低价收购,有违"任何人不因其过错而获利"的法理原则。

6. 法律中难以避免的悖论现象

简单地说,悖论就是一种命题的集合,单个命题为真,但命题集合内各命题之间出现了不融贯。这个道理就好比前面第六章第五节所提及的那个明希豪森男爵的奇遇:落入泥潭中的人自行拽着头发,把自己从泥潭中拉出来。其中,"自行拽头发"和"从泥潭中出来"分开来都是合理的子命题,但是放在一起就出现了不可能。对于法律中出现的悖论,哈特举过这样一个例子:法律规定没有人可以盗窃,否则将受到法官惩罚；同时规定，对于一个未能惩罚盗窃者的法官，另一个法官必须去惩罚他；依之类推，对于前述的另一个法官，如果失职而未惩罚第一个法官，还要再有一个法官去惩罚他……分离的这三个命题，都是合理的，不过将这三个命题加以合并，根据前面两个法律规定推理后所得到的第三个命题结论，我们会惊讶地发现产生了悖论式结论：对于任何一个违反了此规则的法律人，法官将会惩罚他。法律的悖论隐藏在许多法律中，它们也是造成法的空缺结构的重要方面。

三、批驳"规则怀疑论"

既然法的空缺结构事实存在，执法者要进行必要的自由裁量，那么就要防止走向另一个极端，即无限度地怀疑法律规则本身的意义。形形色色的规则怀疑论就是这样一些反面典型。实质上，这些怀疑论不仅是对第一性的义务规则提出质疑，而且连作为效力认定标准的承认规则、每部法律得以立改废的立法规则以及保证让法院存在的审判规则这些第二性的规则，也被列入怀疑的范围。

哈特对此逐一进行批驳。对于"成文法在法院适用前不是法律而是法源"这种温和版本的怀疑论，哈特认为，至少让成文法这个法源产生的立法规则，就应当属于第二性规则；对于"把法律作为是对所作出的裁判的预测"的怀疑论，哈特驳斥提出，只要是规则都有内在方面，规则的作用不仅在于预测裁判，而且在于建立起被广泛接受的行为标准；对于那种"规范的开放性决定了法官难以受到拘束"的怀疑论，哈特严辞指出，规则的开放性不代表否认规则，因为多数简单案件仍是从规则导出结论，即使是少数疑难案件需要像利益衡量方法那样先有结论后找规则，它也要经受住法律框架内合乎规则的检验。此外，还有一种最令人感兴趣的怀疑论认为，"事实上权利义务的终局决定权不是藏在规则那里，而是握在作出裁判的法院尤其是最高法院那里，此时你根据规则说这个裁判是错误的，丝毫不再会引起权利义务的变化"。对此，哈特用一个记分员的竞争性游戏进行了批驳，主张尽管法院作出的权威性裁决具有终局性，可它仍是根据规则作出的。

■ "常回家看看"入法后首例判决

2013年,《中华人民共和国老年人权益保障法》修订后实施。其中,第18条规定:"家庭成员应当关心老年人的精神需求,不得忽视、冷落老年人。与老年人分开居住的家庭成员,应当经常看望或者问候老年人。用人单位应当按照国家有关规定保障赡养人探亲休假的权利。"该规定被定义为"常回家看看"入法。

2013年7月1日,江苏省无锡市北塘区人民法院对一起赡养案件开庭审理并当庭宣判,成为该规定施行后的全国首例判决。原告储某是77岁高龄的老人。2012年8月,因为与女儿一家不和,储某搬离女儿家。2013年4月3日,储某将女儿和女婿起诉到北塘法院,要求女儿、女婿安排其居住并定期看望,并支付其在外租房的租金以及生病住院时的医疗费。储某夫妇2009年3月将老房子卖掉的钱给了女儿,当时写下协议,今后的居所由女儿、女婿安排。法院判决支持了原告诉请,规定储某的子女至少要保证两个月看望一次老人。此外,每年的重大传统节日如元旦、端午、重阳、中秋等必须至少看望两次,除夕至元宵节之间必须至少看望一次。判决要求,如果子女不履行看望义务,权利人可申请强制执行,执行过程中将根据情节轻重对其予以罚款甚至拘留。

归纳而言,哈特不是把法律规则作为预测,而是作为判决中必须遵循的标准;法律规则虽有开放结构,但明确应当限制法官的自由裁量。因此,许多情况下对法院要做什么的预测,最终取决于对规则的深刻领会,尤其是规则的内在方面。简言之,规则的存在使预测成为可能,但不应把它等同于预测。

四、决策思路与法律论证

作为两个极端的法的空缺结构下的形式主义和借助法官自由裁量生发的规则怀疑论,存在不少问题。其实,依据法律规则作出理性决策的真理存在于两者之间。

哈特把法律规则视为是一个开放结构。因此，依据法律规则作出理性决策离不开现实的语境。事实上，现代风险社会离我们并不遥远。贝克意义上的风险社会有两大特征：不断扩散的人为不确定性逻辑，以及社会结构、制度和关系向更为复杂、偶然和分裂的状态转变。[①] 相应地，依据法律规则作出的理性决策方案也应进行调整。

贝克指出，风险社会的根本结构性特征是"个体化概念"。个体化社会的风险不仅是量的增加，而且还会不断出现新的风险后果。从理性决策的角度看，这种趋势的后果表现在三个方面：一是过去以几个主要阶级的认同和行为作为治理对象的状况发生改变，开始转向更加碎片化的群体和代表特殊利益的群体；二是那种简单的迈向现代化的治理目标被修正，后现代社会发展的区域性、特定性和解构性逐步成为关注焦点；三是新风险社会中的不平等并未消失，而是被个体化的形式重新界定，所以治理方式不再遵循单一的阶级模式，而要根据不同议题形成和优化。

显然，当下风险社会面临一场深刻的历史变革。这场变革产生了两大问题：一是不断变化和组合的特定群体和利益群体，带来了即使是议题导向的治理也仍面临过程中的成分断裂、认同错位等异常化现象，相应的法律治理的难度在急速上升，亟待修复；二是整体的法律治理过程分散化，加之风险结果不可预知的放大效应，导致微小的局部变化就可能引发严重的整体震荡，需要协调。面对法律治理的异常化和分散化，如何提高理性决策的修复性和协调性，显得十分重要。

由于风险社会带来的变化，根据法律规则提高理性决策方案的修复性和协调性存在一些难点：不同群体和群体适用多元的规则应当如何与法律的统一性进行调适，以避免法律预测的四分五裂；有针对性的协商性沟通，应当如何与程序性相互协同；多元化规则和沟通商谈的适用以存于法律边界之内为前提，如何才能有效实现对其适用的合理合法性监控；等等。面对这些难点的存在，理性的法律决策绝不是武断、简单得

[①] See Ulrich Beck, *Risk Society: Toward a New Modernity*, Sage Publications, 1992, p. 44.

出一个结论就可以万事大吉，而是需要更多的包容审慎。

可见，克服现代风险社会下法律理性决策所遇到的难点，相对于获取结论，法律论证将显得更加必要。事实上，以上难点不是孤立的，而是纠缠在一起发生作用。围绕长久以来问题争议的焦点，以及结合具体语境中现代风险社会的特征，相互纠缠的这些难点可以被整合成以下命题去寻找破解之道：（1）从风险治理的修复性来看，依据法律规则的理性决策，面对成分断裂、认同错位等异常化现象，转向以议题为中心展开的沟通与商谈，能否权衡与切换于并不是平行或非此即彼的多套规则或运行机制之间，把握机会主义与规则治理的界限，以提供出修复性的解决方案？（2）从风险治理的协调性分析，纠纷解决中的执法者，究竟应是进行分散化的后果论辩，从事先评估可能产生的后果中选择最有吸引力的裁判或决策，还是应当更为强调过程中协调一致的规范论证，甄别纠纷事实能否依据规范性标准纳入某一类型，进而按照类型作出决策？

现代风险社会带来的这些难题，不单是法律真实优于客观真实的事实认定、内在事实优于法律规则的法律适用，以及程序正义优于实体公正的法律思维可以彻底解决的。在形式主义和规则怀疑之间作出理性决策，需要从整体策略上仔细思量，这就使得法律论证优于获取结论的意义非同一般。①

五、冠华公司诉管委会等土地出让案

在形式主义与规则怀疑之间的法律决策是一件极为复杂的事情。在风险社会中由于人类理性的局限，我们没有足够的能力预知所有可能发生的利益冲突，预知这些冲突都在什么样的生活场景中发生，预知每一种生活场景中的利益冲突涉及哪些价值目标，预知在这些价值目标相互

---

① 这里值得参考的资料包括：〔荷〕伊芙琳·T. 菲特丽丝：《法律论证原理——司法裁决之证立理论概览》，张其山译，商务印书馆 2005 年版；〔德〕罗伯特·阿列克西：《法律论证理论——作为法律证立理论的理性论辩理论》，舒国滢译，中国法制出版社 2002 年版；〔英〕尼尔·麦考密克：《法律推理与法律理论》，姜峰译，法律出版社 2005 年版；〔奥〕欧根·埃利希：《法社会学原理》，舒国滢译，中国大百科全书出版社 2009 年版；舒国滢：《法哲学：立场与方法》，北京大学出版社 2010 年版。

抵触时如何取舍和平衡，等等。司法判决尤其具有重大意义的判决，往往涉及道德价值之间的选择，而不仅仅是某个单一的、突出的道德原则的运用。因此，相信以下观点是愚蠢的，即凡法律意思使人怀疑时，道德价值始终能提供明确的答案。此时，素质精良的法官所应做的是，观察两种抉择的公正性和中立性，考虑一切将受影响的人的利益，以及列出一些可接受的原则作为判决的合理基础。显然，理性决策思维的关键往往只是在冲突的价值目标中找到平衡点。以下就是一则在形式主义与规则怀疑之间，涉及政府利益与市场诚信的冲突与选择，从哪一个角度都能获得充足论证理由的案例。

Famous Leading case

冠华公司出让案的两种论证路线　1996 年，江苏省盐城市经济开发区管委会（以下简称管委会）与盐城市冠华房地产开发有限公司（以下简称冠华公司）签订《国有土地使用权出让合同》，以每亩 13.5 万元价格分期出让该市解放南路西侧 424 亩土地，供住宅小区项目开发。之后，冠华公司如约付款并取得第一期 60 亩土地证。1999 年，冠华公司与管委会重新签订《土地出让合同》，开发区国土分局对此合同进行了见证。该合同约定出让面积缩小为 340 亩，除第一期外，其余第二、三期共约 280 亩以每亩 16.8 万元价格出让。冠华公司又如约付款并取得第二期 100 亩土地证。2003 年，管委会以 2002 年 7 月 1 日国土资源部要求土地必须以招拍挂出让为由，提出第三期 180 亩应挂牌出让。冠华公司不服，就此发生争议并诉至省法院。另查明，管委会所签订继续履行的两次出让合同均具备出让主要条款；市国土局和开发区国土分局抗辩认为，只有签订格式合同才能视为正式签约；市政府曾下文明确管委会既可行使市国土局职权，也可行使一级政府职权。

审判过程　该案的争议焦点包括：一是管委会与冠华公司先后签订的两份出让合同是否有效？二是管委会与冠华公司签订的两份出让合同是本约还是预约？三是开发区国土分局在管委会与冠华公司出让合同中的法律地位是什么？四是国土资源部的招拍挂政策是否具有溯及力？

> 省高级法院一审判决：管委会不能作为出让主体，所签出让合同只能是预约而非本约，国土部门与冠华公司签订的出让格式合同才是本约。因土地挂牌出让政策出台，管委会合同不再具备履行条件。所以，因冠华公司尚未与国土部门就第三期土地签订出让格式合同，故应视为本约尚未签订，冠华公司要求继续履行的诉请不能成立。
>
> 最高法二审判决：（二审中，最高院出台相应的司法解释）依据《最高人民法院关于审理涉及国有土地使用权合同纠纷案件适用法律问题的解释》第5条第1款，管委会无权出让土地，所签订的出让合同无效；不过依据该条第2款，起诉前国土部门追认的出让合同可以视为有效。结合本案情况，二审权衡后虽然维持了原判，但理由部分言明管委会对由此给冠华公司造成的损失应当承担缔约过失责任，冠华公司可以另案起诉予以处理。

鉴于涉案标的巨大，当时该案由江苏省高级人民法院一审、最高人民法院二审。事实上，围绕四个焦点所展开的论证一直处于两条完全对立的路线上，争执不下。值得注意的是，最高人民法院在审理该案期间发布了《最高人民法院关于审理涉及国有土地使用权合同纠纷案件适用法律问题的解释》，其中的相关规定直接涉及本案情形，为该案二审的理由论证埋下伏笔。更值得一提的是，鉴于本案的典型意义以及最高人民法院二审判决的权威性，当时全国有许多类似案件等待此案的判决结果作为参照。让我们回顾这起典型案例的曲折历程，深刻体会法律思维中理性决策的"两难"。

概括地说，该案的裁判是一种理性的决策，而不是简单的推理。这种决策间于形式主义与规则怀疑的平衡之间，被告出于维护政府利益而站在形式主义立场去恪守规则，原告则从市场诚信角度偏向于对规则的怀疑，主张实质性的判断。从上面的现实判决来看，该案一审支持了被告观点，最高人民法院的二审虽然作出了维持原判的裁定，又在法律论证的说理部分阐明被告的缔约过失责任。可见，该案二审实际上对于原被告双方的观点都持一定的保留态度，是在两者之间作出的决策。整体而言，原被告对于该案四个争议焦点的各自观点如下：

第一，管委会与冠华公司先后签订的两份出让合同是否有效？原告认为出让合同有效，冠华公司与管委会签订的两份出让合同，均具备出让合同的主要条款，意思表示真实；且管委会经市政府明文授权，有权签订出让合同。被告认为冠华公司与管委会签订的两份出让合同无效，因为《中华人民共和国土地管理法》规定了土地出让的法定主体只能是国土部门；《最高人民法院关于审理涉及国有土地使用权合同纠纷案件适用法律问题的解释》规定了管委会签订出让合同无效；此外，市政府不是有权出让部门，其对管委会的土地出让授权无效。

第二，管委会与冠华公司签订的两份出让合同是本约还是预约？原告认为这两份合同是本约，毕竟从合同内容看，两份合同都具备出让的主要条款，而不只是定约意向；从合同履行看，双方系据此出让、付款并实际履行了两期；从合同违约看，违约约定并非是双方未来不定约的责任，而是双方不履行出让及付款义务的责任承担；至于国土部门所签订的格式出让合同，只是办理出让手续的需要而已。被告则认为两份合同系预约，只有国土部门与冠华公司签订的土地出让格式合同者是本约，管委会与冠华公司签订的两份出让合同均为预约，系为签订本约而定；国土部门才是法定土地出让部门，所签订的出让格式合同才是本约。

第三，国土分局在管委会与冠华公司签订的第二份出让合同中的法律地位是什么？原告认为国土分局在该出让合同中既是见证方，也是合同相对一方。见证行为，证明该出让合同的合法有效；作为合同一方，表明国土分局对该合同中与其相关的许多出让义务的承诺履行。因此，该合同的出让主体，实际上也包括国土分局，也可印证该出让合同的有效性，并证明该合同系本约。被告却认为开发区国土分局的见证只是对合同签署过程的见证，并不是合同主体，所以合同内容对只是作为形式见证人的开发区国土分局不能产生内容上的约束力。

第四，国土资源部的招拍挂政策是否具有溯及力？原告认为不具有溯及力，可以继续协议出让。2002年7月1日才实施的招拍挂政策作为行政规章，对此前依据《中华人民共和国合同法》签订的土地出让协议不具有溯及力；同时参照《国土资源部关于印发〈关于进一步治理整顿土地市场秩序中自查自纠若干问题的处理意见〉的通知》（国土资发〔2003〕365号文），明确规定了允许本案所涉情形作为历史遗留问题，继续协议出让。被告则认为国土资源部的招拍挂政策出台属于情事变更，依法可以不继续协议出让。

这起案件的上述原被告立场实际上都能在形式逻辑上自洽。一方面，这反映的是当时国有土地使用权的市场价格上涨，导致出让方代表的国家和公共利益受到损失；另一方面，1996年、1999年管委会与冠华公司签订的两份土地出让协议代表的是市场诚信利益。因此，从本质上看，原被告双方的观点代表的是市场诚信利益与公共利益之间的冲突。

第二节　制定法的法律论证

一、制定法语境的一条戒律

（一）戒律是什么及作用

在制定法的语境中有一条戒律：除非有充分理由，不能轻易冒犯既定的、有拘束力的法律，否则法律会从根本上失去意义。基于制定法的语境，法律的理性决策作出取决于两条进路：（1）严格恪守形式主义，即以法条和推理为主线，保证稳定的法律预测功能实现。不过，前文已述及，不仅法的空缺结构会降低法律的预测功能，而且面对现代风险社会的复杂性，形式主义也难以把法律论证建立在一般原则或者合理的后果论辩基础之上，进而限制了从实质上作出决策空间。（2）问题导向的机会主义，就是强调法律的理性决策应以问题为中心，只要有利于问题解决，法律规则可以只是被作为选择对象。毫无疑问，这种做法造成了法律的耗散及权威的降低，而且使许多的法外规则被连根拔起，失去滋养的根基。

目前，机械持有形式主义者不多，不过机会主义的制度风险尚未被充分认识。从表象上，法律之外的规则不完全有效，法律之内的规则也不完全无效,整个社会似乎处于诺思所说的"制度稳定"中。然而,当法律内外的两套规则体系都不是完全有效也不是完全无效时,处于这种混合状态的社会主体其实既不是完全遵守法律规则,也不是完全放弃法律规则,而是更多以问题为中心,趋利避害地根据具体情势来权衡和切换于两套规则体系之间。当然,现实情势并不总能判断准确,结果是包括执法者和当事人在内,除了被塑造成机会主义者,还又被放在了独特的"制度风险"中。显然,制定法语境下的那条戒律守候在这里再次发挥了举足轻重的作用。

(二)戒律如何实践

那么,现代风险社会背景下的制定法语境中,法律理性决策的这条戒律是如何实践的呢?这是一个复杂的问题。出于叙述简化起见,下面以社会公共事件中的决策为例。

所谓社会公共事件,是指引起传媒和民众高度关注的敏感事件。为了寻找应对风险的修复之道,需要先分析公共事件中陷入机会主义的制度风险到底有什么动因。先从外部的诱因分析。比如,传统与现代成分的断裂,会造成缺乏有机联系的几个时代成分并存,相互对立的价值难以形成一个整体社会,有时会互相无法理解而引发社会公共事件。又如,群体之间的认同错位形成了客观、认同与行动群体的分野,事实表明,社会风险压力越是增大,行动群体就越是活跃,会在共同压力下采取一致行动乃至演化为公共事件。

不过,仅是外部的诱因,还难以引起较大规模的社会公共事件。公共事件的导火线往往由内部的制度运作本身所引发。一方面,公共事件中的受害人缺乏一种执行法律规则的倾向,这是制度运作机制不公平造成的。比如,群体纠纷中的受害人,一旦他们的诉讼成本和难度大幅提高,就可能会选择借助于传媒、集会甚至暴力等,构造所谓的公共话语空间,试图以社会总动员来恢复力量失衡。另一方面,通常只有认为会赢的受害人才会寻求司法救济,一旦认为制度运作的胜算很低,就会逆向选择其他的纠纷解决方式。所以,那些受害人自己无法解决的案件本来应由司法加以解决,但逆向效应导致司法功能的范围变得有限,甚至造成现实司法在适当场合反而不能发挥应有作用。可见，制度运作的内因是造成社会公共事件的直接原因。

面对外部的诱因及作为导火线的内因引发的社会公共事件，以问题为中心的机会主义思维往往占据核心地位。此时，起到作用的主要是以等级服从为特征的"官僚性"力量。不仅政府期望运用所掌握的权威或武力压下事端，而且无辜的人们有时也习惯于指望政府出面，却很少有人期待从法律角度给个说法。其实，至少对于当局而言，公共事件处理的关键在于能否坚守法律的理性决策思维，起码在程序上保证纠纷处理的正当性，以及作为社会救济最后一道防线的司法机构能否坚守不受外界干扰的底线。

（三）戒律实践的不同形态

如果社会公共事件尚未进入司法过程，上面所提到的这种"官僚性"，集中体现在高级别或地方长官的各种权力主体在事件处理中所采取的各种形式的非正式控制，使得正当程序沦为只是符号。不过，长久以来制度化的行政级别运作，使得决策方案只有经过权力金字塔的层层审批后，才有可能作出和实施。此处，尚且不论"层层审批"即便是启动应急预案，也会因需起码的指令流转时间而丧失事件处理的最佳时机，更重要的是上层决策指令远离现实情境，一般以单纯的息事为思维起点和归宿，制定法的那条戒律恐难进入他们的视野，成为事件决策的主导思维。于是，处理手段的单一化、处理方式的强制性以及处理方案的随意性，都极易激化起人们的不安定感和愤懑的情绪，反而让事态难以平息。

可见，为了修复风险社会的异常化，徘徊于规则与事实之间的法律论证，不应只是以问题为中心的简单思维，而且还要看到矛盾纠纷源头治理、"看得见"的正当程序以及依法独立行使审判权等的重要意义。从法律理性决策的角度，所给出的启迪是：（1）法律论证虽不抛开地方知识的效用，但是更加主张法治化的社会治理。所以，一旦遭遇法律内外的两套规则，论证方向就不是简单的局部权力关系重建，而是认为应具有超越地域的普遍性。（2）法律论证虽不否认各方利益的平衡，但是更加强调以权利义务为轴的比较和权衡。这样，论证过程就不是运用模糊语言，一味谋求后果是非之间的平衡，而仍是从权利义务进路作出决断。(3) 法律论证不反对过程的分寸感、操作感和直觉，寻求让各方接受的纠纷解决方式，可仍坚守司法的本质，绝不排斥合法性考量。毕竟论证的结论并不是纯粹的智力成果，它总依赖于一系列的权力机制，法律规范效力和裁判拘束力都有这样的权力强制性。

二、法律论证的基本方向

制定法语境下的戒律提示了以风险修复为目标的法律论证，在面对复杂偶然和不确定性时，底线应当划在哪里？但若只是恪守底线，不代表就不会产生决策的分散问题，现实司法中的"同案不同判"就是典型。

■ 同一行为引起三起索赔案结果不同

郑州市民葛锐发现一种假药在郑州市各药店出售，便分别在管城区、邙山区（现惠济区）和中原区的三家药店购买了三份同品牌假药。然后，按照哪里购买哪里起诉的原则，他分别向三个区的法院提起诉讼，要求适用《中华人民共和国消费者权益保护法》第49条，得到双倍赔偿。但结果让他尴尬异常，三家法院给出了三种不同判决：① 管城区法院驳回其诉讼请求，称其不是以生活消费为目的购买商品；② 邙山区法院也驳回了他的诉讼请求，理由是他提供的证据不足以证明被告销售的商品是假药；③ 中原区法院判决认为，原告不能提供证据证明其购药行为是"为了治病"，故宣判其与被告之间的民事行为无效。案情一样，提供的证据一样，三家法院同样依法审案，却得到三个不同判决结果。事实上，同案不同判的现象并不罕见，情形近似的案件会被同一法院的不同法官作出不同的判决，甚至同一法官在不同时期也可能作出不同的判决。问题的根本在于法律条文的规定存在弹性，由于弹性空间的存在，不同法官会因为不同的年龄、经历、学识、良知以及其他一些因素而作出不同的判断。

那么，应如何解决法律论证的决策分散？1982年全国人民代表大会授权最高人民法院、最高人民检察院行使司法解释权以来，随着社会变迁，法律依据的模糊和漏洞不断增多，使得日益庞大的司法解释已成为世界司法界的独特现象，甚至在一定程度上成为预测裁判的主要依据。当然，即使最高人民法院也不能假设自己具有完备知识。除非极具典型意义的案件，否则法院不大可能连续、动态跟踪分析司法解释可能带来的后果，更不会对由此引发的不同利益及权利的重新配置加以细微考量。所以，事实情况是案结事了的纠纷解决仍是主导思维，导致分散的后果论辩成为裁判决策不得不面对的现实。

这种情况必须发生改变。毕竟抽象司法解释仍一如立法那样，存在"疏离参与"效应，容易把主体的真正自我与外面的具体情境相分离。而换一种思路，借助于案件在情境中的具体解释，情况将会有所改观。简言之，法律论证的方向应当从抽象走向具体。

这样，每起案件尤其是典型案件中，当事人背后的特定群体在法律论证之前都有表达的机会，裁决书中的事实认定乃至法律适用的表达，都可以细致地展现他们之间的相互对抗、博弈、沟通和商谈，能够让人清晰看见主体和主体行为所处情境，深刻理解为何如此裁判的目的和内涵。这就解决了抽象司法解释的症结：人们一般倾向于把行为原因推断为行为主体的属性，而不是行为主体所处的客观具体环境影响。此外，借助于案件的具体解释，所适用的毕竟仍是审判程序而不是民主程序，也不会让法院背负顺应民意的负担而失守于底线规则，同时却可以获得类案类判的事实拘束力效果。

■ 全国首例利益衡量的五月花案件

原告李萍夫妇携子到被告五月花公司所属餐厅吃饭。就餐期间，其座位所靠近的包房内突发爆炸，隔墙木板炸塌后造成原告李萍二级残疾、儿子抢救无效死亡。经查，爆炸是餐厅服务员为顾客开启"五粮液酒"盒盖时所引起，该服务员也被当场炸死。伪装成酒盒的爆炸物是当时在包房内就餐的一名医生收受的礼物，已经在家中放置一段时间。之后，制造爆炸物并把它伪装成酒盒送给医生的罪犯被抓获，但其对爆炸危害后果没有能力赔偿。因此，原告李萍等诉至法院，要求被告五月花公司承担全部损害赔偿责任。该案终审认为，虽然不能以违约或侵权的法律事由判令五月花公司承担民事责任，但五月花公司仍应给李萍等补偿 30 万元。①

本案中，被告五月花公司既不违约也无侵权：（1）不构成违约。虽然法律规定餐厅经营者与用餐者之间形成以服务和消费为内容的合同关系后，经营者有保护消费者不受侵害的法定附随义务，但是本案的特定情况是顾客自带酒水到餐厅就餐，对此经营者不可能采取机场那样的安检措施，更何况该酒酷似真酒而很难识别，连那名医生将之搁在家中也未察觉，让服务员开酒时作出危险判断显然是强人所难。所以，应当认定五月花公司已履行合理的谨慎注意义务，不存在违约。（2）不构成侵权。依照消费者权益保护法，经营者应对自己提供的商品或者服务承担责任，这自然不包括对消费者自带的用品负责。原告一家在五月花公司就餐时，被爆炸造成倒塌的木板撞压致伤、致死，但都是加害人制造的爆炸物所引起，责任应由加害人承担。五月花公司与加害人既没有侵权的共同故意，更没有实施共同的侵权行为，不应认定其构成侵权。

既然五月花公司不存在违约也不构成侵权，不能以此为由承担责任，本次爆炸中的加害人又没有经济赔偿能力，本案将会出现李萍和五月花公司双方当事人都无法获得赔偿的局面。但是，法院认为，五月花公司是为营利目的才允许顾客自带酒水，并由此引起餐厅爆炸事件。五月花公司虽无法定承担民事责任的过错，但与原告一家的受害事件也不是毫无关系。同时，双方当事人虽同为受害人，可五月花公司所受损害只是经营损失，原告一家的生存利益损害显然更为深重。根据法律规定，当事人对造成损害均无过错，但一方是在为对方的利益或者共同的利益进行活动的过程中受到损害的，可以责令对方或者受益人给予一定

---

① 案例来源：广东省高级人民法院（2004）粤高法民终字 265 号。

的经济补偿。显然，该案的裁决过程是一种情境考察，是从案件当事人所处的客观环境进行论证，因而此论证过程较为合情合理，能够让人知晓本案论证为何引入类似于无过错责任的追责机制。裁判的目的和内涵，就是根据利益衡量的一般意义的内在事实标准，指向保护相对弱势一方。应当承认，这种具体解释过程中法律理性决策的颠毫之妙，绝不是统一化司法解释所能够达到的。

三、法律论证的主要方式

制定法语境下的法律论证，恪守底线或具体解释，都是徘徊于形式主义与规则怀疑之间的通向真理之路。不过，它们只是提供了法律的理性决策框架，从宏观上讨论了法律论证应如何修复被破坏的异常和分散关系，尚不足以彻底地解决面临的制度风险。其实，法律的理性决策中相对于获取结论更有优先意义的法律论证，广泛涉及归纳、演绎和类推、法律与道德、原则与后果、逻辑方法与论证模型、合理性与合法性、法律言说与普遍实践、理想情境与交往理性、内部证立与外部证立、单一论辩与复合论证等一系列复杂的问题，绝不单单是本章所能完成的。接下来，我们仅仅是基于上述框架，从微观上的具体解释进路，讨论法律论证恪守底线的方式，以保障最终的裁决至少不发生严重偏离。

法律论证方式的可靠性，"向前"看事实认定，无非来源于据以裁决的信息来源和交流过程的真实；"向后"看法律适用，则集中在获取合法验证过程的论辩原则一致、适用规则一致以及解释体系协调。

1. 法律论证中的事实认定

法律论证中的事实认定，其用以裁决的信息的来源和交流，不应只以案卷为中心，而是应在类似听证、质证、庭审这样的集约化交换信息的场景中完成。最典型的就是司法过程，不同阶段都被分配相应任务，以便于将不同人员搜集到的材料汇总起来供裁决之用，以及将过程中的所有记录保留下来供复核之用。于是，案卷成为传递事实的唯一载体和神经中枢，极大地影响决策的作出。然而，一旦出现传递中的信息阻隔或丢失，裁决结果难免偏斜甚至错误。于是，案件事实不是在对质、交流中被甄别和认定,而是机械的逻辑教条,借此作出的法律论证及相应裁决往往合法不合理。

为了应对情境事实的复杂性,避免唯案卷证据造成的合法不合理,法律论证的信息来源和交流就不能单以"渐进式"的案卷传递信息,而更要以"扁平化"的格局获得和交流信息。虽然前者的裁决人(比如法官、仲裁员、行政主体)有持续行动的能力,可以分散在不同的阶段调查、收集证据,但权力集中化特征明显,裁决人哪怕只是凭借听证、质证或庭审后的调查证据,也可将此前的所有线索串起来作出裁判。反过来,强调扁平化特征的集约化信息交流,即是让不同主体的协商和辩论放在竞争格局之中,近距离、互动地观察正义分配给各方及相关人带来的影响,以便协同影响裁判的要素,作出今后类似情况相同处理的判断,避免过于借助案卷造成事实认定的机械性。

2. 法律论证中的法律适用

法律论证中的法律适用,试图获得协调一致的裁决,不管从规则抑或是结论出发,都应完成类似于获取内在事实那样的合法性验证。正是这种合法性验证机制,使得即使法律适用涉及的规则预见性有时会跨越我们的理解,被现实复杂性裹挟进了许多偶然性,但它仍然可以保证法律适用的妥当性。

完成协调一致论证的合法性验证,主要包括三个方面:(1) 根据确定性原则的判定。虽然立法程序存在征求意见程序,但由于参与者的产生、利益的组织化及其意见的传输渠道等方面的问题,涉及法律原则的争议通常是在管理者之间进行,与受众之间难以建立直接关系,因此许多法律文本直到颁布,对于基本原则的共识仍没有达成,而是后移至施行或裁决过程。正是因为这种不确定性特征,可能让不同的理由从各自角度都有一定的合理性。所以,有必要让案件中各种不同的理由,先在同一原则下竞争选择所适用的法律规则。换言之,各种不同目标和主张通过争论,竞争出裁判者认为相对更多公众能够接受的原则,然后以胜出的同一原则确定所适用的法律规则。(2) 根据成文规则与判例的判定。得出案件结论所依赖的裁判规则,无论其后果的可接受度有多么高,协调一致的要求都让这一后果至少不应与一些生效的成文规则相抵触，否则就不能被采纳。当然，对于貌似抵触的成文规则可以通过解释的方式加以规避，表面上与当下案件看似抵触的前例，也可以通过区分技术避免冲突。不过，一旦这些努力都失败了，裁判规则即使同样有道理，根据一致性也应予以排除。（3）根据整体制度体系的判定。产生的裁判规则即使符合确定性原则，而且不与成文规则与判例相冲突，仍然不能认为就完成了多边的协调性工作。因为还存在符合原则、规则和前例，在整体上未必是协调的情况。因此，多边的风险应对所带来的相关性问题、解释问题随着制度的运作接踵而来时，那些以前未曾使用过的裁判规则，只有在与既定的整体制度体系不相矛盾的情况下，才能不失其与整个制度的协调性，而这也正是案件裁判得以正当化的必要条件。

第三节　判例法的法律论证

一、法官缘何而知名

标准的声誉理论认为，声誉能够增加承诺的程度，它的作用在于为关心长期利益的参与人提供一种隐性激励，以保证其短期承诺行动。一般情况下，在没有任何外部激励时人们能够预见到的至少是其最差努力所得，至多是其最好努力所得，体现出一种"纳什均衡"。声誉效应虽然做不到让人们作出最好努力，但至少能让人尽可能做到最好，以增加其长期效用。这一原理同样适用于法官声誉的评估及其效能。

那么，国内外的法官声誉有什么差别，他们缘何而知名？回答这个问题的最好方式，就是以最高法院的大法官为分析对象。因为在整个法官职业等级体系中，最高法院这个位置本身决定了最高法院大法官的声誉是最高的。这就要求最高法院大法官应当神圣，有很高声誉。从某种角度上讲，最高法院大法官声誉的上升也会拉动整个法官职业的集体声誉。

在任何实施法治的国家，司法部门特别是最高法院的作用总是独树一帜。然而，当我们聚焦司法领域时，动辄援引美国联邦最高法院、英国上议院、日本最高裁判所，而中国最高人民法院并不经常被引证或评论，原因何在？对此，我们可以对比中美大法官的声誉获取机制加以解答。

翻开美国司法制度史，会看到马歇尔、坦尼、休斯、沃伦、伯格、伦奎斯特等一连串法官名字。比如，马歇尔以马伯里诉麦迪逊案件[①]，确定了司法审查权，并以此为杠杆，让作为最小权力部门的联邦最高法院，一跃成为三权分立的支撑点之一；坦尼以斯科特诉桑福德案[②]，承认了南方各州的蓄奴权，同时又以司法克制原则，让联邦与州实现权力分野名垂青史；休斯在美国最早确立了正当程序；沃伦把司法能动主义发挥到极致，通过刺激近乎疯狂的法官造法，给法官带来了更多权威，

---

① "马伯里诉麦迪逊"（Marbury v. Madison）案情简介：1800年美国总统大选结束，谋求连任的联邦党人亚当斯落选，民主党人杰斐逊当选。为让联邦党人长期控制司法机关，以牵制国会和行政，亚当斯在交接之前，任命他的国务卿马歇尔担任联邦最高法院首席法官，又紧急增设联邦法官席位，并提名由许多联邦党人担任。但由于过于匆忙，有些委任状来不及送出，新总统杰斐逊就接任了，他一上台就命令他的国务卿麦迪逊扣发这些委任状。马伯里即为被任命为联邦法官而又未拿到委任状中的一个。为此，马伯里向最高法院起诉麦迪逊，请求最高法院责成国务院发给委任状，其法律依据就是1789年国会颁布的《司法条例》第13条："最高法院有权对公职人权颁发执行命令。"然而，当最高法院责令麦迪逊说明不发委托状的理由时，遭到麦迪逊出于党派分歧的篾视性拒绝。直到1803年，最高法院判决认为：(1) 马伯里有权得到委任状，麦迪逊不予颁发构成侵权。(2) 但是，最高法院不能向麦迪逊颁发这样的执行命令，因为根据《宪法》第3条规定，最高法院除对极少数案件有第一审管辖权外，只能审理上诉案件。所以，实质上《司法条例》第3条"最高法院向公职人员颁发执行命令"的规定已构成违宪。此案的意义不在于最终结果孰胜孰负，而是运用司法审查手段，明确宣告"违宪的法律不是法律""阐明法律的意义是法院的职权"。从此，最高法院这个权力最小部门借此一跃成为制约国会的强势机构。
② "斯科特诉桑福德"（Dred Scott v. Sandford）案情简介：黑奴斯科特随主人到自由州伊利诺伊和自由准州威斯康星居住两年后，回到了蓄奴州密苏里。主人死后，斯科特起诉要求获得自由，案件一直上诉至联邦最高法院。1857年，联邦最高法院判决认为：即便自由的黑人也不是美国宪法中所指的公民，所以斯科特无权在联邦最高法院提起诉讼；斯科特不能因为到过所谓自由准州威斯康星就获得自由，因为在威斯康星排除奴隶制的是《密苏里妥协案》，而制定《密苏里妥协案》超出了国会的宪法权力；斯科特不能因为到过自由州伊利诺伊就获得自由，因为他一旦回到蓄奴州密苏里，他的身份就只受密苏里法律支配。该案判决后，舆论一片哗然，严重损害了联邦最高法院的威望，更成为南北战争的关键起因之一。南北战争后，美国宪法增加修正案废除了美国的奴隶制，并规定非裔美国人具有平等公民权。

特别是他所审理的布朗诉教育委员会案①,结束了种族隔离和歧视;伯克利用了史学上著名的水门事件,扩张刑事被告人的权利,以及确立新闻采访司法的自由,尤其在罗伊诉韦德这一"分水岭"案件中,与撰写该案精彩判决的布莱克门大法官一同声誉鹊起;20世纪80年代以来,被里根总统任命的伦奎斯特转以保守派的面目,反过来屡次挑战罗伊一案,他也创设了"米兰达规则"的两个沉默权例外。可以说,美国联邦最高法院的声誉,多数来源于大法官们通过典范案件的判例。

■ 美国联邦最高法院的司法能动主义

迄今为止,在美国历史上产生了不到百人的最高法院法官。他们非经民主程序选举产生,一旦任命便可终身制。在公众的眼中,他们穿着黑色的袍子,高高地端坐在椅子上,充满神秘象征;他们具有超凡脱俗的智慧和经验,坚守公平、正义;更为重要的是,他们是沉默的高贵者,一旦言说则威力无比,即使国会和总统也要遵从其指令。2005年8月3日,美国联邦最高法院首席大法官威廉·伦奎斯特因患甲状腺癌在弗吉尼亚的家中去世,时年81岁,结束了他在最高法院长达三十三年的职业生涯。伦奎斯特是美国历史上第二个主持了总统弹劾案审理的首席大法官,2000年,又决定了一次总统大选(布什 vs 戈尔)的最终胜负。尤其是后者,使人们看到了司法权对选举权的干预,以及所发挥的决定性作用。的确,在一个域外人看来,美国国会和总统决定国家的大事,但是,在什么是大事以及对大事的决断上,是否是最高法院说了算?②

---

① "布朗诉教育委员会"(Brown v. Board of Education)案情简介:7岁的黑人女童布朗每天要穿行21个街区去黑人小学上学,她的父亲为了让女儿就近念书,向专给白人孩子设置的小学提出入学申请,但遭到拒绝。随后,布朗向当地教育委员会起诉。历时两年后,美国联邦最高法院判决,认为广泛存在于美国教育体制内的黑白学校分离制度违宪,从而让当时21个州仍然保留的校际间的种族隔离制度终成历史。它的意义在于,虽然南北战争后美国奴隶制得以废除,但种族隔离制度长期延续,有色人种特别是黑人,与白人之间的种族矛盾逐渐积累,已发展到极为尖锐的程序。如果再掀起一场战争,无疑会付出巨大的代价。此案以宪法为依托,和平争取到了自由和平等权利,被视为民权运动的典范。

② 参见贺海仁:《九个人统治的国度》,载《读书》2006年第8期。

中国的大法官绝大多数不是因为对判决卓有贡献而知名，而是通过对司法解释出台后的答记者问、参加各种法院工作会议、到各地巡视以及其他特殊原因（比如董必武、沈钧儒、罗豪才等）而知名。① 当然，这样的中美大法官声誉比较有问题。毕竟中国的大法官作为顶层的决策群体，做出的不少是案件之外的贡献，比如连续推出多个五年计划的司法改革纲要、长期以来讨论和颁布规模庞大的司法解释等。显然，中国最高人民法院的声誉，不是来源于大法官因样板案件的审判活动对法律和司法的贡献，而是来源于其位于金字塔顶尖所承担的一系列业务指导功能。

当然，行此对比的目的，绝非贬低中国的最高人民法院或大法官们。毕竟中国不是判例法国家，最高人民法院也不是一个法律审法院。同时，即使介入案件的具体审判，中国的大法官们也不能像美国大法官那样，能够形成比较强的个人色彩，可以通过案件的出色论证提高个人声誉。他们是以集体智慧的面目呈现于世，作出整齐划一的判决，树立司法的整体权威。

■ 最高人民法院的能动司法

最高人民法院经历了从司法消极主义走向司法积极主义的过程，以人民群众美好生活需要为目标的司法变得越来越能动。最典型的就是，推出了内容丰富的"司法为民"政策和理论。矛盾纠纷源头治理、多元化纠纷解决、繁简分流的快审速裁、人民陪审员、人民法庭的直接立案和最高人民法院巡回法庭等制度或机制的相继出台，都为这种以"司法为民"为中心的新能动司法加上了最好注脚。正是最高人民法院采取这种积极姿态，并进行了坚持不懈的努力，审判权的声望才逐步上升。作为司法运行的中心，最高人民法院的显赫与尊贵除了作为核心的纠纷解决功能，还在于其作为一个司法决策机构，发挥着引领整个司法系统、影响公共政策的制订和实施的衍生功能，甚至它本身就应归属于一种制度范畴，对权力的结构与分配产生深远的影响。这使得处于司法系统金

---

① 参见侯猛：《最高法院大法官因何知名》，载《法学》2006 年第 4 期。

字塔位阶顶尖的最高人民法院，有着丰富蕴涵和重大意义，其运作本身直接影响乃至决定整个司法制度的发展和变迁。

面对如何发挥司法原初意义的纠纷解决功能，中国最高人民法院也正在做出转变。指导性案例制度的发布就是一个例证。① 该制度打破了原来抽象司法解释一统天下的局面，开始把法官解释建立在个案审理中的法律论证基础之上。换句话说，最高人民法院正式发布的指导性案例具有司法先例的功能，待决案件的法官"应当参照"。当法官在审理类似案件时，应当参照指导案例而未参照的，待决案件的法官必须提供能够令人信服的充分理由。显然，探索建立起中国特色的判例法的法律论证思维，已经成为法律思维的新维度。

二、判例法与制定法的论证差异

疑难案件的裁判规则从何而来，本书第六章对这一问题已经涉及。案件中之所以出现疑难问题，归根结底是因为对法律思维中的普遍正义与特殊正义、法律真实与客观真实、内在事实与法律规则以及正当程序与实体公正之间的临界点难以权衡和把握。此时，当事人总是试图寻找法律的"特定含义"或"解读方式"支持其主张，借此说服法院作出有利于自己的裁决。

一般而言，当事人的寻找途径无非是求助于后果论辩或原则论辩。为了围绕这两种论辩完成法律上的论证，法官必须给出最后的裁决所依赖的裁判规则。当然，如果发现在前面类似的判例中已有裁判规则，而且该规则包含待决案件中的裁决问题，则法官要么是直接适用该裁判规则，要么是另行提出新的裁判规则。对于另行提出新的裁判规则，或许是发现前后两案中的某个必要事实存在显著差异，并且这种差异大到适用前面判例中的裁判规则，将会让法律论证及相应裁决出现错误；或许

---

① 实行案例指导制度的机关不仅是人民法院，而且还有人民检察院。也就是说，中国案例指导制度比较权威的有两个系列即检察指导案例、法院指导案例。

是前面判例中的裁判规则只是提供了简单的初始规则，还有赖于待决案件附加一系列的元素，才能使待决案件的裁判规则变得更加具体和细致。可以说，这就是判例法中法律论证的基本路线。

其实，判例法与制定法在法律论证上的差异，只是程度上而不是种类上的。不过，它们之间还是可以找出至少以下不同：（1）根据制定法寻找法律的"特定含义"，以及依据法律进行论证时，法官一般不会明目张胆地违背立法原意，或者随意提出所谓的标新立异理由。即使是在疑难案件的先有结论再找规则的利益衡量中，严格的合法检验也被视为是防止法律论证越轨的阀门。判例法的论证则不然，它所确立的裁判规则，不一定是法律出台时的立法原意，而可以附加新的内涵。换言之，法官可以创造法律的特定含义，只要法律论证能够获得后果或原则论辩的认同。（2）制定法下对法律的"解读方式"，需要以刚性法律及其严格解释为论证进路。因为成文法本身作为法律具有正当性，而且这种正当性一般不需要后果或原则论辩作为支持。不过判例法中的判例是否适用，则依赖于对判例与待决案件之间的必要事实能否同一、两案之间的区分理由是否充分、涉及扩张或限缩的解释可行与否等考量。显然，判例法的论证虽不能容纳牵强，但相对柔性成分更多。（3）判例法语境里形成的"裁判规则"拘束力，只是事实上的约束，只有参考或建议作用。法官不是绝对服从，乃至下级法院对于上级法院的类似判例仍可弃之不用，因而推翻先例或无视先例司空见惯。制定法中的裁判规则则具有法定的拘束力，除非有相当理由，不得违背同等情况同样对待的正义原则，否则就要面临被当作错判或改判的风险。

■ 日本制定法语境下的判例

作为成文法系国家的日本，判例适用也很发达。特别是最高裁判所的判例，由于最高裁判所的法律事务部掌握着所属各级裁判所多数法官的人事任免大权，因此其倒向判例法的痕迹十分明显。但是，即便如此，最高裁判所颁布的判例，遭遇疑难而在寻找法律的"特定含义"时，也不会像立法那样为所欲为；对法律的"解读方式"也是极其严谨和刚性,奉守以法律规则的立法原意为圭臬;而且很多裁判规则的细节表述冗长烦琐,导致客观上只能具有参照意义的约束力。

三、判例的一般论证过程

围绕上述判例法中法律论证的基本路线,从寻找法律的"特定含义",到对法律的"解读方式",再到所形成的裁判规则"拘束力",判例法和制定法存在程度上的一些不同。不过,它们在判例论证的种类上仍是共通的。下面,拟将这些共通之处加以介绍,以了解判例法中的法律论证思维。

1. 寻找"特定含义"的思维示范性

判例法和制定法中寻找法律的"特定含义"上的差别,最主要的即为是否允许"法官造法"。但是,为了实现所作出判例的参照、建议效应或法定的拘束力,对于法律的"特定含义"界定,起码应当具有一定的示范性。否则,就谈不上是判例。判例论证法律思维的基本特征在于,赋予某一诉讼具有超越个案的意义,法院就此诉讼所作的判决可成为其他同类案件处理的依据。所以,判例论证寻找"特定含义",最重要的是对更多案件形成法律的理性决策导向。显然,典型判例的法律论证,根本目的不仅在于弄清法律文本或前案裁判的真实含义,更重要的是判定什么样的法律理性决策能被接受和认同。也就是说,判例的论证思维从实质上就是一个综合性判断,它是为今后类似裁决提供正当理由的制度实践,有其特定的内涵和功能。

2. 法律"解读方式"的思维示范性

判例论证中先例是否适用的关键,主要是对前后案"必要事实"的判断、"区分"前案的理由是否充分以及后案的"伸缩解释"是否合理。(1)判例论证思维中,前案是否对后案产生影响力,最先是进行两案的事实甄别,找出哪些是实质意义的必要事实。(2)比较两案必要事实是否类同的方法被称为区别技术,其功能是"指出实质性区别,以证明被援引的一个案例是否可以被接受"①。（3）区分理由的论证包括"内在事实"和"案件结论"，如果内在事实适用于后案，隐含其中作为案件结论的一般性原则，可以比原来宣布它的法院的意思作更广泛的解释。不过，如果内在事实不适用后案，那么法院可以把原来的意思缩小一点，以把前后两案区别开来。当然，以上只是一个最基本的原则，判例论证绝非如此简单，正如哈特所说："判决理由、实质事实和解释等，都有它们的不确定的边缘。"②

■ 判例中的区别技术

在很多情况下，判例的论证具有不确定性。比如，必要事实为后案法院所确定，决定了所谓的内在事实及相应的裁判规则不是前案一锤定音，而是伴随类似案件的重复不断丰富和成长；后案的决策理由可能不止一个，会有一系列类似的前案且每个都有说服力，不过这些前案理由恐怕不是总能相互调和。所以，作为核心的"区别技术"如何适用，便成为一个重要问题。通观世界各国判例论证中的区别技术，没有成文的规则可循，主要是经验的归纳和总结，大体上分为三类：应当遵循的判例、应被区别的判例、合理规避的判例。

3. "裁判规则"拘束力的思维示范性

判例论证所形成的裁判规则，其事实或法定拘束力的来源，都是先例中的内在事实及相应形成的裁判规则。虽然制定法与判例法不同语境下的裁判规则拘束力不同，但不同程度拘束力的裁判规则，要么是极简主义地被作为成文规则适用，要么是为待决案件提供初步思路供法官参考。然而，作为判例提供的视角和观念，都是作为可供操作的假设，人们必须根据后案的情况和变化了的现实需要对它们进行检验，并加以必

---

① Henry Campbell Black，*Black's Law Dictionary*（5th edition），West Publishing Co.，1979，p. 425.

② 〔英〕哈特：《法律的概念》，张文显等译，中国大百科全书出版社 1996 年版，第 133 页。

要的限制、扩大和改进。一般而言，前后两案比较中具有拘束力的裁判规则赖以形成的必要事实越多、越详尽，法律论证的理由也就越狭窄、越具体，两者成反比。其实，许多判例根本无须刻意去"发现"裁判规则，只要法官充分说理，使自己作出的价值判断具有正当性即可。因为前案判例展现的过程完整，不仅包括对争议焦点的认定和分析，而且包括对双方论点支持或不支持的理由说明。因此，判例涵盖了哪些合理、哪些不合理、为什么合理或不合理的立体论证过程。这是建立在具体个案基础上的判例思维，是较于建立在抽象规则基础上的制定法思维的最大优势所在。此时，援引前案进行后案论证时，只要融入前案中法律论证的价值判断即可。

四、中国指导案例的论证特殊性

中国理论和实务界已经认识到，久远传承的制定法已经失去概念法学上的统领作用，指导性案例制度在未来中国不可或缺。然而，由于传统的法典主义，走向判例法之路筚路蓝缕，早已"试水"的实践经验还是限于使裁判规则产生事实拘束力，从未产生法定拘束力。2010年，最高人民检察院、最高人民法院相继出台的《关于案例指导工作的规定》，已被视为中国指导性案例制度的新纪元。当然，中国避开敏感的"先例""判例"称谓，使用较为大众化的"指导性案例"概念，具有一定的伸缩性，这在制度创建之初尤为必要。

■ 新中国案例发展史

从中华人民共和国成立后最高人民法院以案件批复形式发布的文件，至20世纪80年代初最高人民法院正式发布的刑事案例，再到《最高人民法院公报》这二十余年发布的所有典型案例，加上最高人民法院或下属单位编辑的各类案例，中国的案例发展史时间虽短，但发挥了不可低估的重要作用。具体包括：

① 中华人民共和国成立后最高人民法院以案件批复形式发布的文件。比较有影响的最高人民法院指导性案例文件有：《最高人民法院

1955 年以来奸淫幼女案件检查总结》以及之后基于 5500 个典型案例作出的《罪名、刑种和量刑幅度的总结（初稿）》。

② 20 世纪 80 年代初最高人民法院正式发布的刑事案例。1985 年前最高人民法院通过内部文件下发的刑事案例主要有：20 世纪 70 年代末着手纠正"文革"形成的冤假错案选编的"刘殿清案"等 9 个已纠正的"反革命"案件，1983 年指导"严打"分三批选编的 75 个刑事案例，1985 年选编的"徐旭清破坏军人婚姻罪"等 4 个案例。

③《最高人民法院公报》发布的典型案例。1985 年起创办《最高人民法院公报》，标志着新中国的案例制度步入比较规范的轨道，从 1998 年之后公报案例曾经一度不像以往那样，须经最高人民法院审委会讨论确认后发布，导致其权威性有所下降。

④ 最高人民法院或下属单位编辑的各类案例。最高人民法院下属单位编辑的各类案例主要有：1992 年起中国高级法官培训中心（国家法官学院前身）与中国人民大学法学院联合编写的《中国审判案例要览》（分刑事、民事、经济、行政四类），1992 年起最高人民法院应用法学所编写的《人民法院案例选》（分刑事、民事、经济、海事、行政五类），1999 年起最高人民法院各审判庭相继编写的各种审判参考、审判指导（包括《刑事审判参考》《民事审判指导与参考》《审判监督指导与研究》《行政执法与行政审判》）；2005 年 8 月起"两高"联合编写的《中国审判指导丛书》（分刑事行政卷、民事卷），实际上是最高人民法院发布《人民法院第二个五年改革纲要》以来首次正式规定有关案例指导制度的改革意见后试验性的第一步。

⑤ 2010 年，最高人民法院和最高人民检察院相继发布了《关于案例指导工作的规定》，开始正式推出具有"应当遵守"效力的指导性案例。

"两高"颁行的案例指导制度达成以下几点共识：（1）根据《宪法》第 127 条第 2 款、《中华人民共和国人民法院组织法》第 33 条以及 1981 年通过的《全国人民代表大会常务委员会关于加强司法解释工作的决

议》，选择指导性案例并归纳裁判规则作为司法解释的一种。不过，归纳案例中的裁判规则，实质上仍是法官释法而不是法官造法。（2）指导性案例具有"应当参照"的意义，法官在审理类似案件时，要遵照指导性案例的裁判尺度和裁判标准。若非有令人信服的理由，应当参照适用，否则当事人有权提出上诉、申诉。（3）指导性案例须为生效裁决。（4）发布主体限于"两高"，而且必须是作为最高权力机构的审判委员会讨论决定后以公报等方式发布。

第九章

论证方法：形式理性/价值理性

> 我们已拥有过多的法律定义，但是在把法律同道德相比较的时候，人们似乎假定每一个人都知道道德的含义是什么。因此，法律心智从总体上看一直在耗尽心力地去思考法律本身，但却满足于对法律与之相关且与之区分的道德不闻不问。我们需要尝试恢复它们之间的平衡。
>
> ——〔美〕富勒

阅读材料

Classic：《法律的概念》第八、九章

Leading cases：

- 张学英诉蒋伦芳遗嘱继承案
- 里格斯案与张学英案的法律论证对比
- 二战后的德国告密者案
- 纽伦堡审判
- 蒲连升、王明成安乐死案

Leading papers：

- 〔德〕拉德布鲁赫：《法律的不法与超法律的法》，舒国滢译，载郑永流主编：《法哲学与法社会学论丛》（四），中国政法大学出版社 2001 年版。
- 郑成良等：《司法推理与法官思维》，法律出版社 2010 年版。
- 柯岚：《拉德布鲁赫公式与告密者困境——重思拉德布鲁赫—哈特之争》，载《政法论坛》2009 年第 5 期。
- 〔美〕富勒：《法律的道德性》，郑戈译，商务印书馆 2005 年版，第五章。
- H. L. A Hart, Positivism and the Separation of Law and Morals, *Harvard Law Review*, Vol. 71, No. 4, 1958.
- Lon L. Fuller, Positivism and Fidelity to Law—A Reply to Professor Hart, *Harvard Law Review*, Vol. 71, No. 4, 1958.
- H. L. A Hart, Book Reviews: The Morality of Law by Lon L. Fuller, *Harward Law Review*, Vol. 78, No. 6, 1964.
- Joseph Raz, The Problem about the Nature of Law, in Joseph Raz, *Ethics in the Public Domain: Essays in the Morality of Law and Politics* (Revisited Edition), Clarendon Press, 1994.
- Robert Alexy, A Defence of Radbruch's Formula, in David Dyzenhaus (ed.), *Recrafting the Rule of Law: The Limits of Legal Order*, Hart Publishing, 1999.

第一节　法治化与形式理性

一、论证的有限理性及应对

　　法律论证被放在优于获取结论的地位，这是法律理性决策的基本思维。不过，法律论证本身是一个极其复杂的过程，除了上一章中从论证过程与论证结果的外在视角考量，其实那种从内在视角出发的论证过程本身，更是经久不绝地引起争议。

　　沿着内在视角，不同主体作出法律理性决策的前后，以各种方式获得论证信息，比如立法的意见和建议征集、行政的听证会和调研，以及在司法中的后果论辩、制度利益和体系解释的考量等，其目的无非在于提供论证的充分信息，使作出的决策不容质疑。然而，所谓理想的、充分信息下的决策根本不存在。一方面，决策的信息不完备。即使运用概率决策，也要考虑许多意想不到的复杂因素。另一方面，决策的信息不对称。参与决策的各方仍可以策略性使用信息来实现自身利益。所以，信息是策略而非中立的，信息量的增加并不意味决策质量的提高。任何人都不能假设自己是一个完备理性决策者，因此，需要比较分析各种不同的论证方案，并指出不同方案的优势和缺陷；需要从法律与社会的横断交叉面，判断论证是否会产生预期效果及产生哪些效果，仍然存在什么问题、问题如何产生以及如何解决问题。

　　显然，"有限理性"成为法律论证的一个关键词。有限理性是美国学者赫伯特·西蒙在20世纪50年代为解决经济理论中针对充分理性假设的难题而提出的，它的基本思想是：人们信息加工的能力是有限的，所以，人们无法按照理性模式去行为，即他们没有能力同时考虑所面临的所有选择，无法总是在决策中实现效益最大化。

　　那么，论证的有限理性应当如何应对？实际上，马克斯·韦伯很早就提出了形式理性和价值理性相互分离的方法：（1）形式理性。就是让论证具有精确计算的外在结构、逻辑推理和固定程式等特点，其内在理路是，如果决策前无法借助充分信息获得确定性，那么挽救不确定性的方案就是通过合乎标准的论证，依靠预测性增强作出信息反应的能力，提高决策效益。（2）价值理性。就是通过论证"伦理的、政治的、功利主义的、享乐主义的、等级的、平均主义的或者某些其他的要求"[①]，衡量决策的合理性。很显然，价值理性的论证标准是多元的，不具有形式理性那样精确计算的属性。相对于形式理性的内在理路，价值理性认为，既然存在缺乏充分信息的不确定性，人们还不知道未来会发生什么，那么试图通过法律形式化以对信息作出反应，事实上不能提高决策效益。所以，不宜对形式理性寄予太多寄托，否则会影响思维的适应性。

■ "九民纪要"的外观主义和实质主义

2019年，《全国法院民商事审判工作会议纪要》推出，简称"九民纪要"，被誉为"民商事审判的最大公约数"。该纪要中提出形式理性的"外观主义"，并将之界定为是学理，不是法律原则。在此基础上，又进一步规定了外观主义包含的两个方面：① 涉及效力判断的意思表示外观，比如表见代理、法人代表代表权、不动产显名登记等。② 涉及物权判断的权利外观，比如股权代持、善意取得等。该纪要确定了外观主义为原则，强调既保护交易安全的合理信赖权利外观、意思表示外观，同时又提出实质主义为补充，关注的是实际权利人与名义权利人的关系，主张准确把握适用边界，避免滥用。

---

① 马克斯·韦伯，德国最负盛名的法社会学和经济学家，与卡尔·马克思和埃米尔·迪尔凯姆并列为现代社会学三大奠基人。他最初在柏林洪堡大学开始教职生涯，并陆续于维也纳大学、慕尼黑大学等大学任教。他对于当时德国的政界影响极大，参与了《魏玛宪法》的起草。"形式理性"和"实质理性"是韦伯法社会学思想里的一对核心范畴，是韦伯阐释法律与资本主义发展之间关系的工具。韦伯主张，经济活动是影响法律走向形式理性的因素。这里，他强调经济因素对于理性法律之建立固然重要，但绝非决定性因素，法律与经济是各自独立又相互影响的关系。显然，这一观点与卡尔·马克思的经济决定论截然相反。以上可参见〔德〕马克斯·韦伯：《经济与社会》（上卷），林荣远译，商务印书馆1997年版。

可见，基于有限理性的法律论证，形成了形式理性与价值理性两条线路。它们长期成为法律论证领域中极其重要的争议性问题。从核心命题的角度，形式理性回答的是"法律是什么"的问题，而价值理性回答的是"法律应当是什么"的问题。另外，从广义的范畴上，前面几章谈到普遍正义与特殊正义、法律真实与客观真实、内在事实与法律规则、正当程序与实体公正的关系，其实都与这个问题有关。

■ 张学英诉蒋伦芳遗嘱继承案

1963年，黄永彬与蒋伦芳结婚，婚后未育。此后，黄永彬认识了张学英并与之同居，蒋伦芳发现后劝告无效。1996年，黄永彬、张学英租房公开同居，以"夫妻"名义生活，并依靠黄永彬的退休金生活，并曾共同经营。2001年，黄永彬被确认患晚期肝癌，在即将离开人世之际，张学英不顾旁人嘲讽而以妻子身份守候于病榻旁。黄永彬遂立下公证遗嘱，将其住房补贴金、公积金及所售住房的一半、手机等财产遗赠给张学英所有，骨灰盒亦由张学英负责安葬。待黄永彬去世后，张学英持遗嘱向蒋伦芳索要财产和骨灰盒，遭到拒绝，遂向四川省当地法院提起诉讼，请求被告蒋伦芳依继承法规定履行遗嘱。

泸州法院经审理认为，尽管继承法中有明确的法律条文，而且本案中的遗赠也是真实的，但是黄永彬将遗产赠送给"第三者"的这种民事行为违反了当时有效的《中华人民共和国民法通则》第7条"民事活动应当尊重社会公德，不得损害社会公共利益，破坏国家经济计划，扰乱社会经济秩序"的规定，因此法院驳回了原告张学英的诉讼请求。

法院负责人在接受采访时认为，继承法、婚姻法这些特别法的规定都不能离开民法通则的指导思想。法官不能机械地引用法律，而应该在充分领会立法本意的前提下运用法律。在判决本案时，法官直接引用《中华人民共和国民法通则》的基本原则，而没有机械地引用继承法的规定，是合情合理的。如果依照继承法的规定，支持了原告的诉讼主张，那么也就滋长了"第三者""包二奶"等不良社会风气，违背了法律要体现的公平公正精神。

可以说，上面案例涉及的法律规定相当明确，而且遗嘱本身也真实合法有效，只要严格把法律的一般规则适用于个案的要件事实，就完全可以得出非常确定的判决。不过，该案思维却体现为一个价值理性优先的法律论证过程。理由就是，如果按照形式理性的论证，可能导致"第三者""包二奶"等不良风气，将使个案结果的价值理性被过度牺牲。问题在于，在什么情况下适用形式理性思维？又在什么情况下适用价值理性思维？解答这些问题的关键，在于如何处理法律与道德这对核心范畴。当然，价值理性涉及的绝不仅是道德，还包括良俗、政策、宗教及民众意愿等。鉴于道德在价值理性中所处的核心地位，本章下面拟通过重点论述法律与道德的问题，勾勒出形式理性与价值理性的关系轮廓。

二、道德与法律的再认识

从法律论证的内在视角廓清法律与道德的关系之前，有必要先澄清它们的含义是什么。

（一）法律应当是什么

在《法律的概念》第八章，哈特开门见山地再次重申，法律是第一性规则和第二性规则的结合。一个法律是否有效，不在于它是否有道德基础，而在于它是否获得作为第二性规则之核心的承认规则认可。可见，批驳了奥斯丁的法律效力来源于主权者命令后，哈特没有退向自然法的那种让道德成为法律基础的立场，仍从法律实证主义的框架出发，富有创见地为法律效力提供一个新标准。

这是对法律实证主义的最大贡献，只是结合第一性规则和第二性规则还不足以说明法律概念的全部，毕竟法律还受道德影响。根据哈特对于规则的内在方面和外在方面的区分，民众可分为从内心服膺于法律的人与被迫接受法律的人，法律作为强制权力的存在，只有让前者居多才能被称为是好的法律，才能保持底线正义的平衡。其中的根本原因在于从简化的第一性义务规则控制的社会，到拥有立法、审判的第二性规则控制的世界，虽然带来了变革、确定和效率，但同时付出的代价是依赖第二性的立法和审判规则所集中起来的权力，有可能会压制住民众，保证法律离开民众支持仍可施行。一旦这种可能成为现实，就像滑坡效应那样，法律很可能会走向邪恶，出现德国纳粹、日本军国主义那样的灾难性后果。所以，法律的概念包含了道德因素，它让接受法律权威的人是从内在方面出发来看待这些权威，并能以法律和道德共同的规范性语言来表达他们对这种权威的看法。

■ 哈特意义上的"胡克与赛利对话"

为了说明法律中隐含的道德因素，哈特在《法律的概念》第九章第三部分举了一个特定环境的道德体系下，奴隶不被视为法律上的人的例子。奴隶社会之奴隶在法律上只是物品，而不具有人格，所以，这种看法在奴隶主集团的道德上被作为习惯，长期保留了下来。于是，哈特举了个例子：当被问到轮船锅炉的爆炸是否伤着人时，胡克回答道："没有，只炸死一个黑鬼。"赛利接着说："好，这很幸运，因为有时人们会受伤的。"上述回答和评论暗含了传承已久并于当时流行的一种习惯道德体系。直到胡克吃苦后才发现，时过境迁，这种遗留下来的不把黑人当作人的想法，已被看作严重的道德过错，随之而来的可能是面临道德过错导致的一系列不利后果。

（二）道德应当是什么

道德是什么？回答这一问题的第一个小问题是，道德是否等同于正义？如果持肯定回答，那么本书第四章中的普遍正义与特殊正义之辩，将是道德的所有内容。但情况并非如此，哈特精辟地指出，正义只是道德的一个片面。正义与公平是同位语，是指在相互关系中个人享有平等或不平等的份额或地位，其通俗的表达就是"同样情况同样对待、不同情况不同对待"。当然，何谓同样情况与不同情况，认定标准较为复杂，对此上一章有关判例法中的必要事实和区别技术的叙述，已经有所交代。此处需要明确的是，道德的蕴涵远比正义更为广阔，它不仅可以用来确定个人的相似性和差异性（正义），而且可以对这种个人的相似性和差异性加以肯定或否定评价（善恶）。比如，即使纳粹法可以做到对治下民众一视同仁，它在道德的善恶标准上也会被加以否定评价。

■ 基于相似性或差异性的正义维度

恐怕没有任何一个词汇像"正义"那样自古到今有着数千种的解释。但是，法律上从相似性和差异性角度出发的正义维度，至少包括以下三个方面：

① 分配正义：这里指机会均等，而不是绝对平均主义。现实中，因主体先天的要素禀赋导致的差距，包括智力水平、健康状况、家庭出身、教育背景、生存环境等，可给予底线补贴，比如，取消农村义务教育学杂费、西部大开发、城乡统筹的社会保障，取消城市用工歧视政策等。但是，若是权力市场化带来的差距，或是社会利益机制扭曲带来的差距，则是很难弥补的机会不均等。其中，权力市场化的典型表现有：群体性事件可能表现出的对政府不信任的信号波及效应；从传统的受贿直接谋取不正当利益的官员腐败，到开始出现提供政府虚假信息而获利的隐蔽权力寻租，转而更加不显山露水地受雇于利益集团专门制订部门规章的立法腐败；以及电信行业、石油产业乃至疾控中心的疫苗利益链等。社会利益机制扭曲带来的差距包括：改变规划乱批乱建钢铁产业、滥施采矿的黑煤窑兴起、炒房囤地的投机获利甚至财富畸形积累产生了马太效应的无规则博弈；云南阳宗海砷污染事件以及珠江北江镉污染事件等生态的急剧恶化；以股票期权收购、管理层收购为主要方式的国有资产流失；生产假冒伪劣、建筑偷工减料等诚信道德的沦丧等。

② 交换正义：即平等主体之间的等价交换。具体表现为：反对垄断，比如，微软浏览器与视窗捆绑销售导致美国 Linxe 系统的流行；中石油与中石化从原来的垄断统价走向限价竞争；反对倾销，比如，浙江皮鞋在欧洲以低廉大行其道而遭欧盟禁销，美国提出所谓的无缝钢板反补贴案；反对贸易壁垒，比如，中国加入 WTO 前的政府关税偏高，造成部分国外进口产品如汽车的价格较高；反对利用资源优势进行不平等

交易，比如，阿拉拍世界利用储油优势任意影响国际油价，证券市场的幕后交易以操纵股票价格等。

③ 赔偿正义：利益受损后的公平补偿或赔偿。具体包括：补偿的恢复性衡量标准，比如情事变更所导致违约赔偿的浮动调整；邻人无因管理而致人伤害或财务损失的减免责任；赔偿的补救性与惩罚性的区分，比如人身伤害的精神损害赔偿依据伤残等级划定；恰当理解消费者权益保护法规定店家涉嫌欺诈的双倍赔偿、最高人民法院预售商品房司法解释针对"一房二卖"类似现象规定的已收房款应双倍返还、食品安全法的一赔十高额赔偿等。

第二个小问题是，道德与法律的范畴是什么？法律属于制度范畴，道德属于社会意识范畴。道德所调整的范围比法律广泛得多，它不仅调整人的行为，而且包括人的思想、品格和动机等；道德的内容侧重于义务而不是权利，但法律的内容是权利和义务并重；道德的内容约定俗成，相对原则和抽象，不像法律强调国家制定和认可，要求精准、确定。与此同时，道德与法律的范畴也有许多重合，甚至可以说大部分的道德都为法律所承认，所以就会出现"履行道德义务仍像服从法律一样，不是一个应受赞扬的问题"①。

■ 道德与法律的范畴

道德与法律既有各自独立的范畴，又有重合的部分。所以，不能把道德与法律简单混淆，把属于道德的问题当作法律问题处理，抑或是把法律问题当作道德问题对待。否则，就会导致将不道德行为与违法行为、道德责任与法律责任混为一谈。当然，也不能把道德与法律的区别绝对化，甚至否认它们之间的必然联系。

---

① 〔英〕哈特：《法律的概念》，张文显等译，中国大百科全书出版社1996年版，第168页。

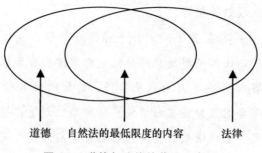

道德　自然法的最低限度的内容　　法律

图 9-1　道德与法律的范畴示意图

第三个小问题是，道德不同于法律的特性是什么？哈特把道德形式分为狭义和广义，狭义的"道德责任与义务"是被作为道德的基石，它主要包括四点要义：（1）重要性。道德被视为是应予维持的具有重要意义的东西，它为全社会所周知。（2）非有意改变。虽然法律变动会影响道德，但道德不能由立法直接改变，甚至是法律往往输掉与根深蒂固的道德较量（对法律中同命不同价的质问等）。（3）道德罪过的故意性。对于无意识（精神病人、梦游杀人等）和尽力采取了预防措施的人（正当防卫等），他们即使违反道德也可免受道德责罚。（4）道德强制的形式。道德的实施是靠舆论和传统（良知、悔恨、唾弃、仇视、乡规民约、样板模范等），而不是像法律那样依赖强制力执行。与此同时，广义的"道德理想"，不像义务那样被视为当然，而是被当作值得褒扬的成就（仁爱、慈善等），英雄和圣人是做得比义务更多的那些人中的典范。①

---

① 参见〔英〕哈特：《法律的概念》，张文显等译，中国大百科全书出版社 1996 年版，第 170—180 页。

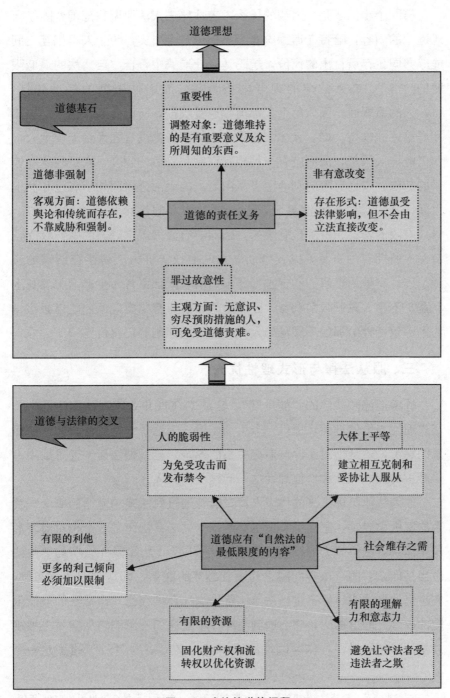

图 9-2　哈特的道德阐释

第四个小问题是，道德的什么内容才能进入法律调整范围？除了上述道德的内容，哈特在道德内容上又指出一个事实：为了人类相互之间能够共同生存所付出的代价，起码是应让道德中符合"自然法的最低限度的内容"，进入法律的视野内被调整。而最低限度的标准包括：(1) 人的脆弱性。因为每个人都担心遭受攻击，所以勿杀人伤人的法律和道德才能维持。(2) 大体上的平等。任何人都没有强大到无须他人合作仍能让人服从，因而应有一种相互克制和妥协的制度，它是法律和道德的基础。(3) 有限的利他主义。由于人的大部分时间处于利己和利他之间，且利己的可能性更大，因此要有基本的法律和道德加以规制。(4) 有限的资源。资源是有限的，因而要有法律规定静态的财产权固定每个人所拥有的资源，以及借助动态的债权等让人获得生存所需的资源。(5) 有限的理解力和意志力。不是所有人都愿意为生存而服从长远利益，不少人只顾眼前利益，因而道德和法律都需要确保那些自愿服从的人不致牺牲给那些不服从的人，以建立起强制的自愿合作。①

三、服从法律与形式理性优先

探索道德和法律的"能见度"，它从内在视角为审视法律论证中的形式理性与价值理性，提供一个生动场景。无论是哈特对法律和道德概念的解析，还是他对法律与道德关系的界定，足以把法律论证思维中举足轻重的形式理性和价值理性这一问题引向深入。

作为法律实证主义的代表人物，哈特通过对法律与道德的概念与关系的解析和界定，坚守了实证主义的基本立场：法律是一个相对封闭的逻辑体系，法律效力的标准不是道德。所以，"法律是什么"与"法律应当是什么"两个核心问题之间没有必然的联系，即使法律违背道德，它也仍然是法律。只不过当法律违背影响社会维存的"自然法的最低限度的内容"的道德时，它会遭到唾弃，不过这仍不影响它从实质上被视为是法律。可以说，作为以往法律实证主义代表的奥斯丁的法律命令

---

① 参见〔英〕哈特：《法律的概念》，张文显等译，中国大百科全书出版社1996年版，第190—193页。

说，是从法律的"强制性"角度，划时代地让法律从哲学母体中独立出来，所强调的是法律的压迫一面；作为新法律实证主义（也称新分析法学）代表的哈特的承认规则说，则是从法律的"服从性"角度，更加高屋建瓴地把法律理解为一个包括了内在方面的规则体系，即认为法律在道德元素上至少应拥有"自然法的最低限度的内容"。换言之，只要法律拥有这一底线的道德元素，它就没有理由不被服从，因而强调的是法律的服从一面。

强调对法律的服从，无疑是哈特该部经典绕不过的门槛，它的所有内容都涉及了这个问题。当然，这与法律实证主义产生的时代背景有关，因为那时资产阶级的任务不再是像文艺复兴时期，需要借助于自然法学的"天赋人权""社会契约"等理念推翻封建王权，而是急待巩固新建的资产阶级政权，所以应运而生的法律实证主义任务，就不是破坏而是维护既定秩序。无疑，这一思路的潜在含义是把法律和道德相互分离开来，要承认和聚焦现实中的法律存在，而不再是挑战和否定它。不过，哈特的想法是通过划分法律的外在方面和内在方面，把自己的承认规则与奥斯丁的法律命令区别开来，他的理论中的一系列关键词，诸如"义务规则""承认规则""内在事实""自然法的最低限度的内容"，无不与内在方面挂起钩，旨在解决服从法律的理由是什么。

正是立足于"服从法律"的基调，使得哈特的论述没有以强制力为后盾的挞伐战乱、政权更迭的火药味，而是以一种中性的语义分析方法，描述为何需要服从法律。当然，根据马克思主义的法学理论，尽管这一理论的基调仍然存在严重问题，比如，哈特强调不必硬加入一个主权者，也不必强调强制力的威慑作用等，但是他提出的服从法律的基调，至少反映了和平环境下走向法治之路的一个重要侧面，即法治国的实现应关注法律的内在方面（良法），才能保证让人服从。可以说，哈特把法律与道德相分离，同时又强调服从法律的基本立场，从根本上就是法律论证思维中的形式理性优先思路。

哈特对于法律与道德关系的论述，表现出他对传统法律实证主义的批判。尤其是把道德的因素带进法律的新思维，就足以说明他并不把形式理性与价值理性视为相互排斥的范畴，就像理论与实践、理想与现实一样，它们仅仅是视角的区分和分立，虽然不是完全一致和相容，但在绝大多数方面相互契合。"每一个现代国家的法律工作者处处表明公认的社会道德和广泛的道德理想二者的影响。这些影响或者是通过立法突然地和公开地进入法律，或者是通过司法程序悄悄地进入法律……法律反映道德的其他方式是数不胜数的，但对它们仍未充分研究。法规可能仅是一个法律外壳，因其明确的术语而要求由道德原则加以填充。"[1] 所以，法律论证思维中的形式理性优先，前提必定是容纳了价值理性的，只有在少数情况下才会出现不相容。所以，与其说形式理性与价值理性不同，不如说它是价值理性的特殊形态。形式理性意味着把价值理性尽可能地转化纳入可估量的形式理性体系，并借助于这个体系来实现价值理性的要求。其实，以哈特为代表的新法律实证主义，也正是这样看待形式理性优先的论证思维。

■ 法的形式理性

法的形式理性意味着为法律制度提供某种确定性，虽然由于种种复杂的原因无法做到制度层面上的完美绝伦，却可以运用一系列法律技术促成法律本身的可预见性，从而唤起绝大多数社会成员的支持与合作。

① 法律预先设定各种形式化的概念和范畴，再通过司法过程将之适用于需由法律调整的社会关系。法律是一个储藏着众多法律概念和范畴的仓库，不仅有那些会被频繁使用的概念和范畴，也有一些以备一时之需的概念和范畴。它们是形式化的法律符号，所指向事物的个性特征都被去掉了，而仅把那些在法律上有意义的因素抽象出来。比如，"交付"的是一件普通物品还是一个传家宝，这对具体的当事人而言也许是最重要的事情，而法律关心的只是被交付物品是否符合约定，是否存在某种抗辩权等可以被法律符号涵盖的因素。

② 法律是依据逻辑严谨的法律推理和思维进行事实和法律证成。古代法律制度也存在形式化规则，如神明裁判、决斗定罪、水火取证

---

[1] 〔英〕哈特：《法律的概念》，张文显等译，中国大百科全书出版社1996年版，第199页。

等,但它们是非理性的形式化规则。现代法律则是遵循理性的逻辑严谨的形式化规则,即所谓法律推理和思维。它要求运用法律事实而非客观事实,去实现某种法律效果,例如,一个物品转移占有的行为,如果是依据买卖合同进行的,且不存在无处分权等法律禁止的情形,就会产生物品所有权转移的法律效果。

③ 法律是通过法的形式化做到类似案件类似处理。形式化的法律是可以预计的,不管那个与案件处理结果利害相关的人的身份或财富,也不管扮演主持正义的司法者角色的价值偏好、政治倾向、哲学观念或生活经历等,这些不属于被涵盖于法律概念和范畴之内的个性化因素,都应当被禁止进入法律推理和思维过程之中。一旦允许它们进入推理过程,法律就会立即失去可预计性,司法领域也就会因此变成一个被变幻莫测、反复无常的偶然性所支配的王国。[①]

正如亚里士多德所说:"法治应包含两重意义:已成立的法律获得普遍的服从,而大家所服从的法律又应该本身是制订得良好的法律。"[②] 可见,正是法律的"内在方面"的存在,使得良法之治下的形式理性优先便可成为法律论证的导向思维。同时,它也决定了人们为什么服从于法律。这让长期以来缠绕在以往法律实证主义头上的对纯粹意义的法律的责难得以舒缓,同时为形式理性在法治中的角色提供了必要的解释。

四、道德较量与价值理性的临界

分别对应于形式理性与价值理性,法律与道德之间的问题主要形成了两种对立观点:一种观点认为法律必须建立在道德基础上,两者不可分离。另一种观点认为法律可与道德分离,对法律的评价与对法律的描述并不必然一致。虽然哈特所代表的新法律实证主义坚守后一种观点,但他已关注到道德对法律的影响,乃至修正认为极端违背道德的法律只

---

① 参见郑成良:《论法律形式合理性的十个问题》,载《法制与社会发展》2005 年第 6 期。
② 〔古希腊〕亚里士多德:《政治学》,吴寿彭译,商务印书馆 1965 年版,第 199 页。

是徒具法律形式，可以不被执行。换句话说，虽然形式理性优先仍是法律论证的导向思维，但是加入道德较量，可以让价值理性思维在临界点上适度发挥作用。

接下来的问题是，什么情况下的临界点可让价值理性思维发挥作用？第一类情况是在法律的确定性背景下的临界点，即如果价值理性与具有确定性的形式理性发生冲突，可以在严格条件下牺牲一定程度的形式理性来挽救价值理性。

相对于形式理性优先的法律论证，价值理性成为主角必定是在例外的临界情况下才出现的。毕竟价值理性下的道德较量，可能会渗入更多的论证决策者的个人情感、变化多端的政策和社会情绪，以及许多其他偶然性的因素。为了防止价值理性适用时可能出现法律的反复无常，以及不受限制的滥用，临界点上的价值理性的严格适用，至少需要"同时"满足三个条件：（1）恪守形式理性会违背法律制度的根本目的。如果需要牺牲形式理性来保全价值理性，那么它也是立法预料之中的无奈之举，它是制度伦理计划之内所付出的必要成本。为了实现更大的道德之善，或避免令人难以忍受的不道德之恶，牺牲一定的形式理性是不得不付出的代价，这符合法律制度的目的。当然，鉴于社会生活的无限复杂与人类思维的有限理性，需要防止走向极端，即对形式理性的牺牲超出了立法预料的范围，也超出了制度伦理的整合性所能够允许的计划，背离了法律制度的目的。（2）倾向于价值理性能得到更抽象的理念或原则支持。扩大或缩小形式理性的疆界以关照一下价值理性，虽然这种做法或多或少偏离按字面意思所理解的法律规则，但它如果能从更抽象的理念或原则中获得解释，那么法律大厦的根基其实没有受到不可修复的破坏，法律制度自身所具有的弹性和整合机制，不仅可以协调实现更大的道德之善，而且可以在自我调整之后保持逻辑连贯性。（3）例外的价值理性主角论证具有示范效应。作为特殊情况下的价值理性优先思维，其内在事实和裁判规则都足以被作为今后类似案件处理的样板，以实现同样情况同样对待的形式理性，而不是"只此一次，下不为例"。否则，就谈不上什么服从法律，谈不上什么合法性，更谈不上什么法律之内的道德性。

■ 里格斯案与张学英案的法律论证对比

无疑前面所提到的两起案件在这里找到了交汇点，两者都是在法律具有确定性的背景下，让价值理性思维成为主导。那么，它们是否都符合作为例外的价值理性优先的三个条件呢？

根据德沃金所举的里格斯继承案的论证过程，厄尔法官认为，① 如果依据纽约州法律作出判决，无疑是鼓励杀人犯可以不择手段地去继承遗产，将会有违立法的真实意图；② 他所援引的那条任何人不能从其自身过错中受益的古老原则，即可视为是倾向于价值理性判断后所能得到的更权威的原则支持；③ 而他提出法官应构思出一种与普遍渗透于法律之中的正义最为接近的法律，以维护法律体系的统一性，显然又是在保证所确立的裁判规则可以被今后类似案件所适用。可见，该案符合作为论证临界点的例外适用价值理性三个条件。

对于四川泸州的张学英遗赠案，该案判决书虽只是极简论证，但法院负责人面对新闻机构的判决后语提供了分析依据。我们需要质疑的是：① 该案以公序良俗的价值理性替代形式理性，是否达到了不如此为之，将是令人难以忍受之恶？② 所谓的剪除"包二奶""第三者"的不良风气，是否足以构成违反公序良俗原则？从某种意义上，又如何防止妨碍恋爱自由的情况出现？③ 如果抛开法律而以原则审判，将使婚外赠予和家室代理的制度实施陷入困境，因为受益人必须判断让其受益的主体道德是否为善，否则受益状态就始终处于不确定状态。于是，宣告因主体道德有瑕疵而认定其赠与行为无效，是否具有示范效应？显然，根据以上价值理性的适用条件，面对该案判决的三个质问，仍然值得推敲。

第二类情况是在法律的不确定性背景下的临界点，它也是先考虑价值理性，不仅不会牺牲法律的形式理性，反而会强化法律的形式理性。

这种价值理性成为主角的例外，无非是出现了"法的空缺结构"的那六种情况。法的形式理性没有提供足够的确定性，无疑需要根据价值理性来加以衡量，借助法律的目的和原则来进行法律论证。其实，无论是处理疑难、边缘案件，还是行使自由裁量权，它们都不是为了价值理性而放弃形式理性，而是强调法律的形式理性应当具有"开放结构"的特点，能够在"空缺地带"运用价值理性自动进行修复和填充。只要价值理性主导的法律论证，能够做到让今后的同样情况同样对待，使所形成的裁判规则对后来的个案处理具有约束力或指导力，那么这种修复和填充就会起到把价值理性进一步转化为形式理性的作用，从而使法律制度的形式合理化和相对确定性一点一滴、集腋成裘式地得到增强。

显然，从以往慑于武力或惩罚的被迫服从，到提出法律的"内在方面"让人从内心真正的服从；从推出法律的"承认规则"及其修正后补充的"内在事实"，到作为法律与道德共同因素的"自然法的最低限度的内容"，哈特描绘了形式理性与价值理性之间富有弹性的相对分离之图。他的那种在法律的概念中加入道德较量的理念，把价值理性带向了法律论证的临界点。但是，哈特提出的这些概念是如此模糊不清，让人只是了解到一个梗概，使得当身边真正遭遇到棘手疑案时仍会一筹莫展；同时，如若缺乏刺刀见红的对立观点的交锋与论战，也无法具有那种一下洞穿七札的穿透力。幸运的是，哈特所处的时代，使他处在战后复兴的自然法学与新法律实证主义的最激烈的碰撞漩涡，以及转折性的发展潮流之中。而他也是在与诸如富勒、德夫林和德沃金等交锋中，不断修正了他的法律思维观。前面的第六章第一节中，我们介绍了哈特与德沃金的对决，而本章的后面两节，我们将主要围绕哈特与富勒、哈特与德夫林的论战，继续把哈特的法律与道德观引向深入。

第二节　形式理性：法律之内的道德

一、二战后的德国告密者案

哈特在《法律的概念》第九章的尾部，提到了一个告密者案例。在德国二战期间那位身为妻子的告密者，告发丈夫诋毁希特勒，随后丈夫根据纳粹法被置于死地。战后，这个告密者被诉至法院，她是否应受到惩罚，涉及她所根据的纳粹法是不是法律这一关键问题。针对这一问题，哈特站在法律实证主义立场的回答简洁明了："这是法律，但它们是如此邪恶以至于不应遵守和服从。"[①] 这个回答的潜台词是，法律就是法律，法律反映或符合一定的道德要求，但不是一个必然的真理。换言之，法律中所使用的检验自身效力的标准，不是必须包括对道德的论证，而仅仅在于是否得到了承认规则的认可。只不过因为纳粹法邪恶到了不符合"自然法的最低限度的内容"，影响了正常社会的维存，所以可不被遵守和服从。事实上，围绕这起案例及其发酵而出的纽伦堡审判，卷入了二战后德国著名学者拉德布鲁赫、美国自然法学家富勒等一批响当当的法学家，他们之间所展开的一场对决，迄今仍影响很大。其中不乏误解、驳诘和异曲同工，接下来让我们重温那场影响极为深远的大论战。

Famous Leading case

判定德国告密者是否犯法的困境　1944 年，德国一位另有新欢的妻子为了摆脱长期服兵役的丈夫，以丈夫探亲期间曾向她表达对希特勒不满为由，向当局告发了这一言论，并出庭作证。军事法庭根据纳粹法令判决该士兵死刑。战后，该名告密者妻子和军事法庭法官都被根据 1871 年《德国刑法典》提起公诉，认为他们犯有非法剥夺他人自由罪。作为被告的告密者妻子的抗辩理由是：据当时有效的法律，她丈夫对她所说的关于希特勒的言论已构成犯罪。因此，当她告发她丈夫时，她仅仅是使一个罪犯归案受审。

审判过程　这个案件以及类似的一系列案件，使得二战后针对战争问题的审判在法律与道德问题上陷入了一个困境：如果坚持法律实证主义的"法律就是法律"的观点的话，那么类似像告密者这样的人就不能得到法律的惩罚；但是，如果要惩罚这些人，我们依据的似乎

---

① 〔英〕哈特：《法律的概念》，张文显等译，中国大百科全书出版社 1996 年版，第 203 页。

不是法律，因为他们并没有违背当时的法律，而是依据法律之外的道德原则。事实上，这种困境已表现在了该案的一审、二审之间的观点分歧上。

该案一审采纳了法律实证主义的观点，以纳粹法为依据，宣告告密者妻子和军事法庭法官无罪。但二审认为，告密者妻子通过自由选择，利用纳粹法导致了她丈夫的死亡和监禁，其行为"违背了所有正派人士所持的健全良知与正义感"，因为涉案的纳粹法律是邪恶的，尤其量刑过于严酷，绝大部分德国人都会认为这是恐怖的法律，因而改判告密者妻子非法剥夺他人自由罪成立。同时，二审认为，即使纳粹法是恐怖的法律，"但是不能认定它们是违反自然法的法律"，所以，那位判处丈夫死刑的军事法庭法官"是在其法律职责范围以内行事"，维持了对他的无罪判决。显然，二审在对告密者的裁夺问题上又采纳了法律之外的道德原则。①

可以说，诸如此类的德国告密者案件在当时出现过许多，具有相当的典范意义，甚至它的法律思维走向涉及了旷世的纽伦堡审判和东京审判的正当性。概括而言，类似案件的处理方式主要包括四种：（1）抛弃法律，以一个政治性速裁对告密者施以报复；（2）根据纳粹法，宣告告密者无罪；（3）颁布具有溯及力的新法，惩罚不被道德容忍的告密者；（4）根据纳粹之前的德国法，认定告密者犯非法剥夺他人自由罪。下面，我们来分析四种处理方式的法律论证过程，并权衡它的利弊得失。

（一）对告密者进行政治清洗

抛开法律，报复告密者，这不是一个法律立场。它所实现的只是野

---

① 参见柯岚：《告密、良心自由与现代合法性的困境——法哲学视野中的告密者难题》，载《法律科学》2009 年第 6 期；柯岚：《拉德布鲁赫公式与告密者困境——重思拉德布鲁赫—哈特之争》，载《政法论坛》2009 年第 5 期。Recent Cases: Criminal law—in General—German Citizen Who Pursuant to Nazi Statute Informed on Husband for Expressing Anti-Nazi Sentiments Convicted under Another German Statute in Effect at Time of Act, *Harvard Law Review*, Vol. 64, No. 6, 1951; H. O. Pappe, On the Validity of Judicial Decisions in the Nazi Era, *Modern Law Review*, Vol. 23, No. 3, 1960.

蛮的丛林正义,思维就像"杀人偿命、欠债还钱"那样简单。但是,在一个文明的法治社会里,面对涉及民众、社会存在的重要案件,政治上的为所欲为是不被容忍的,就像辛普森案件中警察非法收集的证据不被采纳一样,因为它会让法律好不容易建构起来的程序、规则、理性等毁于一旦;同样,基度山伯爵那样的铁血复仇也是不被容忍的,因为它会让人觉得这是胜利者的正义,而不是正义本身的胜利,受到惩罚的告密者虽然会怀着犬儒的心态被动接受报复,但哪一天新的俾斯麦、腓特烈大帝、希特勒、东条英机卷土重来,他们也会采取同态复仇的方法,对待那些曾经对他们采取过政治报复的胜利者。所以,丛林正义体现的只是野兽那样的弱肉强食,谈不上法律与道德。

徘徊在政治与法律之间,如果不是经过让人信服的审判,而是直接把告密者投入监狱或干脆枪决了事,这将满足政治报复的需要,而且很大程度上也未背离道德理想,但这不是法律的思维,而是一个政客的武断。毕竟,法律思维另一个潜移默化的功能是:不仅要实现惩罚,而且要施以教育。

（二）依据纳粹法宣告告密者无罪

告密者的所作所为符合当时生效的纳粹法,这是此类案件中的被告始终声称的最重要的辩护理由。宣告告密者无罪,背后所隐藏的理由就是,法律就是法律,而且是凯尔森所说的纯粹意义上的法律,不能以所谓的道德、价值理性加入法律中来,因为人们总是倾向于把自己认为合乎正义的东西绝对化为唯一正确的东西。显然,如果选择了这种立场,那么法律的效力来源,就是从所谓对基础规范的假设开始,逐步被创造出来的。根据这一立场,纳粹军国主义者只要把他们的"德意志帝国""东亚共荣圈"等疯狂理念伪装成作为基础规范的假设,就可生产出他们的法律,以后只要凭借"法律就是法律"的术语,就足以让包括法律职业者在内的所有人向其臣服,即使纳粹们犯下滔天大罪,他们也可借口"依法办事"而逃脱惩罚。可见,当法的安定性被绝对地置于首位,即便法律不善也不能动摇安定性,那么法律就将失去它的目的,而这是不能被容忍的。

事实上,"恶法亦法"的法律实证主义内核,被纳粹加以利用,使得陷入深重灾难的人们在经历战争的痛苦后,掀起了万夫所指的反抗。相应地,那种先验的从基础规范出发的纯粹法律正被逐步否弃,任何延续命令之类的字眼都会被敏感地扣上不合理的帽子。所以,本案如果宣告告密者无罪,只会推波助澜地更大挑动这根敏感的神经。

(三) 推出新法溯及惩罚告密者

发布一个溯及既往的新法来惩治告密,这是哈特方案。他认为,虽然让法律溯及既往,有违良法之治原则,但总比放纵更大的邪恶要好,它至少体现出一种惩罚的坦率。其实,一个溯及既往的新法,隐含的前提是否决了告密者所依据的纳粹法的效力,只是它回避了为何否决纳粹法,所以更像是一种胜利者的话语霸权。纽伦堡审判采用了这一立场,四国联盟根据战后新颁布的犯有战争罪、反和平罪和反人道罪的第10号法令,溯及既往严厉追诉战犯们在战争期间的罪行。不过,此举一直被法统积淀深厚的德国人视为空前的耻辱。虽然他们也认为那些战犯罪有应得,但四国联盟以凌驾于整个德国之上的胜利者姿态,决然推出新法追溯犯罪,破坏了法律的安定性,实难让人信服。于是,德国民众对新法内容的指责,以及对新法起草者也是审判者的质疑,此起彼伏,让原来意在通过公审对德国人施以教育的功能大打折扣。

可见,一旦把针对纳粹高级战犯的具有溯及力的新法,推及适用到类似告密者的案例中,只会在德国民众中引起更多的负面效应。虽然德国民众期待撕下纳粹法这块为纳粹暴行掩护的"遮羞布",但不期待胜利者借助强权推出更多的含有政治意义的新法,使得本就声名狼藉的德国司法再次被蒙上政治化的阴影,沦为新的政治工具,彻底丧失司法独立的形象。因此,用溯及既往的新法惩罚告密者不足取。

(四) 根据战前旧法判决告密者

陷入反思的战后德国法官们常常扪心自问,为何他们过去面对纳粹暴政时会产生集体的失语。无疑,司法跪伏于纳粹脚下的不独立就是症结所在。为洗刷恶名,他们急待重塑"去政治化"的司法权威。他们抛弃恶的纳粹法，并且认为战胜国悬在他们头上的政治意味的新法也不可取，于是，他们的目光转向纳粹之前的德国旧法体系。不过，此案中旧法如何规定不是最重要的，法官是否能从法律论证上抛开行为人所依据的纳粹法才是最重要的，因为它绕开了形式理性优先的法律思维，采取了价值理性的临界思维。

上述德国告密者案件所涉及的纳粹法只是旨在惩罚"有害言论"，而未严令让人积极实施。于是，该案二审先认定了相关纳粹法的合法性。据此，那名依法审判的军事法庭法官被维持一审无罪。但对告密者，二审认为她是在依据纳粹法没有告密义务的情况下，仍以一个不道德的动机，主动告发纯属家庭隐私的所谓"有害言论"，以及积极出庭作证，置他人于死地，实际上助长了纳粹法的实施，显然不道德而应受惩罚。因此，二审抛开象征形式理性的已被认定为合法的纳粹相关法，沿着临界的价值理性思路，认为告密者恶意借助纳粹法的严重不道德程度，已让告密行为失去了合法性，因而可依据纳粹之前的非法剥夺他人自由罪规定，改判罪名成立。然而，如果这个二审改判能够成为一个判例，那么就等于说，出于不道德的动机去告发他人的杀人、放火之类的犯罪行为，也很可能被宣告有罪。更何况因为该案中对纳粹法的有效认定，甚至让这一裁判规则还可以被放大到哪怕不是纳粹法律体系的所有援引德国法的法律论证过程里。这是明显错误的，它至少不符合前一节中我们所提到的展开价值理性临界思维的第三个条件。

二、哈特与拉德布鲁赫的方案

四个方案都存在这样或那样的问题，这就是著名的"德国告密者困境"。不过，围绕这一困境的论战，主要是在后面两种立场之间展开。下面让我们来比较拉德布鲁赫方案以及与之殊途同归的哈特方案。

（一）拉德布鲁赫方案

"恶法非法"，是二战后德国著名学者拉德布鲁赫论证告密者案件的结论。① 于是，许多人根据他的这一结论，把他归属于复兴的自然法学派，甚至认为他的结论为否决纳粹法效力，以及为四国联盟推出溯及既往的新法提供了基础。

然而，拉德布鲁赫的论证理由却完全是新法律实证主义的路子。(1) 他认为，纳粹的法律是不道德的，但是并没有违背自然法；相应地，适用这些法律的判决是不道德的，但也是合法的。这一理由为告密者案件二审中认定相关的纳粹法合法，以及维持那位军事法庭法官无罪的判决提供了论证依据。对此，他解释道："面对过去十二年的法律不法，我们必须以对法的安定性尽可能少的损害来致力实现正义的要求。并不是任何一个法官都应当自行其是，可以宣布法律无效。"② (2) 对于没有违背自然法的不道德的纳粹法，是否适用于告密行为的问题，他认为："通过法令和国家权力来保障的实在法是具有优先地位的，即便其在内容上是不正义的、不合目的性的；除非当实在法与正义之矛盾达到如此不能容忍的程度，以至于法律已经成为'非正当法'时，法律才必须向正义屈服。"③ 据此，那位告密者"违背了所有正派人士所持的健全良知与正义感"的行为，已经达到令人不能容忍的程度。因此，纳粹法虽然有效，但作为非正当法不应被适用于不道德的告密行为，因而只有援引纳粹之前未被废止的旧法作出有罪认定。拉德布鲁赫就是以这样的方式，处理了纳粹法与旧法之间的关系。

由此可见，在拉德布鲁赫那里不是断然宣告纳粹法无效，而是认为告密者把原本属于夫妻隐私的"有害言论"，以恶意利用邪恶纳粹法的

---

① 古斯塔夫·拉德布鲁赫，德国著名法学家。曾在海德堡大学、柯尼斯堡大学、基尔大学任教，并两度出任过魏玛共和国司法部长。他的代表作包括《法学导论》《法哲学》等，其中他提出了一种"折中的"法律概念的观点。在他看来，法是一种"关涉价值的"现实。一旦现实和价值之间具有某种"关系"，那么它们两者就不能通过一条不可逾越的鸿沟相互隔开。换言之，法只有当其"关涉"法理念而确定为这种理念服务时，才实际上是法。这种理念至少应包括作为平等原则的正义、合目的性和安定性三个方面。以上可参见〔德〕拉德布鲁赫：《法学导论》，米健译，中国大百科全书出版社1997年版；〔德〕G. 拉德布鲁赫：《法哲学》，王朴译，法律出版社2005年版。

② 〔德〕古斯塔夫·拉德布鲁赫：《法律智慧警句集》，舒国滢译，中国法制出版社2001年版，第173页。

③ 同上书，第170—171页。

不道德方式,向当局告密及出庭作证,意欲置人于死地,其行为已达到让人"不能容忍"的程度。这才是拉德布鲁赫排除形式理性的纳粹法,转向临界适用价值理性思维,以及援引纳粹之前的旧法,宣告那位告密者有罪的根本原因所在。

(二)哈特方案的相似性

不同于拉德布鲁赫的主张运用纳粹法之前未被废止的旧法来对告密者进行判决,哈特提出应当推出溯及既往的新法来解决的另一种方案。从表面上,两个方案之间有着很大不同,但这不过是战败国和战胜国之间较量的缩影。拉德布鲁赫希望修复被打断的德国法统,而哈特则是以重建国际新秩序为目标。面对这种区别,曾对告密者案件产生误解的哈特,尖锐地指责了拉德布鲁赫以人权为标准的"恶法非法"结论。可是,其实根据拉德布鲁赫的上述论证理由,更多留下的是新法律实证主义的痕迹。尤其在告密者案件中,法官不适用非正当的纳粹法的理由是"不能容忍",它与哈特对法律的概念描述中所提出的"自然法的最低限度的内容"殊途同归。

所以,拉德布鲁赫虽然在很多场合被作为复兴自然法学的代表,但是他的法律论证理由让他实质上更加类似于哈特的新法律实证主义。因为他们的论证核心都是主张在法律之内把法律与道德分离,而不是从法律之外把法律优劣作为它的效力认定标准。尤其是他们对于法律的概括,都包括对法律的内在方面的判定,把道德上邪恶的法律排除在他们所描述的法律之外,从而与传统的法律实证主义划清了界限,走向了新法律实证主义。只不过,拉德布鲁赫提出了法律的内在方面的判定标准是基本人权,而哈特提出了含糊不清的"自然法的最低限度的内容"。他们都有力证明了形式理性优先的法律论证思维的普适性。

当然这种相似性不是一眼识穿的,毕竟哈特和拉德布德赫分别来自胜负两个阵营。他们的不同出发点,相当程度上决定了提供的方案大相径庭。虽然哈特那溯及既往的新法制定方案被四国联盟采纳,但是当时被胜利者的骄傲和正义湮没的拉德布鲁赫方案,也就是付诸维护法的安定性方式,借助纳粹之前的旧法,以解决纳粹时期的疑难案件,此后得到了德国法院的尊重。因为实定法传统色彩厚重的德国人，始终对四国联盟竟然颁布一个具有溯及力的新法解决纳粹案件大惑不解，他们一直渴望本国的法统受到尊重，而不是被一个胜利者的政治宣言式的新法所取代。于是，他们自然认为拉德布鲁赫方案更少产生负效应。而这个方案之所以被认为更为可行，正是因为拉德布鲁赫从过去强调法的外在方面的安定性，走向了关照法的内在方面的正义性，以"不可容忍"作为认定法律不正当的标准。

简单地说，为了实现涉及纳粹案件的惩罚性，虽然哈特与拉德布鲁赫之间实现正义的出发点不同，实现惩罚的法律依据不同，不过他们对于共同必须面对的纳粹法论证是相似的，皆在强调法律之内的道德权衡。

■ 纽伦堡审判的同样困境

纽伦堡审判前，被委任对纳粹战犯们提起诉讼的检察官杰克逊问另一名检察官马克斯韦尔-法伊夫爵士，如果被告提出的辩护理由是他们只不过是在执行上级的命令，那该怎么办。马克斯韦尔-法伊夫爵士说，这种理由不能成立，否则所有的起诉案子都将要崩溃。希特勒手下的德国人依据"领袖原则"行事，在"领袖原则"的概念里，领袖有绝对的权威。元首怎么命令，他的下属就怎么执行。这些下属的命令，更下级人也必须执行，一级一级由上而下，形成金字塔式的权力结构。如果允许被告用"上级命令"的理由辩护，那么他们就只能给希特勒定罪，而希特勒已经死了。

然而，马克斯韦尔-法伊夫爵士的这种回答，并不能排除杰克逊更深的焦虑。杰克逊认为，他们面对的最大问题，是平息有关对于他们正在制定的一种产生追溯效力的新法律的批评。古罗马人说过，没有法律就谈不上罪与惩。很显然，纳粹分子进行了赤裸裸的侵略，犯下了罄竹难书的罪行。但是，他们犯了哪些法呢？检察官可以援引哪部法律，哪部法典的哪一章、哪一节呢？

此外，需要多添一笔的是，有些材料中涉及如何理解拉德布鲁赫据以直接作出"恶法非法"结论的依据，也就是"凡正义根本不被追求的地方，凡构成正义之核心的平等在实在法制定过程中有意地不被承认的地方，法律不仅仅是'非正当法'，它甚至根本上就缺乏法的性质"①。其实，这一观点根本没有适用过，而且拉德布鲁赫本人后来也放弃了这一观点。毕竟平等是立法的内核，哪怕它所指向的只是面向部分人的平等。

三、哈特与富勒的论战

法学史上极为著名的哈特与富勒大论战，正是从告密者案件开始的。该案涉及的恶法所导致的一系列困境，让法律与道德是否应分离成为辩论焦点。如果说哈特与拉德布鲁赫的论战只是结论不一而理由相似，那么哈特与富勒的论战就是从结论到理由的全面分歧。归纳而言，发生在新法律实证主义与复兴自然法之间围绕法律与道德关系的这场正面交锋，最主要的包括两个焦点：纳粹法是不是法律？哈特方案中溯及既往的法律到底是什么？

（一）纳粹法是不是法律

哈特认为，法律与道德应分离，所以他认为"恶法亦法"，哪怕纳粹法邪恶到不应被遵守和服从，可它还是法律。简言之，他的新法律实证主义倒向的仍是形式理性，所对应的是"不必满足许多道德需求的法律"。②

反过来，如果否认法律与道德的分离，则会导致以法律代替道德的危险。追问法律实证主义的发展史，源远流长的法律要么与哲学混为一谈，要么只是被视为一门技术，法律之所以独立成为一门科学，与法律实证主义的诞生紧密相关。于是，从边沁到他的衣钵继承者奥斯丁，到

---

① Robert Alexy, A Defence of Radbruch's Formula, in David Dyzenhaus (ed.), *Recrafting the Rule of Law: The Limits of Legal Order*, Hart Publishing, 1999, p. 16.
② 值得一读的相关著作包括：〔英〕边沁：《道德与立法原理导论》，时殷弘等译，商务印书馆2000年版；〔英〕约翰·奥斯丁：《法理学的范围》，刘星译，中国法制出版社2002年版；〔奥〕凯尔森：《法与国家的一般理论》，沈宗灵译，中国大百科全书出版社1996年版。

凯尔森，再到哈特，法律实证主义的目的是构建起让法律成为科学的自足的法律体系。近代以来的法典化运动，就是它的典范实践。但是，法律实证主义以形式理性为轴线的封闭性使它走向了极端，道德被完全与法律割裂开来，法律不存在自身的善恶，法官无须对判决合理性加以考量。于是，法官成为自动售货机，判决成为流水线产品，加之国家垄断的法律生产机制，终于让人从战争的苦难中体会到法律抛弃道德的恶果。相应地，法律实证主义被作为罪恶的代名词，割裂了法律与道德所造成的以法律代替道德理念成了罪魁祸首。人们不禁开始反思，一旦法律与道德分离，法律的合法性从何而来？邪恶的法律难道也应被遵守和服从吗？这一难题在告密者案件中体现得淋漓尽致，法律实证主义由于相信"法律就是法律"，不去解释法律具有正当性的理由，也就是认为颁布的实在法已与真理同在，因此让德国法律界彻底丧失了抵抗纳粹横暴的防卫能力。

面对告密者案件中法律遭遇的这种道德责难，哈特意识到绝难回避审查纳粹法的合法性问题，而过去的法律实证主义根本不可能依靠自己的力量来判定法律的合法性，法律必须被诉诸道德的因素。对此，他仍坚决捍卫法律与道德的分离，同时又开始修正法律与道德完全割裂的观点。除了把判定法律的标准从主权者强制改成承认规则，他提出的法律应当具有让人服膺而不只是被迫服从的内在方面，使他区别于以往的法律实证主义，开创了新法律实证主义的新纪元。只不过对于法律的内在方面是什么，哈特没有更有力的论证。

富勒认为法律与道德不可分离，相应的是"恶法非法"。如果纳粹法邪恶到连最低限度的道德也达不到，那它就不是法律。可见，富勒的观点站在了临界的价值理性那边。

其实，富勒在与哈特的论战中，也对告密者案件所涉及的纳粹法进行了详细分析。告密者所援引的纳粹用以惩治反对派领袖言派论的法律本身，是没有公布的秘密法，没有达到法律起码的公开原则。同时，他认为，纳粹法所要求的是以"公开言论"中伤领袖才构成犯罪。但是，言论是否公开的标准，已被纳粹随意放大到"不能排除言论被传播的可能"，失去了明确性和稳定性。所以，即使是纯属隐私的夫妻言论，被告密者妻子告发出来后，就可以轻易地被上升成为可以传播的言论而加以科罪。显然，富勒认为纳粹法没有达到"最低限度的内在道德"，不符合他所提出的法律底线原则。这样，纳粹法就不再是法律，它丧失了让公民服从它的权力。

■ 法律的"最低限度的内在道德"

富勒提出，道德是法律的基础，它分为愿望的道德和义务的道德。愿望的道德是人们对理想的追求，义务的道德是有序社会的一种基本要求。比较而言，义务的道德与法律更为接近；愿望的道德则与法律无直接关系，因为当人们的行为没有达到愿望的道德要求时，并不意味着其行为违背了法律，不过愿望的道德又引导着法律规范的价值取向。在此基础上，为了进一步论证法律与道德密不可分，富勒又提出了著名的"程序自然法"概念，即真正的法律制度所必须具备的八大法治原则：普遍性原则、公开性原则、非溯及既往原则、明确性原则、一致性原则、可行性原则、稳定性原则、官方行为与法律的一致性原则。这八大法治原则，其实就是法律的"最低限度的内在道德"，它包括愿望的道德和义务的道德，以义务的道德为主。

以此为切入点，我们可以看到，富勒与哈特在对待纳粹法是不是法律的问题上存在着根本不同。尽管哈特认为邪恶的法律不应被遵守和服从，但他仍把邪恶的法律视为法律，其背后所隐藏的就是：邪恶的目的同样可以被看作法律的内在事实，它与善良的目的一样，让法律成为法律。这在富勒那里被认为是危险的，因为它在立法上就纵容了把"不道德的道德"注入法律，就像希特勒把所鼓吹的"国家社会主义"注入纳粹法，对之根本无法防御；同时，如果企图把这一问题丢给司法上的法官，让他们随意去以"高级法"悬置法律的字面含义，显然又让法律失去了安定性。借此，富勒认为，邪恶的目的否决了纳粹法作为法律的资格。

（二）溯及既往的法律到底是什么

面对告密者案件中纳粹法邪恶到不应适用，哈特的解决方案是推出溯及既往的新法。然而，对于新法到底是什么这个被有意忽略的问题，哈特很不坦率地把它丢给了政治。这让哈特方案在相当程度上沾上胜利者正义的痕迹，饱受诟病。富勒对此进行了澄清，给出他的法律道德性解释。

哈特承认，推出溯及既往的新法，是对那些恶意利用纳粹法行个人卑鄙私利之实的告密者进行惩罚的权宜之计。不过，他认为，相对直接承认纳粹法有效或宣告纳粹法无效，这是一个能够解决告密者案件困境且遭遇最少反对的办法。否则，要么就是承认纳粹法，让当时"依法行事"的告密者逍遥法外，要么就是宣告纳粹法无效，让人丧失对法律的忠诚。

富勒认为，对于纳粹法的"邪恶"，姑且不谈种族歧视、侵略扩张、滥施刑罚等愿望的道德，其实它们出台形式上的极端隐秘性、为所欲为的溯及力、对法律的漠视或随意解释，起码都违背了法律的"最低限度的内在道德"。所以，纳粹法绝不是像哈特所说的"只不过邪恶到不应适用，但仍然是法律"，而是从头到尾应被认定为无效的法律。以此对照，哈特方案在承认纳粹法效力的基础上推出溯及既往的法律，同样违背"最低限度的内在道德"，只会继续助长法律道德性的堕落。显然，极不情愿让司法面对纳粹法涉及的法律与道德混乱的哈特，只是想到宁愿从立法上选择一个有溯及力的新法，但是，溯及既往的法律究竟是什么，他没有给出令人信服的解释，使得新法在内在道德上同纳粹法一样陷入了不正义。

当然，要像转向采取援用纳粹法旧法的拉德布鲁赫那样，既忠实于德国法律，又体现对正义的尊重，富勒与哈特一样认为会遭遇像告密者案件那样的困境。富勒同样偏爱提出一个溯及既往的法律，但是，像哈特那样不加澄清，只是把新法是什么的解释皮球踢给了政治，仍然会出现告密者案件的困境。富勒认为："偏爱新法的理由，并非它以最贴近法律的方式，让过去被当作法律的纳粹法，现在不再视为是法律，毋宁是新法更加象征着与过去的决裂，是从正当程序中剥离出来清除纳粹法的手段。借此，可以让司法迅速返回到尊重法律的道德性，更有效地使对法律的忠诚重获它的正常含义。"①

（三）哈特的"内在方面"与富勒的"内在道德"

如果说哈特提出了法律的内在方面，那么富勒提出的内在道德，则是弥补了内在方面未被作出明确解释的遗憾。这在哈特与富勒对告密者案件中涉及什么是溯及既往的法律这一问题上，体现得尤为明显。

其实，两人之间有关"恶法亦法"与"恶法非法"的对立，也只是视角不同，而在所涉及的内在方面和内在道德的两个范畴之间，也存在着许多共通之处。比如，哈特的"恶法亦法"，只是认为法官不能以所谓的悬置头顶的高级法，轻易宣告一部法律无效，至少是留待立法加以解决；而富勒的"恶法非法"，是指类似告密者那样的疑难案件中，因为法律缺乏道德性而无效是理所当然的，所以法官完全有权力进行判定性宣告。可见，两人之间都有从道德对待法律的一面，毕竟即使一个最败坏的政府，也会对在其法律中写进残忍、非人道的东西有所顾忌。只不过富勒认为哈特过于强调法律和道德之分，而事实上这种界限本身又很难确定，毕竟法律本身就有其固有的道德性。

显而易见，正是哈特所提法律的内在方面，让哈特在对待法律与道德的问题上，区别于以往的法律实证主义。说到底，哈特所谓的法律与道德的分离，只是形式理性意义上的，而在价值理性上仍然具有相关性。只是含有道德因素的法律的内在方面如果不加以解释，会被推向另一个极端。一方面，是纳粹的法律主导意识形态也是自然法，只不过借用了一种完全生物意义的自然法，赋予纳粹法的内在方面；另一方面，因为法律的内在方面强调不被压迫而让人服膺的品格，所以许多情况下对于纳粹法无法排除作为坏人的纳粹追随者对它的认同。此外，德国告密者案件中的告密者，她虽不见得认同纳粹法，但也同样让人觉得她在利用纳粹法的同时已站在坏人立场，至少表面上对纳粹法的内在方面有

---

① Lon. L. Fuller, Positivism and Fidelity to Law—A Reply to Professor Hart, *Harvard Law Review*, Vol. 71, No. 4, 1958.

所认同。面对这种局面，德国法院判决告密者有罪的底线，只是认为她起码应以良心采取消极的不抵抗；判决那名军事法庭法官无罪的底线，只是认为他在纳粹极权机器之下，难以质疑纳粹法的合法性。其实，这些都没有给出法律的内在方面到底是什么的准确答案。而这一问题不解决，类似纳粹和告密者那样的坏人的内在方面，仍然可能成为今后制定恶法的帮凶。

简言之，哈特借助法律的内在方面，指出了法律的道德性。但是，对于法律的道德性是什么，他没有说明，而富勒创造性地完成了这一工作。富勒提出的内在道德，除了前面所讲的作为程序自然法的"最低限度的内在道德"，还有就是从实质上指向了法律所想实现的"目的"：它是让人的行为服从规则治理的事业。所以，富勒认为，即使哈特只是从形式理性上把法律与道德分离，也是不对的。他把法律看作一种有目的以及为此而克服困难的活动，让人注重法律运作过程中的发展方向，法律永远面临着问题，所以人的努力应一直试图解决法律所面临的问题。可见，在富勒看来，法社会学意义上的价值理性视角，让他认为如果我们不能理解法律所要实现的目的，就无法理解法律。对此，哈特在论战后期也给予了认可。

可以说，哈特提出法律的内在方面，以及富勒借助内在道德的程序自然法和目的理论，仍然是在法律之内对于形式理性那种不必满足道德需求的法律立场，进行了一些修正。

第三节　价值理性：法律之外的道德

一、蒲连升、王明成安乐死案

根据哈特对法律与道德范畴的分析，道德分为法律之内的道德和法律之外的道德。所谓法律之内的道德，就是与法律共同拥有的自然法最低限度的内容，属于法律和道德之间的交叉重叠部分。上一节介绍的哈特与拉德布鲁赫、富勒的方案和论战，都是属于对法律之内的道德的权衡。本节将继续讨论法律之外的道德部分。其实，本章第一节最后曾提到过价值理性临界论证的两类情况：一种是基于法律的确定性，如果价值理性与具有确定性的形式理性发生冲突，可以在严格条件下牺牲一定程度的形式理性来挽救价值理性；二是基于法律的不确定性，虽然也是先考虑价值理性，但不仅不要牺牲法律的形式理性，反而会强化法律的形式理性。它们都属于法律之外的道德。

问题在于，当我们把视角转向法律之外的道德，法律论证的思维过程是否与法律之内的道德论证有所区别？我们先来讨论安乐死案件的启示。

Famous Leading case

中国首例安乐死案的生命处分权问题 陕西汉中妇女夏素文被诊断为肝硬化腹水，之后病情加重至反复发作昏迷。1986年，夏素文因病危被送往医院，该院主治医生蒲连升诊断后发出病危通知。虽经常规治疗症状略有缓解，但夏素文仍感到疼痛难忍，神志清醒时多次试图自杀。夏素文的儿女向蒲连升询问病情，均被告知医治无望。此后，夏素文病情继续加重，烦躁不安，时有惊叫，需注射10毫克安定后方能入睡。随后，院长查房时被再次问及是否有救，当被告知无望后，家属提出安乐死，遭到院长拒绝。于是，家属转向央求主治医生蒲连升实施安乐死。蒲连升起先不同意，后经家属一再要求并表示愿承担一切责任，就给夏素文办了出院手续（实际未出院），并给她开了100毫克冬眠灵处方，注明"家属要求安乐死"。夏素文的儿子王明成在处方上签有"儿子王明成"字样，并表示对该行为负责。在护士长拒绝执行医嘱后，蒲连升令在该院的实习生给夏素文注射，并在下班后嘱咐接班医生可于适当时再打一针冬眠灵。当日，夏素文的子女见母亲未死，两次去医院办公室找值班医生李某。后李某又开出100毫克复方冬眠灵，经值班护士注射后夏素文死亡。案发后，蒲连升、李某、王明成及其妹四人一并被以故意杀人罪逮捕。医疗鉴定机构认为，夏素文的死因与病情本身和冬眠灵的作用二者兼有关系，其中冬眠灵更快促进了她的死亡。之后，蒲连升、王明成以故意杀人罪被提起公诉，另两人被免予起诉。

审判过程 法庭上,两被告的数位辩护律师均为之作了无罪辩护。1991年,汉中市中级人民法院作出一审判决,依法宣告两被告无罪。但是,一审判决又认定"两被告人的行为显属剥夺公民生命权利的故意行为",只是因为"情节显著轻微,危害不大",才"不构成犯罪"。这引起了公诉机关的抗诉和两名被告人的上诉。二审法院经过一年审理后,维持原判。轰动全国的首例对簿公堂的安乐死杀人案,历经长达6年马拉松式的艰难诉讼后,终于画上句号。虽然此案的判决论证理由是情节显著轻微、危害不大而不构成犯罪,但引起广泛关注的,则是作为法庭争论焦点的安乐死中有关生命处分权的问题。

2002年,作为该案被告之一的王明成因胃癌晚期,再次请求医院对其实施安乐死。遭到拒绝后,他不再接受癌症治疗,办理出院手续回家后不久去世。①

迄今,虽然只有荷兰等极少数国家承认安乐死的合法性,但安乐死不是一个新话题。这里,我们不讨论安乐死的伦理价值,而是要弄清安乐死背后的道德问题。作为一个争议行为,即使遭到伦理的否定,安乐死是否也应该受到法律的调整?换句话说,法律是否有权对所有道德问题加以评价?这个问题如果再明确一点,就是安乐死即使不被主流道德所承认,难道也一定要受到法律的惩罚吗?

区别于经济、安全等公共领域,倍受病痛蹂躏的病人,他们临死的惨状让亲人无法接受。为了避免病人在剧痛中坐以待毙,为了节约有限的医疗资源,在极其严格的条件下通过实施安乐死,换回正面良性的回报,这与堕胎、同性恋等其他一些颇受伦理争议的问题一样,都属于道德的私人领域。姑且不谈道德层面对这些问题的肯定或否定评价,诸如安乐死这样的私人道德领域,是否存在与法律交叉的自然法最低限度的内容,是一个具有挑战性的问题。其中,更有思维碰撞力的是,如果安乐死压根就没被所在社会的主流道德所否定,那么它作为私人道德是否

---

① 参见王锬夫:《追忆中国安乐死第一案》,载《公民导刊》2010年第3期。

还应继续受到法律的调整呢？回答"是"，就是期待借助法律维持主流道德的水准不被降低，以保持社会不崩溃；回答"不是"，就是认为私人道德不存在哈特所谓的自然法最低限度的内容，推而广之就是，对于安乐死这样处分他人生命、同性恋中的纵情和狂欢等，法律都无权过问。

二、哈特与德夫林的论战

作为英国法院的高级法官，德夫林的观点无疑具有相当的代表性。[①]保守的英国传统让这位勋爵对于当时英国法律对同性恋的宽容，提出了激烈的反对意见。虽然他的意见没有得到什么喝彩，但作为一个典型的反面标靶，他对于法律与道德的另类看法，引起了哈特对道德问题的更多思考，推出了在《法律的概念》之外的另一部力作《法律、自由与道德》，对于法律与道德的关系讨论走向深入。

正如安乐死案所给出的启示，德夫林对于法律与道德的论述，是从法律是否有权对所有道德问题加以评价开始的。他从社会崩溃论的角度出发，提出道德判断不是简单个人观念的集合，而是社会共同体意义上的一种公共判断。基于此，道德不存在公共道德与私人道德之分，所以法律对道德实施强制理所应当。而对于道德与否的衡量标准，他的主张就是理智正常和有正义感的多数人对道德的评价。应当说，德夫林的立场在今天看来是相当肤浅的，但在当时具有很大影响力。他的错误在于把法律论证中的价值理性与形式理性混淆起来，甚至有以价值理性替代形式理性之嫌。于是，敏锐的哈特抓住这一战机，进行了有力的驳斥。

哈特的核心观点是，肯定存在私人道德，且它不应受到法律的强

[①] 帕特里克·德夫林，曾任英国高等法院王座分庭法官、上诉法院常任高级法官。1957年9月，以议员沃尔芬登（Wolfenden）为首的委员会向英国议会提交了一个报告，认为私人道德与公共秩序不同，建议不应继续把同性恋和卖淫作为犯罪惩罚，应通过一项立法禁止公开卖淫，但对成年人自愿、私下的同性恋行为不应由法律加以禁止。法官德夫林于1959年3月在英国科学院作《道德和刑法》的讲演，攻击了该报告。之后，哈特在多种场合驳斥德夫林的观点，于1963年出版《法律、自由与道德》一书。德夫林亦作了多次讲演，并于1965年出版《道德的强制执行》。但就在这一年，德夫林在报上发表公开信，声明在上述争论问题上自己改变立场，放弃以前的主张。See Patrick Devlin, *The Enforcement of Morals*, Oxford University Press, 1965.

制。他认为，法律只有在防止造成对他人伤害时才产生作用，所以无权对没有造成他人损害的不道德行为加以制裁；所谓的社会共同体作出的道德公共判断，除了给人家长主义的印象，不会让人觉得它真的代表了整个社会的道德意见；同时，属于私人领域而于社会无害的边界之内，哪怕是被唾弃的道德，也不是理所应当地受到法律管辖；此外，以所谓的多数人认可的道德作为主流道德，会让人产生对多数人暴政的担忧，但其实，民粹主义的多数人根本无权决定所有人如何生活。可见，哈特反对德夫林把那些具有隐私性的私人道德纳入法律。由此，哈特转回到他的道德理想与自然法的最低限度内容的分野理论，认为要求没有造成他人损害的私人道德务必符合主流道德，只是一种道德理想，而不是法律与道德所共同要求的自然法的最低限度内容，所以，法律不能轻易出场。当然，哈特所捍卫的不是堕落与丑陋，而实质上是对以道德为名实施法律暴政的警惕。可见，哈特借助与德夫林的论战，把对法律与道德的认识又往前推进了一大步。

三、哈特之后的继续拓展

法律之外的道德只是作为道德理想，不应接受法律的调整。但是，这不代表法律之外的道德在法律上完全没有意义。哪怕是私人道德的范畴，有时与法律也只有一步之遥。即使对安乐死持默认态度的不少国家，也都以各种方式划出了适用的严格前提。比如，一般需以两名以上的执业医师共同签字确认患有不可治愈的绝症，至少需要得到医院伦理道德委员会的集体讨论批准，以及具有法定效力的本人真实意思表示确认等。作出这种边界的划定，目的在于告知人们，不受法律强制的私人道德，是以不造成他人损害为前提的。

什么叫不造成他人损害？哈特的理解也许限于反社会的举动，但对反社会背后的原因缺乏更为清晰的思考。据说有些孩子之所以会对别人作出残忍的举动，是因为他们不能充分理解他人痛苦的本质和强度。所以，法律之外道德的边界确定与不能清晰的思考之间密切关联。

一般而言，获得对法律之外道德的边界有两种方式：一种是把道德理想视为一种完美主义，就像卢梭的社会契约论、罗尔斯假设的"无知之幕"下的两个自由原则等，所以，他们更像超验的制度主义者；另一种是不问什么是完美道德，而是追问消除什么样的不道德，因为完美主义的道德在现实中不必要也不可能，提出这一方式的人以出身数学和经济学而在哲学领域极有造诣的亚洲首位经济学诺奖得主阿马蒂亚·森为代表。① 事实上，现实中不同的人确实会从不同角度对完美道德提出自己认为正确的看法，就像一位笃信上帝造人的牧师，肯定会把人从猿进化而来的观点当作大错特错。现实中，没有一套让所有人都信服的完美道德理想。因此，法律之外的道德边界划定，应以降低不道德为宗旨。

图 9-3　阿马蒂亚·森的两部代表性作品

那么，降低不道德的奋斗过程中，又能否寻找到一个判定贴近或远离不道德目标的标准？通常我们会立即想到幸福指数、权利状况、资源利用及自由程度等。但是，需要提醒的是，不要忽略能力上的平等。从某种意义上说，社会公正、道德与否的判断，就在于每个人拥有平等的能力，因为它代表了所能获得的公平的起点、均等的机遇和正当的过程

---

① 阿马蒂亚·森，印度裔经济学和哲学家，诺贝尔经济学奖得主。曾先后在牛津大学、哈佛大学和剑桥大学任教。在获奖的代表作《伦理学和经济学》中，他提出了两个问题：（1）多数原则。森认为，不可能对所有的社会结果进行完备排序，而只能是找一个多数人认为最好的结果。（2）效用可比。森提出，只有基于评判的社会选择可以不考虑个人间的效应比较，而基于利益的社会选择不可能避免个人间的效用比较。他举了一个分饼的例子对此加以说明：假设A、B、C三个人分别拥有一张饼的一部分。在第一种情况下，假设A有饼的2/3，B和C各有1/6。在第二种情况下，A有1/7，B和C各有3/7。现在，在两种情况下都把A所拥有部分的一半平均分给B和C，两种情况下的再分配一样吗？如果认为个人效用不可比，那么只能说两种情况下都是A效用下降了，B和C上升了。哪个分配更好无法说明。然而，第一种情况下的再分配是将饼从富人那里分给穷人，第二种则是将穷人所拥有的分给富人。而要区分穷人和富人，就必须进行个人之间的效用比较，只有允许这种比较，我们才能进行社会判断。以上可参见〔印度〕阿马蒂亚·森：《伦理学与经济学》，王宇、王文玉译，商务印书馆2006年版。

等。如果说一个人拥有的能力来源于天赋，那么一个人拥有的能力平等与否，则来源于国家和社会的安排。比如，有可能人们的收入提高了，但他们选择自己想过的生活的能力却没有提高。此时，如果我们处于法律价值理性的临界思维处境中，展开价值理性主导的论证，那么判定这种法律之外的哪个道德更贴近理想道德的目标，就不是单纯考虑资源的合理分配，而是更加应当把资源分配跟个人转化这些资源的能力结合起来。这是价值理性思维论证中一条极其重要却又极易被忽视的真谛。

第一版后记

置于我枕边的《库尔玛的7个秘密》，是一本面对躁动纷乱的世界，寻获内心安宁及事物规律的小册子，很有意思。其中，它给出这样一个启示：思维都有着自己的规律，而且在运动中不断变化。但是，思维的这种现象会变得让人厌烦，当一个问题过于尖锐而使我们陷入苦思冥想的时候，就是如此。

把握思维的方法和习惯，是更多拥有智慧的捷径，甚至它会左右我们的意志，尤其是面对尖锐问题。此时，如果只是陷入冥想而不知如何驾驭思维，那么就会让我们陷入极大的悖论或困境，而其间发生的思维偏差，还会让我们变得"习非成是"。所以，正像黑格尔所指出的，思维与存在的关系是近代哲学所探讨的根本问题。其实，思维是一种方案，它为我们提供了这样一种可能性：虽然我们要做的事情，以及可支配的时间，都让我们的理性变得有限，但是这种理性的有限没有使思维的疆域变窄，反而走向越来越宽，因为如果你清楚思维之路，你就会拥有更多的决定空间和行动机会。应当讲，这也是让更多的人知晓和训练法律思维的初衷。

有别于其他思维，法律思维有着自己的独特性。它涉及许多范畴之间的协调，并且协调本身存在不同的形式，就像两种类似的声音或一个乐队中多个和谐的声部。但是，法律思维之所以独特，就在于它是在不同范畴之间的协调，绝不是走向雷同或一团和气。它是在外在融贯的前提下，保持自身的鲜明个性，比如，法律思维强调合法与否，就是突出个性的标尺。事实上，对蕴涵了这一个性的法律思维的研习，将会潜移默化地让我们不易被眼前的情绪或景象所左右，被周遭的接二连三的变化晃花了眼睛，以及被时代潮流的浪头裹挟得不由自主。

可以说，精读哈特的《法律的概念》这部法学经典，为我们体认法律思维提供了极佳线索。作为新分析法学的代表人物，牛津大学的哈特教授简直就是一个奇迹。曾谋事于英国军情机关的他，不惑之年后才步入学术圈，然却成为既往法律实证主义的集大成者，成为开拓新法律实证主义一派宗师，乃至把过往人们对法律及其相应思维的理解也推向了巅峰，开创了当代法律的中兴繁荣。在他的代表作品中，《法律的概念》无疑具有核心的地位，甚至被誉为是法律思维领域中的唯一经典。这部书中的许多论述和提法都极为耐人寻味，几乎把法律思维中的所有对应的核心范畴全部熔于一炉。在那里，法定权利与法定义务、普遍正义与特殊正义、法律真实与客观真实、内在事实与法律规则、正当程序与实体公正、法律论证与获得结论、形式理性与价值理性，都能够借助于哈特提出的义务规则、第一性规则的内在方面，第二性规则的承认规则、立法和审判规则，以及法律的空缺结构、法律与道德的论述等概念，像项链一样连串起来给人启迪。书中视野的恢宏，眼光的独到，以及论述的精湛，都是让人难以望其项背的。可以说，哈特几乎在涉及法律思维的每个领域，都给出了高水准的深描或述评，这足以让他名垂于世界法学史坛，并让数以千计的追随者们至今仍前赴后继地对他的经典加以反复研究，进而演化成为所谓的"百年哈特"现象。

这本以《法律的概念》为样板，旨在让更多的人知晓和训练法律思维的书，所做的就是对哈特提出的概念和论述背后隐藏的法律思维尝试加以剖析，以及对延展性的案例和知识面进行全面解读。更重要的是，它通过划清和认识横亘在一个个核心范畴之间的边界，除了让人知道法律思维的基本规则，终极目的更是让人学会运用法律思维的视角和方法，读懂发生在现实社会中的棘手问题，以及拉升遭遇疑难问题时的法律处理能力。这本书向我们表达的中心是，法律思维既不能肆无忌惮，同时也应保持必要的灵动。当然，完成这些目的是有点艰难的，所以，本书只能算是一次尝试。

事实上，本书是作者迈入法律教学界以来的一次较大规模的总结。本书尤其最直接地受蒙于郑成良老师传于学术和实务界的那些精彩绝伦的法律思维讲义；同时，作者也对自己的学术研究、教学备课、课堂互动进行了归纳和提炼；此外，许多灵感也来自高频度地活跃于作者所在上海交大凯原法学院的各种民间读书会的心得。过去几年间，郑成良、季卫东、朱芒、范进学老师的点拨，以及与顾祝轩、宾凯、李学尧、肖凯、林彦和李俊明等几位贤兄的即兴讨论，都让人受益匪浅。海外访学期间，还得到了在杜克大学和北卡州立大学双跨兼教的 Jonathan K. Ocko 教授的多次悉心指点，以及美国朋友 Larry Parks 和 Susan Parks 夫妇的帮助，在此一并致谢。

还要感谢的，是我的太太郭晓薇，国外期间如果没有她为我处理掉许多琐务，我就不会有大把的时间"闭关坐禅"，就不会有轻松愉悦的心情完成书稿写作。同时，谢谢我的女儿杨淇帆，她也以静悄悄地不来干扰我的方式，支持了我。

杨 力

2011 年 8 月 15 日第一版定稿于美国 Waxhaw 小镇 Cureton 寓所

第二版后记

2012年年初,《法律思维与法学经典阅读》一书经过严格的匿名评审,由北京大学、上海交通大学出版社联合出版。该书受到了许多欢迎和肯定,被不少大学法学院、研究生院、通识课程体系或者法官、检察官学院列为必读书目,此后又获过不少高等级奖项。同名的课程也入选国家级(线上)一流本科课程、教育部思政示范课程、中宣部"学习强国"重点推荐课程。尤其令人意外的是,正版图书在网上和实体店很快销售一空,之后我自己去出版社购书,被告知已没有库存,而在网上查询,竟然发现大量盗印版本以每本数百元的高价出售且不打折。在此,我谨向读者们致以深深谢意!

哈特在法理学界的重要性,以及阅读法学经典的重要性,自不言而喻。尤其是我的博士后导师舒国滢教授的鸿篇巨制《法学的知识谱系》在2020年付梓出版,必会对法学经典阅读在法学教育中进一步走向深入起到十分重要的作用。哈特作品作为这一知识谱系的重要元素之一,为我们辩证对待其论点,以及树立正确的法律思维解决实际问题,提供了很好的逻辑起点。毕竟它所提出的核心命题始终是横亘在法学界的"哥德巴赫猜想"。破解这一猜想,又难以像数理领域那样纯粹运用逻辑判断,而是要有赖于经验的不断积累、提炼、概括和探索。正因如此,围绕法学经典阅读的法律思维训练,结合不断发生的疑难案例和事例,以及对法律空缺的填补与思考,就成为学术研究与法学教育不可或缺的一环。

只是由于法学语言尤其是法理学表述的艰涩,加上部分译本的理解不到位,使得法学经典往往让许多人望而却步,在相当程度上影响了人们对法治的理解与关注。所以,本书在第二版修订中尽可能让语言晓畅而不隐晦，配之更切合当下国情和法律法规最新变化的一些案例、事例或图片，目的是对更多法学经典的读者和研习者起到更大的辅助作用。期望本书能让人们知道法律思维思考什么，是如何思考，用一种既始终如一又如水一样的思考方式，构建法治中国建设中的思维方法论。希望这个修订之后的版本更像一位和蔼可亲的朋友或思想深邃的学者，始终与每一位读者进行交流和研讨，并穿透现实琐细的生活，让人感觉到法学经典中鲜活的智慧和触及万物的力量。犹太智慧羊皮卷《塔木德》（Talmud）将研习者划分为四种类型：学得快也忘得快——他得失相抵；学得吃力忘得慢——他失得相抵；学得快却忘得慢——聪明的学生；学得慢忘得快——这是命中不幸。除了第四种类型，修订后的本书的一个小目标，就是让人们对法律思维和法治的理解，能从第一、二种类型跃升为第三种类型。

第一版推出以来，郑成良、公丕祥、舒国滢、刘旺洪、季卫东、沈国明、李玉文、蒋惠岭等教授以多种方式给予提点和帮助，让我在修订第二版时增益匪浅，谨致谢意！

杨 力

2022 年 8 月 9 日第二版修订于上海虹桥路寓所